Miloslav Stingl

Herrscher im Südsee-Paradies

Geheimnisvolles Polynesien

ECON Verlag
Düsseldorf · Wien

Aus dem Tschechischen
von Günter Müller

Alle Fotos stammen aus dem Archiv des Autors

Zeichnungen: Petr Pačes, Prag (nach Vorlagen des Autors)

1. Auflage 1985
Copyright © 1985 der deutschen Ausgabe
by ECON Verlag GmbH, Düsseldorf und Wien.
Alle Rechte der Verbreitung, auch durch Film, Funk und Fernsehen,
fotomechanische Wiedergabe, Tonträger jeder Art, auszugsweisen Nachdruck
oder Einspeicherung und Rückgewinnung in Datenverarbeitungsanlagen
aller Art, sind vorbehalten.
Gesetzt aus der Palatino der Fa. Hell
Gesamtherstellung: Bercker, Kevelaer
Papier: Papierfabrik Schleipen GmbH, Bad Dürkheim
Printed in Germany
ISBN 3 430 18784 2

Inhalt

Statt eines Vorworts

Dieses Buch ist ein Kind der Liebe – der Liebe eines Autors zu einer der schönsten Gegenden unserer Erde und nicht zuletzt zu den Menschen, die dieses »irdische Paradies«, die Inselwelt der Südsee, bewohnen. Auf meinen Forschungsreisen als Völkerkundler und als Globetrotter bot sich mir die Gelegenheit, viele Länder und Völker sowie die Denkmäler zahlreicher Kulturen der Vergangenheit kennenzulernen. Trotz zahlreicher Eindrücke, die ich bei meinen ausgedehnten Reisen gewinnen konnte, blieb mir die Sehnsucht nach jenem Paradies in der Südsee erhalten. Die magische Gewalt der palmengesäumten und vulkanreichen Inseln, deren schöne Bewohner und gerade die Rätsel der bewundernswerten alten Kultur ließen mich immer wieder an dieses Paradies denken.

So ist dieses Buch, bei allem Sachwissen, das es vermitteln möchte, auch ein Buch der Erinnerung an meine Reisen nach Polynesien – auf den Spuren dieser faszinierenden Kultur. Und mit einer Erinnerung soll es auch beginnen...

Als ich mich zum erstenmal in der Südsee, auf den Tonga-Inseln, dem einzigen noch existierenden Königreich Polynesiens, aufhielt, besuchte ich auch die ehemalige Residenz der Herrscher dieses Landes. Sie heißt heute Mua; bis zur Regierungszeit des elften Herrschers des Königreiches wurde sie »Lapaga« genannt.

Bevor ich in die Südsee reiste, hatte ich mir Tonga als eine Inselgruppe mit einfachen polynesischen Hütten aus Palmenblättern und gespaltenen Bambusstäben vorgestellt. Wohlgerüstet mit allen angelesenen Kenntnissen von der Architektur und Ethnologie dieser Region, betrat ich Mua – und traute meinen Augen nicht: Ich sah in Stufen aufsteigende steinerne Pyramiden, ähnlich gewaltigen Ausmaßes wie jene im Hochtal von Mexiko oder wie die in Mittelamerika verfallenen Tempelstädte der Maya, nur daß diese wie auch die altägyptischen Pyramiden von Gizeh als Grabmäler der Herrscher dienten.

Langi – Himmel – nennen die Polynesier der Tonga-Inseln diese stufenförmig aufgetürmten, steinernen Königsgräber. Alle unterschiedlich hoch, tragen sie einen eigenen Namen: Die eine heißt zum Beispiel »Katoa«, die andere »Tuofefafa«, die dritte »Tuoteau«, und die höchste schließlich wird »Paepae o Telea« genannt.

Diese prunkvollen Totenwohnstätten waren freilich nur den Königen vorbehalten; der einfache Bewohner fand seinen Platz in einem aus Erde errichteten Hügelgrab. Die Archäologin Janet M. Davidson entdeckte zwei dieser Hügelgräber, offenbar aus der gleichen Zeit wie die Pyramiden von Mua stammend, mit Skeletten von jeweils hundert Toten, die dort gleichsam in einem Massengrab beerdigt worden waren.

Die Pyramiden in Ägypten und die Altamerikas sind uns wohl bekannt. Wem wäre die Cheops-Pyramide bei Gizeh am Nil, die Sonnenpyramide von Teotihuacá im Hochtal von Mexiko oder die Tempelpyramiden in den Ruinen der alten Maya-Stadt kein Begriff? Doch wer weiß schon von den polynesischen Tempelanlagen? Wer hat schon einmal die Namen Mua und Lapaga gehört?

Im Bewußtsein vieler Menschen existiert ein Bild von der Kultur der Südseevölker, das teils von Unkenntnis, teils von romantischen Vorstellungen geprägt ist, die nicht der Wirklichkeit entsprechen. Und ebenso romantisch verzerrte oder verklärte Vorstellungen wie über die Kultur haben die meisten unserer Zeitgenossen auch von ihren Schöpfern, den Polynesiern

– und von Polynesien überhaupt. Man träumt von paradiesischen Inseln mit goldgelben, von Palmen gesäumten Stränden, umspült vom azurblauen Meer, von den schönen Frauen Hawaiis und Tahitis, von blumengeschmückten Tänzerinnen, die sich im Rhythmus des Hula-Hula wiegen, vom ungehemmten erotischen Leben auf diesen »Inseln der Liebe«, von der betörenden süßen Musik der Südsee.

Gewiß, diese Inseln sind märchenhaft schön, die polynesische Musik ist einschmeichelnd (obwohl viele die polynesische Musik meist nur in ihrer kommerziellen Form aus Rundfunk und Fernsehen kennen), der Liebe wird sich ohne falsche Scham hingegeben, wie überall auf der Welt, wo Menschen wirklich zu lieben verstehen.

Doch darin erschöpft sich nicht die Wahrheit über Polynesien. Dies alles bildet nur den – zugegeben – reizvollen exotischen Hintergrund, den äußeren Rahmen, aus dem uns etwas unvergleichlich Reicheres, das schillernde Mosaik der polynesischen Kultur mit dem Zauber ihrer Gegenwart und den Rätseln ihrer Vergangenheit entgegenblickt. Wie jedes Mosaik, wie jede andere Kultur ist auch die polynesische aus vielerlei Komponenten, aus vielen Steinchen in den verschiedensten Farben und Formen zusammengesetzt. Sie alle zusammen ergeben erst das Gesamtbild, das auf den folgenden Seiten nachzuzeichnen versucht wird.

Erster Teil
Polynesien und die
Polynesier

Die liebevolle Moana

Das »Paradies unserer Erde« – so wird Polynesien seit seiner Entdeckung genannt. Die einzigartige Schönheit dieser von der Sonne verwöhnten Inselwelt, die jeden Besucher fasziniert, rückt jedoch nicht selten jene in den Schatten, die das Paradies bewohnen: die Polynesier.

Bevor aber von diesem letzten Paradies und den Schöpfern einer ungemein interessanten Kultur die Rede sein wird, ist es nützlich zu wissen, wo dieses »Südsee-Paradies«, wo »Polynesien« eigentlich liegt, wie es beschaffen und wie es entstanden ist.

Polynesien erstreckt sich über einen beträchtlichen Teil des Pazifiks. Doch die Menschen, die diese weitverstreute Inselwelt ursprünglich alleine bewohnten, die Polynesier, haben nicht von Anfang an dort gelebt. Von ihrer Herkunft wird später noch ausführlich die Rede sein. Sie haben das riesige Meer, das die Küsten ihrer Inseln umspült, erst nach und nach erobert, und sie lieben es wie eine Frau, die lange umworben werden muß. Auch der klangvolle Name *Moana,* den sie diesem, ihrem Meer gegeben haben, klingt wie der einer Frau, und Moana ist wirklich in ganz Polynesien ein sehr beliebter Mädchenname.

Der erste Europäer, der, 1519 bis 1521, einen westlichen Seeweg nach Indien suchend, von der Spitze Südamerikas aus dieses Meer durchquerte (wobei er die Insel Guam in den Marianen entdeckte), war der portugiesische Seefahrer Fernão de Magalhães, der damals in spanischen Diensten stand. Da nur Hunger, aber 98 Tage lang keine schweren Stürme die Expedition bedroht hatten, taufte er es »Mar pacifico«, »Stiller Ozean« – eigentlich zu Unrecht, denn es zeigt sich durchaus nicht immer friedlich und still. Gesprochen wird aber auch vom »Großen Ozean«, ist es doch das größte der drei Weltmeere und nimmt ein ganzes Drittel der Erdoberfläche und fast die Hälfte ihrer Wasserfläche ein, ja, es ist sogar größer als die gesamte Oberfläche des Mondes. Dieser Ozean, der zu den Urmeeren gehört und seit der Entstehung der Erde existiert, erstreckt sich zwischen den Küsten Asiens und Australiens im Westen und den Küsten Amerikas im Osten, zwischen der Bering-Straße im Norden und der Antarktis im Süden. Seine Nord-Süd-Ausdehnung beträgt 15 800 Kilometer, und von West nach Ost, zwischen den Golfen von Siam und Panama, mißt er gar über 20 000 Kilometer. Das ist das Vierfache der Entfernung, die Europa von Amerika trennt.

In diesem riesigen Ozean gibt es nur wenig Land. Dabei liegen fast 99 Prozent des Landes im Pazifik südlich des Äquators. Zu Recht hat daher der Spanier Vasco Nuñez de Balboa dieses Meer, das er 1513 als erster Europäer erblickte, nachdem er mit einer Expedition die Landenge von Panama überschritten hatte, »Südmeer« genannt, ohne freilich dessen Ausdehnung zu ahnen. Auch jener Name hat die Zeiten überdauert, doch werden heute nur noch die äquatorialen und südlichen Teile des Pazifiks, etwa zwischen dem Nördlichen und dem Südlichen Wendekreis, »Südsee« genannt, und die Inselwelt, die von Ost nach West in zunehmender Dichte über diesen Teil des Stillen Ozeans zwischen Australien, Indonesien und Amerika verstreut ist, wird »Ozeanien« genannt. Ozeanien – das sind Tausende von Inseln und Atollen.

Nach der ethnischen Zugehörigkeit ihrer Ureinwohner wird die Inselwelt in drei Teile gegliedert, deren Namen aus dem Altgriechischen stammen: *Melanesien*, Schwarze Inseln, *Mikronesien*, Kleine Inseln, und *Polynesien*, Viele Inseln.

Die Polynesier bewohnen den größten Teil der Inselwelt des Stillen Ozeans. Die einst von ihnen besiedelten Inseln östlich von Melanesien und Mikronesien bilden ein riesiges weites Dreieck mit den Eckpunkten Neuseeland im Südwesten, der Osterinsel im Osten und der weit über den Äquator bis zum Wendekreis des Krebses vorstoßenden Spitze bei den Hawaii-Inseln im Norden – eine Fläche, größer als China, nur daß sie zu 90 Prozent aus Wasser besteht. Die über zweitausend Inseln – schwimmende Perlen auf azurblauem Wasser – bilden weitverstreute Archipele, von denen hier nur die Tonga-Inseln, die Samoa-, die Cook-, Gesellschafts-, Tuamotu- und Marquesas-Inseln genannt seien. Die größte der polynesischen Inselgruppen – abgesehen von Neuseeland – sind die Hawaii-Inseln, gleichsam die Krone des »Polynesischen Dreiecks«, die über ein Drittel der Landfläche Polynesiens ausmachen.

Die Ureinwohner dieses Südsee-Paradieses, die Polynesier, schöne, hochgewachsene Menschen von hellbrauner Hautfarbe, mit dunkel glänzenden Augen, markanter Nase, wohlgeformtem Mund und schwarzem, welligem Haar, bilden auch heute noch die absolute Mehrheit der Bevölkerung auf den meisten ihrer Inseln (1982 zählten sie etwa 750 000). Und obwohl diese Inseln zum Teil Tausende von Seemeilen voneinander entfernt über den Pazifik verstreut liegen, waren die Polynesier erstaunlicherweise dennoch ein sprachlich und kulturell relativ einheitliches Volk (und sind es mit Einschränkungen auch heute noch), nur daß ihre Siedlungs- und Wirtschaftsweise sowie ihre Gesellschaftsstruktur entsprechend den unterschiedlichen Naturbedingungen der einzelnen Inseln variierte.

Mit ihrem Meer, der Moana, leben die Polynesier auf du und du. Das Meer hat ihren Lebensraum geprägt und prägt ihn noch immer. Es spendet ihnen Nahrung, es hat sie geformt, ihre Fähigkeiten entwickelt, sie herausgefordert, mit dem Ozean ihre Kräfte zu messen. Alles, was mit dem Meer zusammenhängt, ist wesentlich für das Leben der Inselbewohner.

Die meisten der polynesischen Inseln liegen in den Tropen. Hier ist Schnee ein Fremdwort. Das Klima ist aber in der Regel nicht feuchtheiß, sondern durch den Seewind herrschen fast das ganze Jahr über angenehm warme Temperaturen, wobei die

Regenzeiten, abgesehen von Hawaii, ins Sommerhalbjahr der südlichen Hemisphäre fallen.

Von besonderer Bedeutung für die pazifischen Inseln sind die Winde, die vom Ozean her wehen, und die Meeresströmungen, die die Ufer dieser Inseln und Atolle umspülen. Unter dem Einfluß des Südostpassats fließt regelmäßig der warme Südäquatorialstrom auf die Inseln Polynesiens und ganz Ozeaniens zu. Nördlich des Äquators strömt von West nach Ost der Nordäquatorialstrom durch den Pazifik. Zwischen diesen beiden Strömen wirkt der relativ schmale äquatoriale Gegenstrom, der ebenfalls von West nach Ost quer über den Stillen Ozean fließt und besonders die Inseln der zwischen Hawaii und Tahiti gelegenen sogenannten »Zentralpolynesischen Sporaden« umspült, die unter dem Einfluß eines Ausläufers der südamerikanischen Trockenzone entlang des Äquators seltsamerweise die trockensten Inseln dieses Raumes sind. Das Wasser in den tropischen und subtropischen Breiten jener Meeresströmungen ist ziemlich warm, 18 bis 20 Grad Celsius, in Äquatornähe 26 bis 29 Grad.

Die Ozeanwinde, die treibenden Kräfte für die Oberflächenzirkulation des Meeres, sind auch bestimmend für Klima und Vegetation der Inseln. Abgesehen von der erwähnten schmalen »Trockenzone« entlang des Äquators, liegen fast alle polynesischen Inseln im Bereich der Passate, die nördlich des Äquators beständig von Nordost und südlich des Äquators ebenso konstant von Südost wehen, also im spitzen Winkel auf den Äquator zuströmen. Dabei reichern sich die anfangs trockenen Luftmassen mit Feuchtigkeit an und bringen den polynesischen Inseln das lebenspendende Naß, wobei die Wolkenbildung und die jährliche Regenmenge (und damit auch der Reichtum der Pflanzen- und Tierwelt) nach Westen hin zunehmen.

Die Wolken, die in Polynesien oft niedrig über dem Meer zu schweben scheinen, steigen über den Inseln in weit größere Höhen empor. Dieser Unterschied in der Position der Wolken am Himmel hat den polynesischen Seefahrern schon seit den frühesten Zeiten geholfen, Festland im Ozean anzusteuern.

Die Passatwinde bewirken, daß auf den sogenannten »Hohen Inseln« (zum Beispiel Tahiti, Hawaii, Samoa und den Mar-

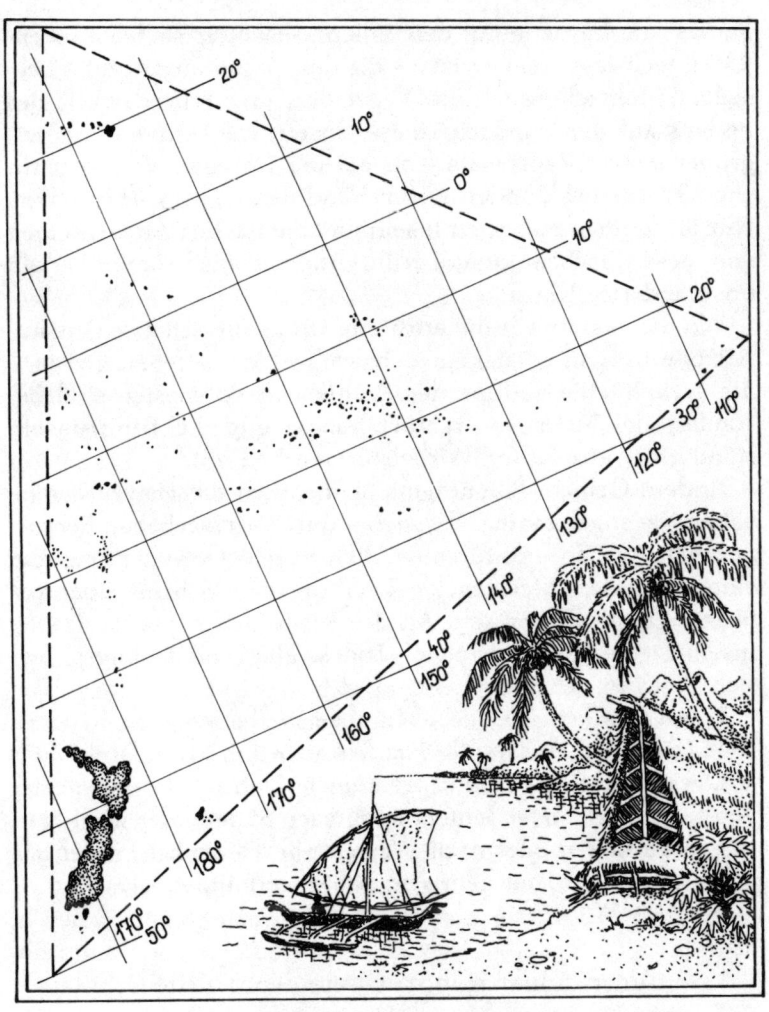

Das polynesische Dreieck. Im äußersten Südwesten liegen die beiden
großen Inseln Neuseelands.

quesas) die Luvseite mit den Adlernasen ihrer steilen Küsten-
felsen weit regenreicher ist als die dem Wind abgewandte Leeseite. Daher sind auch die Vegetation und Fruchtbarkeit des
Bodens auf der Windseite dieser Inseln viel reicher – immer-
grüner dichter Regenwald – als auf der Leeseite, wo oft spärli-
cher Trockenwald oder Busch- und Grasland vorherrschen.
Nur die kleinen niedrigen Inseln und die flachen Atolle bleiben
von dieser Erscheinung unberührt und verfügen somit über ein
unverändertes Klima.

Wo die Passate auf die erwähnte windstille schmale Äquato-
rialzone treffen, entstehen – stets über dem offenen Ozean –
die gefürchteten Taifune des Pazifiks. In Polynesien sind besonders der Tuamotu-Archipel, Samoa und die Tonga-Inseln
ständig von tropischen Wirbelstürmen bedroht.

Andere Gebiete Polynesiens, namentlich die Hawaii-Inseln,
haben die sogenannten *Tsunamis* – durch Tiefseebeben hervor-
gerufene Wellen – zu fürchten, die, ausgelöst von der Eruption
eines unter dem Meeresspiegel verborgenen Vulkans, über den
Stillen Ozean dahinrasen. An der Küste dieser polynesischen
Inseln fegen jene haushohen »Todeswellen« alles hinweg, was
sich ihnen in den Weg stellt.

Wenn aber kein Tiefseebeben hohe Wellen emporschleudert,
kein Taifun die Wasser des Pazifiks aufwühlt, dann ist der Stille Ozean wirklich still und freundlich. Und ob der Polynesier
von seiner Insel oder seinem Atoll nach Süden oder nach Norden, nach Osten oder nach Westen blickt – er hat immer das
Meer vor Augen, mit dem sein Leben verbunden ist.

Vom Meer geboren wie Aphrodite...

Wer kennt nicht die altgriechische Sage von Aphrodite, der
Göttin der Liebe und der Schönheit, die an den Gestaden Zy-
perns aus dem Schaum und den Wellen des Meeres emporge-
stiegen sein soll? Ähnlich wie die schaumgeborene Aphrodite
sind auch alle Inseln Polynesiens »Geschöpfe des Meeres«.

Zu wissen, wie die polynesischen Inseln entstanden sind, ist
schon deshalb wichtig, weil ihre geologische Geschichte Licht

in das Dunkel der ältesten Vergangenheit dieses Südsee-Paradieses wirft – zumindest hypothetisches Licht, denn die erregenden Fragen aus der Morgendämmerung dieser Inselwelt geben auch heute noch so manches Rätsel auf.

Die meisten der bekannteren polynesischen Inselgruppen sind, mit geologischen Maßstäben gemessen, sehr jung, nämlich teilweise erst eine halbe Million Jahre alt. Zu diesen »jungen« Archipelen Polynesiens gehören zum Beispiel Tahiti, Hawaii, die Marquesas-Inseln und Samoa.

Vor etwa 25 Millionen Jahren begann es in den Tiefen des Stillen Ozeans zu brodeln: Aus Rissen im Meeresgrund schoß an vielen Stellen glühendes Magma hervor. Nach und nach ergossen Hunderte solcher Tiefseevulkane ihre Lava in das Meer, die sich, in den Tiefen des Ozeans erstarrend, im Laufe von Jahrmillionen immer mehr anhäufte und mächtige Erhebungen auftürmte. Diese Erhebungen bildeten nach und nach – meist von Südosten nach Nordwesten verlaufende – Ketten von immer höher wachsenden Lavabergen. Die höchsten von ihnen traten schließlich aus den Fluten des Pazifiks hervor: Die polynesischen Inseln waren geboren. Das berühmteste Beispiel für die zum Teil noch immer wachsenden polynesischen Vulkane ist der riesige Schildvulkan Mauna Loa auf der Großen Hawaii-Insel, der heute bereits mehr als 4000 Meter hoch über dem Meeresspiegel emporragt; vom Meeresgrund bis zum Gipfel mißt er gar eine Höhe von über 10000 Metern.

Da sich der Meeresspiegel hebt und senkt, in manchen geologischen Zeiträumen höher, in anderen niedriger lag, sind, wie fossile Funde zeigen, manche der Inseln später noch mehrmals vom Ozean überflutet worden oder gar für immer in den Wellen versunken. Einige weltberühmte Orte, die heute die Meeresküste schmücken, zum Beispiel der längst erloschene Vulkan Diamond Head bei Honolulu auf der Hawaii-Insel Oahu, lagen einst mitten auf dem Festland.

Die heute von teils erloschenen Vulkanen gekrönten größeren Hawaii-Inseln sind hinsichtlich ihrer Entstehung und ihres geologischen Aufbaus charakteristisch für jenen Typ der polynesischen Inseln vulkanischen Ursprungs, die man als »Hohe Inseln« bezeichnet und deren Kern in der Regel aus Basalt besteht. Die größte und höchste dieser Inseln ist Hawaii, die dem Archipel den Namen gegeben hat. Sie ist aus fünf Schildvulkanen zusammengesetzt, von denen zwei, der Mauna Loa und der Mauna Kea, die höchsten Erhebungen Polynesiens bilden.

Von hohen Bergen sind aber auch einige andere polynesische Inseln gekrönt. Der berühmte Orohena auf Tahiti ragt zum Beispiel 2 250 Meter hoch empor, während der Sili Sili auf der Insel Savaii in Westsamoa eine Höhe von 1 850 Metern erreicht.

Späten Zeugnissen der Vulkantätigkeit begegnet der Besucher auch heute noch. Auf Hawaii, der großen Insel des gleichnamigen Archipels, vergeht beispielsweise kaum ein Jahr, in dem nicht der dortige Vulkan Kilauea Fontänen rotglühender Lava aus seinem Inneren emporschleudert, die sich in breiten Strömen ins Meer ergießt. Ebenso rührt sich der große Mauna Loa noch gelegentlich, und auch die Vulkane auf Westsamoa erwachen hin und wieder aus ihrem Schlaf.

Die meisten der polynesischen Vulkaninseln befinden sich jedoch in allen Stadien der Abtragung, von frischen Vulkankegeln über erloschene, abgeflachte Krater bis hin zu tief abgetragenen Vulkanruinen, die, teilweise vom Meer überflutet, mitunter malerische, von Palmen gesäumte Buchten bilden. Oft sind die Inseln von Barrieren herrlicher Korallenriffe umgeben, die die Brandung abfangen und in den seichten Küstengewässern eine reiche Meeresfauna begünstigen.

Der überwiegende Rest der über zweitausend polynesischen Inseln zeigt heute an seiner Oberfläche jedoch keine Spuren vulkanischer Gesteine mehr. »Atolle« werden diese oft winzig kleinen Eilande genannt, die den anderen, den niedrigen Typ der polynesischen Inseln bilden. Das Meer, die Moana, hat auch sie geboren, nur daß nicht lavaspeiende Vulkane, sondern Milliarden und aber Milliarden fleißige Korallen sie aus den Tiefen des Ozeans emporgehoben haben.

Das klassische Gebiet der pazifischen Atolle ist Mikronesien. Aber auch in Polynesien gibt es zahlreiche Atolle. Und ein polynesischer Archipel – Tuamotu (Paumotu) – besteht sogar gänzlich aus solchen aus Korallenkalk aufgetürmten Inseln.

Vom Flugzeug aus gesehen, erinnern die polynesischen Atolle an kleine Ringe. Diese kaum 100 Meter im Durchmesser betragenden ringförmigen Gürtel aus versteinerten Korallen umschließen eine flache Lagune. In der Lagune des Atolls ist das Meer friedlich und ruhig. An den sie umgebenden äußeren Korallenkranz dagegen schlagen unaufhörlich die hohen Wellen des unruhigen Ozeans. Die ewige Brandung bricht dabei aus den vorgelagerten Korallenriffen Sand und ganze Brocken von Korallenkalk heraus und schleudert dieses Gemisch gegen das Atoll. Bei manchen jener Inseln ist daher die innere Lagune bereits völlig versandet bzw. »verkalkt«.

Die Frage nach der Entstehung der Atolle wird immer wieder gestellt. Charles Darwin, der sie beantwortet hat, erklärt das Naturwunder etwa folgendermaßen: Dort, wo heute im Pazifik ein Korallenatoll schwimmt, befand sich einst eine wirkliche kleine Insel, die (wie alle anderen in diesem Teil Ozeaniens) vulkanischen Ursprungs und rundherum von Korallenriffen umgeben war. Als später der Wasserspiegel des Stillen Ozeans stieg, sank die Insel zurück ins Meer, bis die Wellen der Moana sie schließlich völlig überfluteten. Zusammen mit ihr versanken auch jene Polypen, die Korallentiere, die »Erbauer« der Riffe. Je weiter das Eiland sank, desto mehr drohte auch den Polypen die Vernichtung, sind sie doch nur bis zu einer Tiefe von 50 Metern unter dem Meeresspiegel lebensfähig. Der Selbsterhaltungstrieb veranlaßte die Korallentiere daher, wieder nach oben zu klettern. Während die einstige Insel also immer tiefer sank, wuchsen die Korallenbarrieren immer höher, bis die Korallenkrone eines Tages wieder aus den Wellen des Meeres heraustrat.

Auf diese Weise sind nach Darwins Theorie von 1842, die in ihren Grundzügen durch spätere Forschungen bestätigt worden ist, die Atolle des Stillen Ozeans (sowie anderer tropischer Meere) und nach und nach auch ganze Gruppen von Atollen entstanden, wie zum Beispiel die Tuamotu-Inseln. Zu den Atollen, den »Niedrigen Inseln«, wie sie auch genannt werden, gehören ferner einige »polynesische Exklaven«, zum Beispiel Kapingamarangi oder Nukuoru. Als polynesische Exklaven werden von Polyneisern bewohnte Inseln bezeichnet, die bereits jenseits der Grenzen von Polynesien in den beiden anderen Regionen Ozeaniens – in Melanesien und in Mikronesien – liegen.

Die Atolle Kapingamarangi und Nukuoru und besonders die zahlreichen Koralleninseln der polynesischen Tuamotu-Gruppe sind auf den ersten Blick betörend schön: eine verträumte Lagune inmitten des Korallenriffs, die Ufer mit einem Kranz schlanker, von einer leichten Meeresbrise umfächelter Kokospalmen gesäumt, während sich an den vorgelagerten Korallenriffen rings um das Atoll aufschäumend die Wellen des Ozeans brechen ...

Die Wirklichkeit der polynesischen Atolle ist jedoch anders. Es mangelt ihnen in der Regel – inmitten des Meeres – an Wasser, an Trinkwasser. Allein der Regen spendet es ihren Bewohnern. Auf dem trockenen, aus Korallenkalk bestehenden Boden wächst zudem fast gar nichts. Nur die so vielfältig verwendbare anspruchslose Kokospalme gedeiht dort. Auch Landtiere gibt es so gut wie keine. Dafür schwirren Myriaden aggressiver Mücken und Fliegen umher. Am meisten gefährdet aber ist das Leben auf den Atollen, die oft kaum mehr als einem Dutzend Menschen Nahrung geben, durch den Ozean. Da sie sich meist nur wenige Meter über dem Meeresspiegel erheben, besteht jederzeit die Gefahr, daß eine hohe Welle, wenn ein *Tsunami*, ein Tiefseebeben, oder ein pazifischer Taifun den Ozean aufwühlt, über sie hinwegflutet und alles mit sich fortreißt, was sich auf den Atollen befindet.

Neben den dramatisch aus dem Meer emporragenden »Hohen Inseln« und den idyllisch anmutenden Atollen mit ihrem grünen Palmenkranz gibt es in Ozeanien noch eine dritte, weniger häufige Art von Inseln, den »Makatea-Typ« – benannt nach dem gleichnamigen Eiland, das ihn am anschaulichsten verkörpert. Die polynesische *Makatea* ist eigentlich ein durch tektonische Tätigkeit aus dem Ozean hoch emporgehobenes Atoll. Dieser Typ von Koralleninsel hat logischerweise sehr schroffe, steile Ufer. Bei ihnen sind die Lagunen im Laufe der Zeit versandet, von allen möglichen Ablagerungen ausgefüllt worden, so daß sich Humus gebildet hat. Die Pflanzendecke, aber auch die Tierwelt einer solchen Koralleninsel vom »Makatea-Typ« ist daher viel reicher als auf einem gewöhnlichen flachen Atoll. Zu diesem Typ gehören – außer der gleichnamigen Insel im Tuamotu-Archipel – auch das Eiland Mangaia im Süden der Cook-Inseln oder die bekannte Weihnachtsinsel, das überhaupt größte Atoll dieser Art im Pazifik.

Die Erschaffung des Paradieses

Zu der Entstehung der polynesischen Inseln ist bisher die Wissenschaft zu Wort gekommen. Da sich das Buch jedoch vor allem den Polynesiern und ihrer bewundernswerten Kultur widmet, sollen aber auch die Bewohner jener einzigartigen Inselwelt gehört werden. Wie erklären sie sich die Entstehung ihrer Inselheimat in der Südsee?

Die Fragen nach der Vergangenheit ihrer Inseln und der Entstehung der Welt überhaupt haben die Polynesier in ihren Mythen beantwortet. Die Mythologie der Polynesier schildert und erklärt eigentlich alle Phasen der Entstehung der Welt, und sie tut das mit bewundernswerter philosophischer Tiefe. Was jeden, der sich mit diesen Sagen beschäftigt, darüber hinaus in Erstaunen setzt, ist die Tatsache, daß die Polynesier, obwohl sie auf so weit voneinander entfernten Inseln leben und über einen viel größeren Raum verstreut sind als jede andere Gruppe der Erdbevölkerung, diese mythischen Geschichten von der Erschaffung der Welt und der Menschen auf sehr ähnliche Weise erzählen.

Alle diese Schöpfungsmythen sind in ganz Polynesien im wesentlichen nur in zwei, drei Versionen überliefert, und fast alle Mythen stimmen darin überein, daß am Anfang der Zeiten überall *Kore,* Leere, und *Poo,* Dunkel, geherrscht hat.

Zu jener Zeit des Urchaos gab es weder Licht noch Wärme, weder Klänge noch Farben, weder Form noch Bewegung, bis sich in der kalten Finsternis dieser wüsten Leere erste Anzeichen von Leben regten. In einer Version der polynesischen Schöpfungsmythen heißt es, aus diesen kaum wahrnehmbaren Bewegungen, diesen Vorahnungen von Licht und Wärme, hätten sich die beiden Ursprünge, die »Ureltern« des Lebens, gebildet – die Erde, das weibliche Prinzip, und der Himmel, das männliche Prinzip. Aus der Vereinigung des Urvaters mit der Urmutter seien die großen Götter hervorgegangen, die die Polynesier *Atua (Akua)* nennen. Die göttlichen Kinder hätten dann das Elternpaar, das noch immer in der Verzückung des Zeugungsaktes verharrte, wieder voneinander getrennt und den Vater, den Himmel, hoch über die Mutter, die Erde, erhoben. In dem somit entstandenen »Weltraum« zwischen Himmel und Erde konnten die ersten Pflanzen hervorsprießen, die ersten Tiere wurden geboren und schließlich auch die ersten Menschen.

So erklären zum Beispiel die Mythen des zahlreichsten polynesischen Volkes, der Maori, der Ureinwohner Neuseelands, die Entstehung des Weltalls und unserer Erde. Sie beschreiben auch genau die einzelnen Phasen der Erschaffung der Welt. Für jede dieser sogenannten Entwicklungsstufen haben die Maori eine exakte Bezeichnung: Am Anfang der Zeiten herrschte überall *Kore*, Nichts, Leere. Danach folgte das Zeitalter des *Boo*, der Finsternis, der Nacht, worauf der Schöpfungsakt in der Zeit des *Atua*, des Tagesanbruchs – was zugleich »Gott« bedeutet –, einsetzte. Es begann *Ao*, der erste Tag, und die Zeit der ersten *Maaku*, der Feuchtigkeit. Die eigentliche Erschaffung der *Papa*, der Erde, und des *Rangi*, des Himmels, bildete die Schlußphase dieser kosmogonischen Vorgänge.

Die Begriffe *Papa* und *Rangi* bleiben in einigen Versionen der Mythen ziemlich abstrakt. Jedoch sind aus der Vereinigung dieser Ureltern die großen Götter hervorgegangen, zu denen auch Tu, Rongo, Tane und Taaroa (auch Tangaroa genannt) gehören, jene Götter, die die größte Verehrung erfahren. Ihre Namen werden auf den einzelnen Inseln verschieden ausgesprochen, so wie sich auch die einzelnen polynesischen Sprachen voneinander unterscheiden. Diese Götter konnte sich der Polynesier natürlich viel konkreter vorstellen als solche im Grunde philosophischen Begriffe wie Raum, Nichts oder Leere.

Einer der großen panpolynesischen Götter – Taaroa – ist in späterer Zeit, besonders auf Tahiti und einigen benachbarten Inseln, nach und nach über alle anderen Atua erhoben worden.

In der religiösen Vorstellungswelt der Bewohner dieses Teiles Polynesiens ist er schließlich sogar an die Stelle der Ureltern, des Himmels und der Erde, getreten. So wurde der große Taaroa zum alleinigen Weltschöpfer. Und da sich in den letzten Jahrhunderten – vor der Ankunft der ersten Weißen – von Tahiti und besonders der Nachbarinsel Raiatea (mit dem Kultzentrum Opoa) eine von den dort wirkenden Priestern gewissermaßen »autorisierte« Auslegung der religiösen Vorstellungen über ganz Polynesien ausbreitete, liegt die Vermutung nahe, daß dieser Taaroa, wenn das Eindringen der Europäer jene Entwicklung nicht jäh unterbrochen hätte, zur höchsten Gottheit aller Polynesier geworden wäre.

Die Vorstellungen von Taaroa als dem Schöpfer des Weltalls und der Erde, dem Ursprung aller Dinge, dem Einzigartigen und Allmächtigen, sind von den Priestern in diesem Teil Polynesiens während des 17. und 18. Jahrhunderts offensichtlich immer klarer und tiefer ausgeprägt worden. Auch wenn es sich vorwiegend um ein esoterisches Wissen, um ein Geheimwissen gehandelt haben wird, zu dem nur die Priesterschaft und die Häuptlinge Zugang hatten, sind zum Glück die schönen Mythen, in denen dieses Geheimwissen seine poetische Verklärung fand, erhalten geblieben. Das Hauptverdienst daran gebührt einer Frau, Teuria Henry, der Nichte eines der ersten christlichen Missionare in diesem Teil der Welt, J. M. Oramonds, der sich als Sammler polynesischer Sagen einen Namen gemacht hat.

Nach dem Tode ihres Onkels veröffentlichte Teuira Henry dessen Sammlungen polynesischer Mythen und weitere wertvolle Aufzeichnungen über das alte Tahiti. Diese und spätere Sammelbände tahitischer Texte enthalten auch drei Gesänge, die nicht nur kostbare Zeugnisse der altpolynesischen Dichtung, sondern auch äußerst wichtige religionsgeschichtliche Quellen darstellen. Der erste Gesang spiegelt wie ein Kristall die Wesenszüge wider, die die Polynesier ihrem Gott Taaroa zugeschrieben haben. Der zweite zeigt, wie sie sich die Erschaffung der Welt vorstellten, und der dritte schließlich besingt die Geburt der Götter.

Da nur eine Frau gebären kann, mußte Taaroa diese Götter

mit einem Weibe zeugen. Die polynesischen Mythen haben ihr den Namen Hina gegeben. Sie wird einmal als Göttin des Meeres, ein andermal als Göttin des Erdinnern, aber auch als Göttin der Luft und als Göttin der Tiefe bezeichnet.

Doch sollen hier die namenlosen Schöpfer jener mythischen Dichtungen selbst zu Wort kommen. Die Vorstellung, ein polynesischer Sänger trägt unter den Palmen Tahitis die Mythen in seiner schönen klangvollen Sprache im Sprechgesang vor, sei hier erlaubt.

Um einen Eindruck von der Klangfülle dieser Sprache – es gibt eine ganze Reihe polynesischer Idiome – zu vermitteln, steht vor den Nachdichtungen ein Teil des polynesischen Originaltextes. Zu beachten ist, daß jeder Vokal getrennt, also als echter Selbstlaut – zum Beispiel Ta-a-ro-a – ausgesprochen wird.

Parai Taaroa te ioa
Iroto i te aere
aita fenua aita rai
aita tai aita taata
Pii Taaroa
areara aita roa
Ae iho toreira e ua riro
oia i te hoe noa

Er, Taaroa, war schon immer.
In der Leere saß er sinnend.
Weder Himmel noch Erde,
weder Wasser noch Menschen gab es.
Taaroa rief,
und kein Echo erklang.
Er allein war und sonst nichts
in jenen Zeiten.

Der Urquell von allem ist Taaroa,
der Felsgrund ist er,
Taaroa ist auch der Sand.
Er, Taaroa, ist alles.

24

Taaroa ist das All,
Taaroa ist der Kern,
Taaroa ist der Same,
Taaroa ist der feste Grund,
Taaroa ist die Weisheit,
Taaroa ist die Kraft.

Er hat alles erschaffen,
Taaroa ist in allem.
Er hat die Erde gemacht und bewegt.

DIE ERSCHAFFUNG DER WELT

Du Wasser und du Felsgestein
und du Sand – gehorchet.
Weil ich bin, seid auch ihr.
Ihr, die ihr durch mich seid,
sollt die Erde bilden.
Er knetet sie in seinen Händen,
aber sie lassen sich noch nicht vereinen.

Da hebt Taaroa die sieben Himmel hoch empor
und legt den festen Grund der Erde.
Aus den Himmeln läßt er anbrechen den Tag,
und das Licht vertreibt die Finsternis.
Das Licht, es macht alles hell und sichtbar,
was er erschaffen hat, bis in die Tiefen.
Da hielt der Gott inne und betrachtete sein Werk.

Die Schöpfung ist vollbracht,
das Wort ist vernommen,
die Gebote sind gesprochen.
Fest steht das Felsgestein,
fest ruht der Sand,
die Himmel schweben,
und das Meer erfüllt die Tiefen.

Die Welt ist erschaffen.

DIE ZEUGUNG

Es vereinigte Taaroa sich mit Hina, seinem Weibe,
Göttin der Meeresferne, so wird sie genannt,
und sie zeugten zusammen die Wolken,
die dunklen und die weißen, und auch den Regen, der
    aus den Wolken kommt.

Es vereinigte Taaroa sich mit seinem Weibe,
Göttin der Erdmitte, so wird sie genannt,
und sie zeugten zusammen den Samen,
der aus der Erde sprießt,
alles, was wächst auf Erden, wurde geboren durch sie,
sie zeugten zusammen den Nebel der Berge,
sie zeugten zusammen den Mann – der Starke, so wird er
    genannt,
und sie zeugten zusammen das Weib – die zur Wonne
    Geschmückte, so wird sie genannt.

Es vereinigte Taaroa sich mit Hina, seinem Weibe,
Göttin der Wonne, so wird sie genannt,
und sie zeugten zusammen die Himmelsbrücke mit ihrer roten
    Farbe,
sie zeugten zusammen den silbernen Mond,
sie zeugten zusammen die glühenden Wolken
und des Feuerregens Glut.

Es vereinigte Taaroa sich mit Hina, seinem Weibe,
Göttin der Tiefe, so wird sie genannt,
und sie zeugten zusammen den Donner,
der im Schoße der Erde grollt.

Es vereinigte Taaroa sich mit seinem Weibe jenseits der
    Erde,
und sie zeugten zusammen die Götter.
Sie zeugten Terei, und er wurde zum Gott,
sie zeugten Te Fatu, und er wurde zum Gott,
sie zeugten Rouanoua, und er wurde zum Gott.

Er gebar das Weib, das in ihr war,
es kam ans Licht, was in ihr schlief,
die Vorahnung des Sturmes,
der Ausbruch des Sturmes,
das Wüten des Sturmes
und die Stille nach dem Sturm.

Wo die göttlichen Geister geboren,
von dort kommen die Boten der Götter.

Zusammen mit Hina, der Urmutter der polynesischen Geschichte, hat der mythische Taaroa die Götter gezeugt, die nun
berufen waren, das Werk der Schöpfung weiterzuführen. Das
Leben, das sie schaffen sollten, die Pflanzen, die Tiere und die
Krone der Schöpfung, der Mensch – sie alle mußten eine Heimat auf Erden haben. Und auch die Entstehung dieser Heimat,
ihrer Inselwelt – nicht nur der Welt allgemein –, haben die Polynesier in ihren Mythen geschildert.

Der Hauptheld der Sagen über die Entstehung der Inseln
und Atolle Polynesiens aber ist nicht mehr der Schöpfergott
Taaroa, sondern eine mythische Gestalt namens Maui. Maui,
der den Sagen zufolge mehr für die Polynesier getan hat als jeder andere, war dabei nicht einmal eine große Gottheit, sondern nur ein Halbgott, ähnlich dem des Herakles der griechischen Mythologie.

Die Erzählungen über Maui, den Vater der Inseln, sind der
wohl am weitesten verbreitete polynesische Sagenzyklus. Er ist
ausnahmslos auf allen Inseln bekannt. Die Geschichten von
Maui und seinen großen Taten haben sogar die Grenzen dieses
Teiles Ozeaniens überschritten und sind auch in die Sagenwelt
der Mikronesier und der Melanesier eingegangen.

Maui, der Inselfischer

Was ist von diesem Halbgott Maui bekannt? Die Sagen erzählen, er habe viele Brüder gehabt, und er soll, wie die meisten
berichten, der jüngste von ihnen gewesen sein. Alle anderen

Brüder werden als böse, neidisch und dumm geschildert. Maui jedoch war von ganz anderer Art: gutherzig und freundlich, zugleich aber schlau und gewitzt, um nicht zu sagen listig. Diese Schläue, die die Polynesier nicht gerade für eine besonders positive Charaktereigenschaft halten, benutzte Maui aber nur dazu, um den Menschen, die er aufrichtig liebte, Gutes zu tun. Zunächst wollte er ihnen das geben, was sie vor allem brauchten: Land, das sie bebauen und auf dem sie leben konnten – ihre Inseln und Atolle. Denn Taaroa hatte – zumindest nach manchen der Mythen – die Schöpfung nur begonnen. Er, der Gott des Ursprungs, hatte aus dem Urchaos, aus der Finsternis und kalten Leere, das All erschaffen. Dieser Weltschöpfer und jene von ihm gezeugten Götter hatten aber auch dem Menschen das Leben nur eingehaucht. Der Mensch, der Polynesier, bedurfte aber noch vieler anderer Dinge, und was er am dringendsten brauchte, war Land, auf dem er sich niederlassen konnte.

Daher hat Maui für seine Polynesier die Inseln und Atolle im großen Meer erschaffen. Doch »erschaffen« ist eigentlich nicht das richtige Wort. Maui hat sie »gefischt« – aus dem Meer, das eher da war als alles Land, das auf der Oberfläche des großen Wassers schwimmt. Da die Polynesier von jeher Fischer sind, haben sie sich die Entstehung ihrer Inseln als Fischfang vorgestellt. So wie sie Fische aus dem Meer fangen, so hat auch Maui die Angel ausgeworfen und Land aus den Tiefen des Ozeans emporgezogen. In der Frage, wieviel Land, ob nur eine Insel, mehrere oder alle, weichen die einzelnen Sagen voneinander ab. Um diesen Kern des gesamtpolynesischen Mythos von der Entstehung der pazifischen Inselwelt ranken sich bei den einzelnen Völkern Polynesiens eine ganze Reihe weiterer Legenden.

Nach manchen von ihnen, zum Beispiel der auf Hawaii überlieferten, hat Maui einen kleinen Kontinent aus dem Ozean gezogen. Da seine ungeschickten Brüder aber ihre Neugier nicht zügeln konnten und Mauis seltenen Fang betrachten wollten, begann ihr Boot zu wackeln, die Angelschnur riß, und der Erdteil zerbrach in acht Stücke, in die acht Hawaii-Inseln. Auf anderen Archipelen wiederum wird erzählt, daß Ru, der Gott der Winde, dem jungen Maui seinen riesigen »Fisch« nicht gegönnt und einen furchtbaren Sturm entfesselt habe, so daß die Erde bebte, Flammen aus den Berggipfeln emporloderten, ganze Felsen in die Luft geschleudert wurden und herabfielen wie Regen. Und die Wellen des Meeres habe der Gott Ru in seinem Zorn so gepeitscht, daß sie Mauis Insel wieder überflutet hätten und diese erst nach langer Zeit wieder aufgetaucht sei.

Der einzigartige Fang des göttlichen Fischers Maui gab sogar einigen Inseln ihren Namen. So werden zum Beispiel die beiden größten Inseln Polynesiens, die Nord- und Südinsel Neuseelands, in Erinnerung an jenes wunderbare Ereignis von deren Ureinwohnern, den Maori, *Te Ikao Maaui*, Mauis Fisch, und *Te Waka Maaui*, Mauis Boot, genannt.

Maui soll jedoch den Polynesiern noch eine Reihe weiterer Wohltaten erwiesen haben. Einige davon stehen mit dem Himmel und der Sonne in Zusammenhang. Auf der Hawaii-Insel Maui, die seinen Namen trägt, um den sich dort besonders viele Legenden ranken, erzählen sich die Polynesier die poetische Geschichte, wie Maui den Himmel, der einstmals dicht über dem Erdboden hing, so daß sich die Bäume bogen und die Menschen nicht einmal die Berge sehen konnten, emporgehoben hat. Und auch die Sonne hing so dicht über der Erde, daß ihre Strahlen wie Feuer brannten und die Felder der Polynesier versengten. Da erbarmte sich der gütige Maui der Menschen und machte sich daran, den Himmel mit seiner göttlichen Kraft emporzuheben. Er holte tief Atem und richtete sich hoch auf, und die Büsche und Bäume begannen sich ebenfalls aufzurichten. Da stemmte Maui ihn zum zweitenmal in die Höhe, und siehe da – der Horizont weitete sich, und Berge, ganze Bergketten wurden sichtbar. Schließlich reckte sich der Gott zum drittenmal empor und hob den Himmel samt der Sonnenscheibe so hoch hinauf, wie er sich heute über der Südsee wölbt.

Eine andere Legende, die auf Hawaii bekannt ist, erzählt, wie Maui die Sonne dazu gebracht hat, sich langsamer am Himmel zu bewegen. Sie soll in alten Zeiten nämlich am liebsten geschlafen und ihren täglichen Weg am Firmament so schnell wie möglich zurückgelegt haben, um nur rasch wieder in ihr Himmelbett zu gelangen, so daß sie damals den Menschen nur drei, vier Stunden am Tag Licht und Wärme gespendet hat.

Das Bett der Sonne aber war der tiefe Krater des heute erloschenen Vulkans Haleakala, der auf der Insel Maui bis zu den Wolken emporragt. Morgens pflegte sich die Sonne – die sechzehn Beine hat – stets ganz langsam von ihrem Lager zu erheben. Blinzelnd schob sie zunächst ein Bein, den ersten Sonnenstrahl, über den Kraterrand, dann das zweite, das dritte – bis ihr ganzer dicker runder Körper über dem Vulkan erschien.

Der schlaue Maui, der das genau beobachtet hatte, beschloß daher, sich der Sonne in der Morgenfrühe zu bemächtigen. Er flocht sich ein unendlich langes Seil, in das er sechzehn Schlingen knüpfte, und stieg damit zum Gipfel des Berges Haleakala hinauf. Und als die Sonne verschlafen das erste Bein aus ihrem Bett streckte, fesselte er es geschwind mit der ersten Schlinge und band es an einen Wiliwili-Baum. Auf diese Weise fing der listige Maui alle sechzehn Beine der Sonne ein, so daß sie sich in ihrem Bett nicht mehr rühren konnte.

Die Sonne weinte goldene Tränen und flehte den Gott an, sie wieder freizulassen. Doch Maui streifte die Schlingen erst dann von ihren Beinen, als die Sonne versprochen hatte, künftig nicht mehr soviel zu schlafen und statt dessen schön langsam ihre Bahn am Himmel zu ziehen. So verkürzte der gütige junge Gott für immer die kühle Nacht und verlängerte den hellen, schönen Tag, damit die Menschen in Ruhe ihre Felder bestellen und sich des Lebens freuen konnten.

In abgewandelter Form wird diese Geschichte überall in Polynesien erzählt. Der hilfreiche Maui hat der Sonne aber nicht nur mehr Licht und Wärme – er hat ihr auch das Feuer abgerungen und es den Polynesiern geschenkt. Auch diese Sage ist in zahlreichen Varianten über die ganze Inselwelt verbreitet, und in einigen Versionen findet der göttliche Maui bei diesem prometheischen Wagnis sogar den Tod.

In der Mythologie fast aller Völker spielt die Herkunft des Feuers zu Recht eine bedeutende Rolle, und der Vergleich ist reizvoll. Die polynesische Sage soll hier verkürzt in der heiteren Version, wie sie auf Hawaii erzählt wird, wiedergegeben werden.

Zu der Zeit, da die Polynesier das Geheimnis des Feuerentfachens noch nicht kannten, wohnte Maui auf der Großen Ha-

30

waii-Insel. Er fuhr täglich zum Fischen aufs Meer hinaus, und da beobachtete er von seinem Boot aus wiederholt eine Rauchsäule, die stets an derselben Stelle im Gebiet der Halai-Berge aufstieg. Er war schon mehrmals dorthin geeilt, um zu sehen, wie das Feuer entzündet wurde. Aber er fand stets nur eine erloschene Feuerstelle vor und rund um den Aschenhaufen viele Alae-Vögel. Um dem Geheimnis auf die Spur zu kommen, verbarg sich Maui eines Tages im Gebüsch und lauschte, was die Vögel miteinander zwitscherten. Denn Maui verstand auch die Sprache der Tiere.

»Heute können wir kein Feuer entzünden«, sagte der eine Vogel. Und ein anderer erwiderte: »Du hast recht. Maui ist heute nicht zum Fischen hinausgefahren. Womöglich hat er sich hier irgendwo versteckt, um herauszufinden, wie wir das Feuer entfachen.«

Da beschloß der schlaue Maui, die Vögel zu überlisten. Am nächsten Tag bat er einen seiner Brüder, in seinem – Mauis – Boot hinauszufahren, während er selbst sich wiederum im Gebüsch verbarg. Diesmal schöpften die Vögel keinen Verdacht und entzündeten bedenkenlos das Feuer. Maui aber sah wieder nur den Rauch aufsteigen, aber wie der erste Funke geschlagen wurde, das sah er nicht. Er fing daher einen der Vögel und sprach: »Ich töte dich, wenn du mir nicht sagst, wie Feuer entzündet wird!« Der Vogel antwortete ihm: »Reibe ein Holzscheit und ein Bananenblatt aneinander.« Maui tat, was ihm der Alae geraten hatte. Aber eine Flamme brachte er nicht hervor. Da geriet der Gott in Zorn. Er packte den Vogel und rief: »Ich werde dieses Holzscheit so lange an deinem Kopf reiben, bis du mir sagst, wie ich den Menschen das Feuer bringen kann.« Der Kopf des Vogels färbte sich rot von Blut – die Alae haben alle blutrote Federn am Kopf –, und schließlich sagte der Bedrängte die Wahrheit: »Reibe einen trockenen Zweig an einem harten Stück Holz, Maui.«

Der Gott tat es, und siehe da – der Zweig fing Feuer. Und das brachte Maui dann den Menschen.

So hat Maui den Polynesiern nicht nur ihre Inseln aus dem Meer gefischt, den Himmel für sie emporgehoben und die Sonne dazu gebracht, daß sie ihnen diene, sondern ihnen auch das

Geheimnis des Feuers offenbart. Und schließlich wollte er ihnen ein noch größeres Geschenk bereiten – das größte von allen. Er wollte ihnen das ewige Leben schenken. Aber diesen Versuch, die Menschen für immer vom Feind allen Lebens, dem Tod, zu befreien, hat er mit seinem eigenen Leben bezahlen müssen. Als er nämlich der großen Göttin der Nacht das Geheimnis der Unsterblichkeit entreißen wollte, fand er den Tod. In den tiefsinnigen Mythen der neuseeländischen Maori ist diese Göttin der Nacht oder des Todes zugleich die Urmutter allen Lebens, die bei ihnen Hine Nui Te Poo heißt. So wird in diesem scharfsinnigen Mythos der tragische Tod des Götterjünglings Maui, des Lieblingshelden der polynesischen Sagen, gleichsam wieder aufgehoben durch die Dialektik des ewigen Werdens und Vergehens.

Der junge Halbgott hat sein Leben für die Menschen, für seine Polynesier, geopfert, die er mehr liebte als sich selbst. Eben deshalb lebt er weiter im Gedächtnis der Südsee-Bewohner.

Schraubenbaum und Tuatara

Die unzähligen Inseln Polynesiens, ob sie nun durch lavaspeiende Vulkane oder durch Milliarden emsiger Korallen geschaffen worden sind, bestanden ursprünglich nur aus nacktem, vom Meer umspültem Land. Wie mag das Leben auf diesen im Pazifik verstreuten Inseln entstanden, wie das erste Samenkorn dorthin gelangt sein? Hat das Meer, die Moana, das Leben auf den Inseln geboren, seine Keime an Land gespült, die dann die glühende Tropensonne im Sand der Ufer oder im Schlamm der Lagunen ausgebrütet hat? Haben vielleicht die Passatwinde die ersten Sporen, die ersten Insekten über den Ozean geweht? Oder waren es womöglich Zugvögel, die in ihren Eingeweiden oder ihrem Gefieder die Samen des künftigen Lebens auf die Inseln getragen haben? Hierüber sagt die Wissenschaft wenig aus, und selbst die Paläontologen stellen nur Theorien auf...

Die Vegetation der polynesischen Inseln ist, was die Zahl der Arten angeht, weit ärmer als die Pflanzenwelt der Kontinente, die den Stillen Ozean säumen. Und fast ausnahmslos alle Gewächse, die von den Festländern, die den Pazifik umgrenzen, auf die Inseln Polynesiens gelangt sind, stammen – mit den Augen des Polynesiers gesehen – aus dem Westen, also aus Asien, besonders aus dessen südöstlichem Teil. Je weiter die einzelnen Archipele Ozeaniens von den Küsten Asiens entfernt sind, desto artenärmer ist ihre Pflanzenwelt. Während es auf den Inseln Melanesiens noch etwa 13 000 Arten gibt, werden auf den nordöstlich davon gelegenen Hawaii-Inseln nur noch rund zweitausend gezählt, und am östlichsten Punkt des polynesischen Dreiecks, auf der Osterinsel, sind es lediglich noch einige Dutzend Arten.

Nicht alle Gewächse, die das Paradies der Südsee schmükken, sind freilich vom Festland, genauer gesagt vom asiatischen Kontinent, nach Polynesien gelangt. Manche sind auch einheimischen Ursprungs, die sich auf den Inseln selbst entwickelt haben und in anderen Gebieten der Erde überhaupt nicht vorkommen. Aber die isolierte Lage dieser Inseln, die die Entwicklung des pflanzlichen und tierischen Lebens zunächst erschwerte und verzögerte, hatte auch ihre positive Seite: Es gab weniger Feinde, die das entstehende Leben gefährden konnten. So brachte die Natur auf den einsamen Inseln durch Mutation neue Arten hervor, die es nirgendwo anders auf unserem Planeten gibt. Besonders reich an örtlichen Gewächsen ist Neuseeland. Vier Fünftel der neuseeländischen Pflanzenwelt sind nur dort und nirgendwo sonst auf der Erde anzutreffen. Aber auch auf den Hawaii-Inseln besteht die Flora zu drei Vierteln aus heimischen Arten, zu denen die berühmten, freilich durch Züchtung weiterentwickelten Orchideen gehören, aus denen die *Lei* genannten herrlichen Blütenkränze geflochten werden, die fast zu einem Symbol der Inseln geworden sind.

Alle übrigen Pflanzen aber sind, wie gesagt, vom Festland auf die polynesischen Inseln »gewandert«. Dabei ist der Anteil der aus Amerika stammenden Gewächse in der Flora Polynesiens verschwindend gering. Der überwiegende Teil der Pflanzen ist aus Asien auf die Inseln gelangt, wahrscheinlich auch über die »Landbrücke«, die in älteren Erdzeitaltern offenbar einige Teile Ozeaniens mit dem asiatischen Kontinent verband.

Die Keime der übrigen Gewächse hat vermutlich, nachdem jene Landbrücke nicht mehr bestand, das Meerwasser auf die Inseln gespült. So ist möglicherweise auch die »Königin der Südsee«, die Kokospalme, nach Polynesien gelangt. Die Samen anderer Gewächse mögen Vögel auf die Inseln getragen haben, die Sporen der Farne die Seewinde...

Aber nicht nur die Natur selbst, auch die Entdecker und Eroberer dieser Inseln im Stillen Ozean, die polynesischen Seefahrer, haben die Pflanzenwelt wesentlich bereichert. Vielleicht sind auch sie es gewesen, die die erste Kokospalme in Ozeanien gepflanzt haben. Ganz gewiß aber haben sie die *Yam,* jene stärkereiche Knollenfrucht, den *Taro,* die Wasserbrotwurzel, die Banane, das Zuckerrohr sowie den mehrmals im Jahr Früchte tragenden Brotfruchtbaum in ihre neue Heimat mitgebracht. Auch die dort *Kumaru* – oder *Kamaro* – genannten Bataten, die Süßkartoffeln, sind nachweisbar erst mit dem Menschen auf die polynesischen Inseln gelangt. Auf welchem Wege dieses Windengewächs mit seinen stärke- und zuckerreichen Wurzelknollen in die Südsee gekommen ist, gehört zu den größten Rätseln der polynesischen Vergangenheit, und daher wird später hiervon noch ausführlich die Rede sein.

Von den örtlichen Pflanzenarten nutzen die Polynesier besonders die *Pandane,* den bis zu 30 Meter hohen »Schraubenbaum«, der ihnen nicht nur wohlschmeckende Früchte liefert, sondern dessen Blätter sie auch zum Bau ihrer Hütten und zur Herstellung ihrer Kleidung verwenden. In Polynesien ist vermutlich auch eine Pfefferart, und zwar das »Piper methysticum«, zu Hause, die vor allem den Samoanern zur Zubereitung der Kawa, eines berauschenden Getränks, dient, das manche, nicht ganz zu Unrecht, als die »Droge der Südsee« bezeichnen.

Nach den ersten Pflanzen entwickelten sich auch bald die ersten Tierarten. Und ebenso wie in der Flora unterscheidet sich Neuseeland auch in der Fauna erheblich von den anderen Teilen Ozeaniens.

Neuseelands geotektonische Entwicklung ist ebenfalls ganz anders verlaufen: Die beiden Inseln Neuseelands, »Mauis Fisch« und »Mauis Boot«, sind weder »Hohe Inseln« vulkanischen Ursprungs noch Koralleninseln und selbstverständlich auch keine Atolle. Vielmehr gehören sie zu jenem älteren Gürtel der um den Pazifik herum gelegenen Faltgebirge und besitzen im Kern die gleiche Gesteinsformation, die auch auf den Kontinenten vorherrscht. Ferner zeigen die Gebirge eine reiche Formenwelt mit Tälern, Moränen, Gletschern und vielen Seen. Neuseeland ist weit eher entstanden als die meisten anderen polynesischen Inseln (vor etwa 60 bis 150 Millionen Jahren) und ursprünglich wohl ein Teil des australischen Kontinents gewesen.

Doch die Tierwelt Neuseelands zeigt, daß die Doppelinsel vom australischen Festland getrennt gewesen sein muß, bevor sich die Säugetiere über die Erde verbreitet haben. In der Fauna Neuseelands sind (bzw. waren) Arten erhalten geblieben, die sonst nirgendwo auf der Erde vorkommen, wie zum Beispiel die eigenartige dreiäugige Brückenechse, die Tuatara, wie die Maori dieses lebende Fossil genannt haben, wie auch der Kiwi, jener merkwürdige Laufvogel, das Wappentier Neuseelands, und der längst ausgestorbene Moa, der (bis zu 3,60 Meter hohe) größte flugunfähige Vogel der Welt.

Im übrigen ist jedoch die Fauna Neuseelands an Landtieren ebenso arm wie die aller polynesischen Inseln. Säugetiere fehlen fast völlig. Vor der Ankunft der Menschen lebten vor allem Ratten und Flughunde im Südsee-Paradies. Auf den Tonga-Inseln beispielsweise gab es große fliegende Hunde, die später mit einem strengen Tabu des Königs belegt waren. Krokodile und Schlangen gibt es hingegen nicht in Polynesien. Im Vergleich zu der relativ armen Tierwelt der Inseln ist dafür die Fauna des Meeres um so reicher. Von ihr wird aber erst später die Rede sein, wenn von den polynesischen Fischern erzählt wird, denen dieses Meer den Lebensunterhalt spendet.

Die meisten Tierarten, die vor der Ankunft der ersten Menschen in Polynesien lebten, stammen aus Asien, auch aus Australien, Neuguinea und Indonesien, aber nur zu einem verschwindend geringen Teil aus Amerika. Diese Tatsache ist wichtig, weil es durch sie möglich ist, die Rätsel der ältesten Vergangenheit der polynesischen Inselwelt zu entschleiern. Seevögel konnten noch am ehesten aus ihrer Urheimat auf die Inseln im Stillen Ozean gelangen. Die ersten Polynesier haben ihr künftiges Paradies um etliche Tiere und Pflanzen bereichert, die später dort heimisch geworden sind. So haben sie das aus Ostasien stammende Schwein auf ihren Schiffen in die neue Heimat mitgebracht, aber auch Hunde und Geflügel.

Wie hat sich aber das Leben auf diesen Inseln und in dem Meer, das sie umgibt, überhaupt entwickelt? Auch die alten Polynesier haben sich diese Frage vorgelegt und über das größte aller Wunder, die Entstehung des Lebens und die Geburt des ersten Menschen, nachgedacht. Ihre Mythen und ihre Genealogien spiegeln ihre Gedanken darüber wider. Diese Genealogien, in Versform gekleidete Stammbäume, besingen die edle Herkunft vornehmer Häuptlingsgeschlechter, verbinden sie mit den vorangegangenen Generationen und leiten deren Ursprung in der Regel von den polynesischen Göttern ab.

Eines der bewundernswerten Epen – das der letzte Herrscher des Königreiches Hawaii, die schöne Königin Liliuokalani, veröffentlicht hat – heißt *Kumuulipo* und besteht aus 2 102 Versen, die in sechzehn Abschnitte – hawaiisch *Wa* – gegliedert sind. Diese Genealogie ist gewiß der bedeutendste der *Kuauhau,* der Wege der Sippen, die professionelle polynesische Dichter und Sänger, die *Haku Mele,* die Herren des Gesangs, geschaffen haben. Welcher von ihnen der Schöpfer des Kumuulipo war, ist nicht bekannt. Sicher aber ist, daß jener große »Gesang von den Anfängen im Dunkel der Nacht«, wie die genaue Übersetzung des Titels lautet, um das Jahr 1700 geschaffen worden ist.

Der namenlose Verfasser des Kumuulipo-Epos hat in den ersten sieben Abschnitten eine Evolutionstheorie entworfen, die in vielen Punkten der des Charles Darwin ähnelt. Sie besagt, daß sich die höheren Formen des Lebens auf der Erde aus niederen entwickelt haben. Es gibt nicht allzu viele Kulturen, die solch eine logisch aufgebaute zusammenhängende Schöpfungsgeschichte hervorgebracht haben. Die berühmteste, die altjüdische Genesis, die das erste Buch des Alten Testaments bildet, kennt jeder. Auch die altgriechische »Theogenie« des Hesiod ist in diesem Zusammenhang zu erwähnen.

Es ist ohne weiteres erlaubt, den hawaiischen »Gesang von den Anfängen im Dunkel der Nacht« in einem Atemzug mit diesen berühmten Schöpfungen zu nennen. Handelt es sich doch um ein originäres Werk, das ausschließlich aus der Vorstellungswelt der Polynesier hervorgegangen ist und davon zeugt, mit welcher Gedankentiefe und zugleich poetischen Weltschau die Ureinwohner der Hawaii-Inseln versucht haben, das Wunder der Entstehung des Lebens zu erklären.

In den ersten sieben *Wa* des Epos, die die Epoche *Po*, die Zeit der langen Nacht, schildern, besingt der namenlose polynesische Dichter die Geburt des Lebens, der ersten einfachen Meeresbewohner. Das Epos beschreibt, wie aus dem Ozean, der die ursprüngliche Lebenswelt der Tiere war, die ersten Amphibien an Land kamen und wie dann dort, auf den Inseln, die ersten Säugetiere Polynesiens – Schweine, Hunde und Ratten – »geboren« wurden.

So hat sich das Leben – nach dem Kumuulipo – von den niederen, im Meer entstandenen Formen zu immer höheren entwickelt, bis der Sänger im letzten, dem 643. Vers des 8. Gesangs schließlich ausrufen konnte: »Und endlich ward der Mensch geboren, und mit ihm kam das Licht.«

An diesem althawaiischen Epos überraschen zwei Dinge: einmal die Auffassung, daß erst mit dem Menschen das Licht in die Welt gekommen ist, zum anderen – und das sicher noch mehr – das tiefe Verständnis für den Entwicklungsgedanken, für die fortlaufende Kette der Evolution des Lebens, die von einfachen Stufen zu höheren und komplizierteren aufsteigt und im Menschen gipfelt.

Mit der Geburt des ersten Menschen endet die Zeit der langen Nacht. Die Zeit des Lichts bricht an, der die folgenden neun Gesänge des Kumuulipo gewidmet sind. Der unbekannte Dichter zählt darin Hunderte von Paaren auf, immer neue Generationen von Polynesiern, die die Schöpfung weitertragen. In diesem zweiten Teil wird das Epos zu einer – auch historisch wertvollen – typisch polynesischen Genealogie. Die lange Reihe der besungenen edlen Vorfahren des hawaiischen Häuptlingsgeschlechts *I* schließt mit *Ka I Mamoa,* dem Sohn des damaligen Herrschers der Großen Hawaii-Insel, dem das ganze Werk gewidmet war.

Dieses großartige polynesische Epos, das mit der Entstehung des ersten primitiven Korallenpolypen anhebt und in der Geburt des hawaiischen Häuptlingssohnes gipfelt, betrachtet den Menschen als Krone der Schöpfung, aber nicht isoliert von ihr, sondern aus ihr hervorgegangen und untrennbar mit ihr verbunden, so »wie die Krone der Palme aus den Wurzeln und dem Stamm hervorgeht und ihre Kraft aus ihnen zieht«. So sieht der Polynesier in dem Schöpfungsgesang auch sich selbst im Zusammenhang mit der gesamten Natur, und diese Natur umfaßt nach jener polynesischen Philosophie die Seepolypen wie die Fische, die Hunde und Schweine ebenso wie die leuchtenden Orchideen.

Das polynesische Dreieck

Schon mehrmals war vom polynesischen Dreieck die Rede. Der von den Inseln Polynesiens umgrenzte Meeresraum im Pazifik gleicht auf der Karte einem riesigen Triangel. Die schönen Hawaii-Inseln im Norden, die geheimnisvolle Osterinsel im Osten und die Doppelinsel Neuseeland im Südwesten bilden die drei Eckpunkte. »Dreieck« – dieser Begriff hat sich inzwischen so eingebürgert, daß er auch hier weiter benutzt wird.

Westlich und nordwestlich des polynesischen Dreiecks liegen die beiden anderen Regionen Ozeaniens: Melanesien und Mikronesien. Die Bewohner Mikronesiens ähneln den Polynesiern sowohl in ihrem Aussehen als auch in ihrem Körperbau, wohingegen sich die Melanesier schon auf den ersten Blick durch ihre dunkle Hautfarbe von ihren Nachbarn im Pazifik unterscheiden. Und nach diesem für Fremde so auffälligen tiefdunklen Teint der Bewohner hat Melanesien auch seinen Namen – »Schwarzinselwelt« – erhalten.

Die Inselwelt der dunkelhäutigen Menschen erstreckt sich in einem riesigen Bogen nordöstlich des australischen Kontinents. Das Land der Papua, Neuguinea, ist die größte der melanesischen Inseln.

Die zweite der drei Regionen Ozeaniens, Mikronesien, trägt ihren Namen zu Recht. Sie besteht aus etwa zweitausend »Mikro-Inseln«, die entweder vulkanischen Ursprungs, zumeist aber Korallenatolle sind. Diese kleinen Eilande bilden mehrere

Gruppen, die – wie in einem großen Bogen – Melanesien vorgelagert sind und Ozeanien nach Norden hin abgrenzen.

Östlich von Mikronesien und Melanesien erstreckt sich also das Dreieck Polynesiens, die »Welt der vielen Inseln«, wie der griechische Name, den ihm die Geographen gegeben haben, zu übersetzen ist. Im polynesischen Dreieck liegen in der Tat so viele Inseln und Atolle, daß allein ihre Aufzählung mehrere Seiten beanspruchen würde. In diesem schier unendlichen Meeresraum existierte eine erstaunlich einheitliche Kultur – eine Kultur mit einer über alle Inselgruppen hin sehr ähnlichen Vorstellungswelt, mit einer sehr ähnlichen Mythologie, mit einer sehr ähnlichen gesellschaftlichen Ordnung und – was am wichtigsten erscheint: Es existierte und es existiert noch immer eine gemeinsame Sprache, die Familie der polynesischen Sprachen, deren auf den einzelnen Inselgruppen gesprochene Idiome sich nur unwesentlich voneinander unterscheiden.

Die Reise durch die polynesische Inselwelt soll an der Südwestecke des Dreiecks beginnen – auf der Doppelinsel Neuseeland. Mit 265 000 Quadratkilometern ist Neuseeland das größte, einst ausschließlich von Polynesiern bewohnte und zugleich das am weitesten südlich gelegene Gebiet Polynesiens. Neuseeland besteht aus zwei Hauptinseln – der Nord- und der Südinsel – sowie aus zahlreichen Nebeninseln. Gegenwärtig leben auf Neuseeland noch rund 300 000 Maori (davon 95 Prozent auf der Nordinsel), und obwohl diese Zahl kaum 10 Prozent der Gesamtbevölkerung ausmacht, so fließt doch in den Adern eines Viertels der Bewohner Neuseelands zumindest ein Teil polynesischen Blutes. Neuseeland ist somit – neben den Hawaii-Inseln – von allen Gebieten Polynesiens das einzige Territorium, in dem die Ureinwohner heute nicht mehr die Mehrheit der Bevölkerung bilden.

Im Unterschied zu den meisten Inseln Polynesiens liegt Neuseeland in einer gemäßigten Klimazone. Hier sind die Sommer relativ kühl, die Winter mild, während die reichlichen Niederschläge für eine üppige Vegetation sorgen. Die beiden durch die 25 bis 300 Kilometer breite »Cook-Straße« voneinander getrennten Hauptinseln mit den tiefeingeschnittenen Küsten und den vorgelagerten Eilanden sind sehr gebirgig.

Nordöstlich von Neuseeland, durch den etwa 10 000 Meter tiefen »Neuseelandgraben« getrennt, liegen die Tonga-Inseln. Hier, in der einzigen noch existierenden polynesischen Monarchie, regiert König Taufaahau Tupou IV. Der Archipel besteht aus der Inselgruppe Vavau im Norden, der Haapai- und Nomuka-Gruppe in der Mitte und der Hauptinsel Tongatapu (mit Nebeninsel) im Süden, auf der auch die Hauptstadt des Königreiches, Nukualofa, liegt. Die insgesamt etwa 160 Inseln dieses polynesischen Staates, vorwiegend flache Koralleninseln, nehmen eine Landfläche von rund 700 Quadratkilometern ein. Über 80 Prozent der Bevölkerung – von den über 100 000 Einwohnern sind 99 Prozent Polynesier – gehören der methodistischen Kirche an, deren Oberhaupt ebenfalls der König ist.

Nördlich von Tonga liegt ein weiterer unabhängiger polynesischer Staat – Westsamoa, bestehend aus den beiden großen gebirgigen Inseln Upolu und Savaii sowie sieben kleineren Inseln vulkanischen Ursprungs, von denen besonders Manono und Apolima als »Perlen der Südsee« anzusehen sind.

Westsamoa war von 1899 bis 1914 deutsche Kolonie. Ab 1922 wurde es dann von Neuseeland verwaltet (von 1922 bis 1961 als Treuhandgebiet des Völkerbundes und der UNO), bis es 1962 die politische Unabhängigkeit erlangte. Westsamoas bürgerlich-demokratische Verfassung bewahrt Elemente der traditionellen »Häuptlingsaristokratie«. Heute leben auf den Inseln Westsamoas über 150 000 Menschen, von denen die Hälfte Polynesier sind. Die restliche Bevölkerung setzt sich aus Einwanderern anderer Gebiete Ozeaniens, Weißen (unter anderem Neuseeländer und Deutsche) und Mischlingen zusammen.

Der andere Teil des für die Geschichte der Polynesier und deren Kultur so wichtigen Archipels der Samoa-Inseln ist Ostsamoa. Die Hauptinsel dieser vorwiegend von Polynesiern bewohnten Inselgruppe, die zum Territorium der Vereinigten Staaten gehört, ist das bergige Tutuila mit der Haupt- und Hafenstadt Pago Pago.

Zwei weitere von Polynesiern bewohnte Archipele liegen nordwestlich der Samoa-Inseln: die Wallis- und Futuna-Inseln, die gegenwärtig den Status eines »Französischen Überseeterritoriums« haben.

Polynesier aus Neuseeland, dessen Gesicht mit dem typischen
Spiralmotiv geschmückt ist. Das Schmuckstück aus Nephrit, das er um den
Hals trägt, wird Hei-tiki genannt.

Nördlich der Wallis- und Futuna-Inseln befindet sich der jüngste, erst seit 1978 unabhängige polynesische Staat – Tuvalu. Die Angaben über die Landfläche Tuvalus schwanken (etwa 26 Quadratkilometer). Der junge Staat, ehemals britische Kolonie, umfaßt neun über eine Wasserfläche von mehr als 1,3 Millionen Quadratkilometern verstreute, sehr flache Atolle, von denen Funafuti sowohl Hauptinsel als auch Hauptstadt (6000 Einwohner) ist. Auf diesen neun Atollen leben insgesamt etwa 11 000 Menschen, fast ausschließlich Polynesier.

Östlich von Tuvalu und nördlich von Samoa liegt eine weitere Gruppe von Atollen, die den Namen Tokelau trägt. Diese nur 10 Quadratkilometer Landfläche große Inselgruppe ist ausschließlich von Polynesiern (rund 1600) bewohnt. Außer den eigentlichen Tokelaunesiern hat sich auch eine kleine Gruppe von Samoanern dort niedergelassen. Tokelau gehört zu Neuseeland, ebenso die östlich von Tonga gelegene Koralleninsel Niue, auf der ausschließlich Polynesier (rund 7000) leben.

Die Cook-Inseln liegen östlich von Niue, nach dem polynesischen Namen ihrer Hauptinsel auch Rarotonga genannt. Sie bestehen aus zwei ziemlich weit voneinander entfernten Gruppen. Die südliche, in der auch die Hauptinsel liegt, erinnert in ihrem landschaftlichen Charakter an Tahiti. Außer Rarotonga umfaßt diese südliche Gruppe die Insel Mangaia sowie unter anderem die Atolle Mauke, Takutea, Aitutaki und Mitiaro. Zur Nordgruppe, die fast ausschließlich aus Atollen besteht, gehören beispielsweise Tongareva, Manihiki, Rakahanga, Pukapuka.

Die Cook-Inseln, nach dem berühmten englischen Seefahrer James Cook benannt, der sie – neben vielen anderen Südsee-Inseln – 1773 entdeckte, sind heute ein polynesischer Staat mit innerer Autonomie. Die auswärtigen Angelegenheiten und die Landesverteidigung obliegen jedoch weiterhin Neuseeland. Die Inseln, kaum 240 Quadratkilometer groß, werden hauptsächlich von Polynesiern bewohnt.

Östlich der Cook-Inseln liegt eine weitere ausgedehnte Inselwelt von rund 130 Inseln, Französisch-Polynesien. Die sechs Inselgruppen, die sich in diesem Teil der Südsee befinden, werden von Frankreich verwaltet.

Der zweifellos berühmteste der Archipele, die zusammen

dieses französische Überseeterritorium bilden, sind die Gesellschaftsinseln (Iles de la Société), die sich in einer Länge von rund 800 Kilometern von Nordwest nach Südost erstrecken. Die vierzehn Inseln des Archipels sind durch eine breite Meeresstraße in die östlich gelegenen »Inseln über dem Wind« und die weitaus kleineren westlichen »Inseln unter dem Wind« gegliedert. In diesem landschaftlich ungemein reizvollen Archipel zieht heute ebenso wie in früheren Zeiten deren größte und bedeutendste Insel die meisten Besucher an – das vielbesungene Tahiti (Otaheiti).

Die Landfläche dieses polynesischen Archipels beträgt insgesamt 1 647 Quadratkilometer, wovon auf die eigentliche Insel Tahiti 1 042 Quadratkilometer entfallen. Ähnlich wie Rarotonga ist auch Tahiti außerordentlich bergig. Die Insel wird von dem 2 250 Meter hohen, längst erloschenen Vulkan Orohena und dem ebenfalls schon Tausende von Jahren toten Kegel des Tetufera beherrscht. Auf Tahiti liegt auch die Metropole der Gesellschaftsinseln und ganz Französisch-Polynesiens – die Stadt Papeete, die nicht nur Verwaltungshauptstadt, sondern auch Kreuzungspunkt des Schiff- und Luftfahrtverkehrs ist und als Zentrum des Fremdenverkehrs gilt.

Die Gesellschaftsinseln wurden bereits 1606 von den Spaniern entdeckt, ehe Cook sie auf seinen Reisen zwischen 1769 und 1778 genauer erkundete und nach der berühmten Londoner »Royal Society«, der könglichen Gesellschaft der Naturwissenschaften, Sozietäts- bzw. Gesellschaftsinseln nannte. Die Insel Raiatea hat in der Geschichte ganz Polynesiens eine außerordentlich bedeutende Rolle gespielt: Sie war lange Zeit ein bedeutendes Kultzentrum, in dem sich die polynesische Religion herausgebildet und ausgeprägt hat. In der Nachbarschaft des heiligen Raiatea liegt die für die Geschichte dieses Teils von Polynesien ebenfalls bedeutsame Insel Bora-Bora.

Neben den Gesellschaftsinseln gehört die Tuamotu-Gruppe (auch Paumotu genannt) zu Französisch-Polynesien. Tuamotu ist der einzige ausschließlich aus Atollen bestehende Archipel Polynesiens. Auf dem Atoll Raroia endete übrigens 1947 die berühmte Ozeanüberquerung Thor Heyerdahls mit dem Floß »Kon-Tiki«.

Die dritte Inselgruppe Französisch-Polynesiens, Mangareva, ist eigentlich als Fortsetzung der langen Kette der Tuamotu-Atolle anzusehen. Die Hauptinsel Mangareva ist vor allem durch ihre polynesischen Perlenfischer berühmt.

Etwa 800 Kilometer südlich von Tahiti befindet sich am »Wendekreis des Steinbocks« ein weiterer isolierter Archipel Französisch-Polynesiens, die Tubuai-Inseln. Raivavae, die am weitesten östlich gelegene Insel, ist nicht zuletzt durch ihre mächtigen steinernen Götterstatuen, die *Tiki,* bekannt.

Außer den hier beschriebenen südlichen und südöstlichen Archipelen Französisch-Polynesiens liegt hier noch eine völlig isolierte Insel, die ebenfalls zu diesem Verwaltungsgebiet gehört. Es ist die Insel Rapa, genauer Rapa Iti. Iti bedeutet »klein«. So unterscheiden nämlich die Polynesier dieses Rapa von der »großen« Insel Rapa, von Rapa Nui, und das ist der eigentliche Name einer anderen, noch entlegeneren und noch interessanteren Insel der Herrscher des Paradieses – der berühmten Osterinsel.

Das bergige, völlig isolierte Rapa Iti, das von Ufer zu Ufer kaum 15 Kilometer mißt und von dem heiligen Berg Perahu beherrscht wird, wartet ebenso wie Rapa Nui mit zahlreichen monumentalen Denkmälern der altpolynesischen Kultur auf, von denen die steinerne Bergfeste Moronga Uta, von den Archäologen bisher nur »oberflächlich« erforscht, besondere Aufmerksamkeit verdient. Außer Moronga Uta befinden sich auf Rapa Iti die Überreste von sechs weiteren Festungen dieser Art.

Nordöstlich von Tahiti liegen die für die Geschichte und die Kultur der Polynesier bedeutsamen Marquesas-Inseln, 1595 von dem Spanier Mendaña de Neyra entdeckt und nach seinem Gönner, Marquesas de Mendoza, dem damaligen Vizekönig von Peru, benannt. Zweifellos waren sie die überhaupt erste von den Polynesiern besiedelte Inselgruppe im östlichen Teil ihres Dreiecks.

Die Marquesas bilden eine etwa 700 Kilometer lange Kette, die insgesamt elf äußerst wichtige Inseln umfaßt. Auf der größten Insel des Archipels, Hiva Oa, liegt auch die Hauptstadt der Marquesas, Atuona. In die Kulturgeschichte sind Hiva Oa und Atuona als letzte Stätte des Wirkens des großen Bewunderers und Freundes der Polynesier, des französischen Malers Paul Gauguin, eingegangen, der auf dieser Marquesas-Insel gestorben ist und dort begraben liegt.

Die Marquesas, die zu den »Hohen Inseln« gehören, sind – ähnlich wie die Gesellschaftsinseln – außerordentlich bergig und im Inneren schwer zugänglich.

In Französisch-Polynesien – also auf den Marquesas, auf den Gesellschaftsinseln, auf den Archipelen Tubuai und Mangareva, den achtzig Atollen der Tuamotu-Gruppe sowie der isolierten Insel Rapa Iti – lebten zu Beginn der achtziger Jahre insgesamt rund 130000 Menschen, zumeist Polynesier, aber auch etwa 14000 Franzosen und französisch-polynesische Mischlinge sowie rund 13000 Chinesen.

Im äußersten Südosten des polynesischen Dreiecks (am 27. südlichen Breitengrad und 109. westlichen Längengrad) liegt völlig isoliert – über 2000 Kilometer von den östlichsten Atollen Französisch-Polynesiens und rund 3600 Kilometer von der Westküste Südamerikas entfernt – jene Insel im Pazifik, die für den Laien, aber auch für viele Fachleute die interessanteste ganz Polynesiens ist: Rapa Nui, die legendenumwobene Osterinsel mit ihren riesigen Steinfiguren und den Rätseln ihrer in Holztafeln eingeritzten Schriftzeichen. Diese nur etwa 165 Quadratkilometer große Insel vulkanischen Ursprungs wurde von dem niederländischen Seefahrer Jacob Roggeveen am Ostersonntag – daher der Name – des Jahres 1722 entdeckt. Zur Zeit ihrer Entdeckung war sie von etwa dreitausend Polynesiern bewohnt. Peruanische Sklavenjäger, eingeschleppte Seuchen sowie fluchtähnliche Auswanderung dezimierten die eingeborene Bevölkerung derart, daß zu Beginn unseres Jahrhunderts nur noch 150 Bewohner auf der Insel lebten. 1888 von Chile in Besitz genommen, diente sie lange Zeit als Strafkolonie. Die steinernen Zeugen einer hochstehenden Kultur verfielen, ohne daß es gelang, die Frage nach ihrem Ursprung eindeutig zu klären. Heute leben wieder rund sechshundert Polynesier, neben einigen Chilenen, auf Rapa Nui, die sich ihre Ernährung vorwiegend durch den Anbau von Bataten und Bananen sowie durch den Fischfang sichern. Der Hauptort, eigentlich die einzige Ortschaft der Insel, ist Hanga Roa.

Zwischen der großen und der kleinen Insel Rapa, aber jeweils 1 000 Kilometer von ihnen getrennt, liegt noch ein weiteres isoliertes Eiland im südöstlichen Teil des Pazifiks, das man ebenfalls zu Polynesien rechnen kann und das eine sehr bemerkenswerte Geschichte hat. Es heißt Pitcairn, ist seit 1838 britische Kolonie und hat nur rund 120 Einwohner.

In vorkolumbianischen Zeiten war Pitcairn offensichtlich ebenfalls von Polynesiern besiedelt gewesen, aber dann wieder verlassen worden. Von ihrer einstigen Anwesenheit auf dem Eiland zeugen die Überreste von *Maraes*, polynesischen Tempeln, die dort freigelegt wurden. Auch zahlreiche Funde an alten Werkzeugen, zum Beispiel Steinbeilen, weisen auf eine ursprüngliche polynesische Besiedlung hin.

Erst 1780 ließen sich wieder Menschen auf Pitcairn nieder, und zwar die Rebellen der berühmten »Bounty«, die nach dem mißlungenen Versuch, auf den Tubuai-Inseln Fuß zu fassen, auf diesem einsamen Eiland einen lebenslänglichen Zufluchtsort und eine neue Heimat fanden. Ihre Nachkommen leben noch heute dort. Die Gruppe, die im 18. Jahrhundert Pitcairn neu besiedelte, bestand lediglich aus zehn englischen Matrosen und neunzehn Polynesiern, darunter dreizehn Frauen.

Dort, wo der Äquator das polynesische Dreieck schneidet, befindet sich eine weitere, sehr isolierte Inselgruppe (die in diesem Fall nicht nur von der übrigen Welt, sondern auch voneinander isoliert sind) – die Polynesischen Sporaden.

Die heutigen Polynesischen Sporaden sind eigentlich die Reste einer sehr alten Atollgruppe, die bereits zu Ende des Mesozoikums, der Kreidezeit, entstanden war. Viele Atolle dieses Archipels sind aber längst wieder in den Fluten des Pazifiks versunken. Nur einige wenige ragen noch aus dem Meer heraus. Das bekannteste Atoll ist die Weihnachtsinsel (nicht zu verwechseln mit der gleichnamigen australischen Insel im Indischen Ozean), das überhaupt größte Atoll des ganzen Pazifiks.

Die Atolle der Polynesischen Sporaden waren – wie archäologische Funde bezeugen – einst besiedelt. Noch vor der Ankunft der Europäer haben ihre Bewohner sie jedoch – genau wie die Insel Pitcairn – wieder verlassen. Im 19. und besonders im 20. Jahrhundert sind jedoch die Polynesier auf diese Sporaden, vor allem auf die Weihnachtsinsel, zurückgekehrt. Heute leben auf den einsamen Atollen insgesamt annähernd 2000 Menschen.

Die Polynesischen Sporaden gehören zu den am wenigsten bekannten Teilen Ozeaniens. Heute stehen sie teils unter britischer, teils unter US-amerikanischer Verwaltung. Neuerdings werden die Polynesischen Sporaden oft als »Linieninseln« oder auch – und dieser Name ist weitaus treffender – als »Äquatorinseln« bezeichnet.

Die Nordspitze des polynesischen Triangels bildet Hawaii, das aufgrund seiner landschaftlichen Schönheit, der bewundernswerten Kultur seiner Ureinwohner und seiner bewegten Geschichte gleichsam als die Krone der ganzen polynesischen Welt bezeichnet werden kann.

Die eigentliche Hawaii-Gruppe, wie sie heute genannt wird, besteht aus einer sich von Südost nach Nordwest erstreckenden Kette von acht Inseln. Das erste, südöstliche Glied ist die eigentliche Insel Hawaii, oft auch »Große Insel«, »Big Island« genannt. Mit ihren 10 500 Quadratkilometern ist sie nicht nur die größte der Hawaii-Kette, sondern nach Neuseeland auch ganz Polynesiens. Zentrum des Wirtschaftslebens und Hauptinsel des Hawaii-Archipels ist jedoch Oahu, wo rund 80 Prozent aller Bewohner der Inselgruppe leben, obwohl die Insel nur 10 Prozent der Landfläche des Archipels einnimmt. Oahu lockt auch die meisten Touristen an – nicht zuletzt wegen der Hauptstadt Hawaiis, Honolulu, und ihrem weltberühmten Strand von Waikiki. In der Nähe von Honolulu befindet sich der große amerikanische Militärstützpunkt Pearl Harbor, mit dessen Bombardierung durch die Japaner der Zweite Weltkrieg auf den Pazifik übergriff.

Westlich von Oahu liegt die mit dichten Wäldern bedeckte »Garteninsel« Kauai, die mit dem riesigen »Waimea-Cañon« und dem einzigen schiffbaren Fluß Polynesiens (außer den Flüssen Neuseelands), dem wasserreichen Wailua, aufwartet.

Im mittleren Teil des Archipels trifft der Besucher auf die grüne Insel Maui (1 900 Quadratkilometer), die den Namen jenes von den Polynesiern so geliebten Halbgottes trägt und deren Bild von einem der größten Vulkane der Erde, dem heute erloschenen 3050 Meter hohen Haleakala, geprägt wird. Riesige und noch immer aktive Vulkanberge erheben sich auch auf der benachbarten Großen Hawaii-Insel.

Neben den vier größeren Hawaii-Inseln zählen noch vier kleinere zu dem Archipel: Niihau (185 Quadratkilometer), die allen Fremden »verbotene« Insel, auf der ausschließlich Polynesier leben, und zwar noch immer so, wie vor fünfzig oder hundert Jahren fast alle Hawaiianer gelebt haben. Die wildromantische, zerklüftete Insel Molokai mit ihrer imposanten Steilküste beherbergt auf ihrer ins Meer vorspringenden Halbinsel Kalaupapa eine der größten Kolonien von Leprakranken im pazifischen Raum.

Zwischen Molokai und Maui liegt die mit Plantagen bedeckte »Ananasinsel« Lanai (365 Quadratkilometer). Die letzte der acht Hawaii-Inseln, Kohoolawe (115 Quadratkilometer), dient als Übungsgelände der amerikanischen Luftwaffe und ist aus diesem Grunde völlig unbewohnt.

Die Ureinwohner Hawaiis, die Polynesier, machen einschließlich der Mischlinge nicht viel mehr als 7 Prozent der Bevölkerung aus. Dennoch ist trotz Rassenmischung, Amerikanisierung und Touristikindustrie das Erscheinungsbild Hawaiis auch heute noch stark von der polynesischen Vergangenheit geprägt.

Westwärts setzt sich der Archipel noch in einer langen Kette von Zwerginseln fort. Es sind dies die höchsten Spitzen des untermeerischen hawaiischen Gebirgsrückens, der sich, unter der Oberfläche des Pazifiks, bis zu den Atollen Mikronesiens hinzieht.

Das polynesische Dreieck wird durch die hohen Vulkane Hawaiis und die tiefen Fjorde Neuseelands, die fast meeresflachen palmenbestandenen Atolle des Tuamotu-Archipels ebenso gekennzeichnet wie durch die einsame Osterinsel, deren Vergangenheit mehr Rätsel aufgibt als die Geschichte ganzer Kontinente.

Bildnis eines hawaiischen Häuptlings, nach dem Stich eines Teilnehmers
der Expedition Cooks. Charakteristisch sind der Federhelm sowie der
Federumhang um die Schultern.

Die Besiedlung des Paradieses

Die über dieses Dreieck verstreute Inselwelt gehört zu den Regionen, die von allen Gebieten unserer Erde am spätesten besiedelt wurden.

Jenseits des Dreiecks, im Westen und Nordwesten Ozeaniens, liegen Melanesien und Mikronesien. Auch hier liegen Inseln und Atolle, die von Polynesiern bewohnt sind. Gerade auf diesen von der Welt abgeschiedenen Inseln sind polynesische Traditionen bis heute lebendig geblieben.

Angesichts der zerstückelten Kette der von Polynesiern bewohnten kleinen Inseln und Atolle im Osten der sonst von dunkelhäutigen Menschen besiedelten melanesischen Archipele drängt sich natürlich folgende Frage auf: Sind die polynesischen Inselbewohner in Melanesien Nachkommen von Splittergruppen, die sich bei der großen Wanderung der Polynesier hier niedergelassen haben?

Einer der bedeutendsten Erforscher der ozeanischen Vergangenheit, Professor A. Haddon, nennt diese Brücke polynesischer Inseln den »Verbindungsweg in Nordostmelanesien«. Über jene Brücke soll – nach den Auffassungen nicht weniger Gelehrter – der Weg geführt haben, auf dem die späteren Bewohner des letzten Paradieses bis zu den Grenzen ihres Dreiecks vorgedrungen sind, in dem sie dann im Laufe der Zeit eine Inselgruppe nach der anderen entdeckt und besiedelt haben.

Zahlreiche Forscher ziehen eine andere Möglichkeit in Betracht. Nach ihrer Theorie sind die an jenem Verbindungsweg gelegenen polynesischen Exklaven in Melanesien erst später besiedelt worden, nachdem die Polynesier ihr ganzes Dreieck bereits in Besitz genommen hatten. Die endgültige Entscheidung darüber, wer in dem Meinungsstreit über die Herkunft der Bewohner der polynesischen Exklaven recht hat, bleibt künftigen Forschungen vorbehalten, wobei die Kenner der polynesischen Sprachen und ihrer Geschichte wohl ein gewichtiges Wort mitreden werden.

Interessant ist zu fragen, woher die Polynesier stammen, ob sie ihre Sprache, ihr Aussehen bewahrt haben, ob ihre Kultur die gleiche ist wie vor Tausenden von Jahren, wie vor Beginn ihrer langen Wanderung.

Auch wenn die Polynesier hinsichtlich ihrer äußeren Erscheinung eine relativ einheitliche ethnische Gruppe bilden, so bestehen doch zwischen den Bewohnern der einzelnen Inseln Unterschiede, die durch die selbständige Entwicklung bedingt sind, die das Leben auf den Archipelen genommen hat, nachdem sich die Polynesier über die Südsee verstreut hatten.

Nach den übereinstimmenden Ergebnissen aller Wissenschaftler ist als Urheimat der Polynesier Asien anzusehen. Aber Asien – das ist immer noch ein sehr weiter Begriff. Heute gilt es als erwiesen, daß die ältesten Vorfahren der Polynesier – soweit sich ihre Spuren zurückverfolgen lassen – im südöstlichen Teil Chinas gelebt haben.

China zeigte freilich zu der Zeit, als sich die Vorfahren der künftigen Polynesier zu einer eigenständigen Rassen- und Kulturgruppe formierten, ein etwas anderes Gesicht als heute. Neben Menschen mit gelblicher Hautfarbe lebten damals dort offenbar auch Angehörige der beiden anderen menschlichen Hauptrassen, also Europide und Negride bzw. Australide. Dunkelhäutige Menschen bewohnten vor etwa 40 000 Jahren nicht nur den heutigen Südosten Chinas, sondern auch weitere große Gebiete, die allerdings heute als Inseln aus dem Meer ragen, jedoch damals, während der letzten Eiszeit, als der Wasserspiegel des Ozeans einige hundert Meter tiefer lag als heute, mit dem südöstlichen Teil des asiatischen Kontinents ein zusammenhängendes Gebiet bildeten.

Aus jener vermuteten Urheimat der künftigen Völker Ozeaniens sind – vor etwa 40 000 Jahren – als erste die schwarzhäutigen Menschen von Südostchina aus über Festlandbrücken auf die Inseln des heutigen Indonesiens gewandert, um dann weiter nach Osten vorzudringen: von Insel zu Insel, die zwischen Sulawesi und dem bereits zu Ozeanien gehörenden Neuguinea dicht beieinander liegen.

Der andere dieser ältesten Wanderwege der schwarzen Menschen führte von der indonesischen Insel Timor über die damals schmale Meerenge zur Küste Australiens. Daß sowohl in Australien als auch auf der größten Insel Melanesiens, Neuguinea, bereits vor mehr als 25 000 Jahren Menschen gelebt haben, ist durch archäologische Ausgrabungen belegt. Die Funde im ältesten Siedlungsgebiet Australiens (Mungo Lake im Staat Neusüdwales) sind sogar über 30 000 Jahre alt. Die Nachkommen dieser ersten dunkelhäutigen Einwanderer, deren Habitus sich im Laufe der Zeit in ihrer neuen Umwelt natürlich erheblich veränderte, sind die Ureinwohner Australiens, die Papuas Neuguineas und schließlich auch die eigentlichen Melanesier.

Jene dunkelhäutigen Menschen sind wahrscheinlich in zwei Etappen, zwei Wellen nach Melanesien und Australien gelangt und gehörten offenbar auch zwei unterschiedlichen Rassengruppen an.

Als erste sind Negride von kleinem, untersetztem Wuchs, mit stumpfen, breiten Nasen, krausen Haaren, sehr dunkler Haut und starker Körperbehaarung in das heutige Gebiet gelangt, altsteinzeitliche Jäger und Sammler. Die Archäologen haben die Spuren ihrer Wanderung (Zeugnisse gibt es zum Beispiel auf der Insel Halmahera) verfolgt: Restgruppen von Nachkommen dieser »Paläomelanesiden« leben noch heute in den Bergen im Inneren Neuguineas.

Nach diesen Negriden sind die direkten Vorfahren der heutigen Papuas in Neuguinea erschienen, die möglicherweise von den Vorfahren der mongoliden Gruppe von Mon-Khmer aus Südostasien verdrängt worden waren. Jene Protopapuas besiedelten – nach den Fundstätten zu urteilen – Neuguinea vor rund 6 500 Jahren.

Am Ende der letzten Eiszeit verwandelten sich die weißen Eismassen in Milliarden Kubikmeter Wasser, so daß der Spiegel des Ozeans mindestens um 100 Meter stieg. Daher konnten die Protopapuas nicht mehr über die ehemalige Landbrücke von Südostasien nach Indonesien und von dort nach Neuguinea wandern, sie waren vielmehr gezwungen, das Meer – offenbar mit großen Einbäumen – zu überqueren.

Die Protopapuas, ebenfalls Jäger und Sammler, vermischten sich zum Teil mit den ältesten Einwanderern, und das Ergebnis war ein schlankerer Menschentyp mit hellerer Hautfarbe, gleichfalls breiter, aber konvexer Nasenform und welligem bis krausem Haar – die unmittelbaren Vorfahren der heutigen Papua. Sie drangen im Laufe der Zeit von Neuguinea aus sogar noch weiter nach Osten vor.

Nach ihnen sind, als dritte große Besiedlungswelle, die eigentlichen Melanesier auf die Inseln des westlichen Ozeaniens gelangt. Die tiefdunklen Menschen waren hochgewachsen, langschädlig, kraushaarig und hatten weniger aufgeworfene Lippen. Die Vorfahren der Melanesier, die aus Asien bereits die Kenntnis des Pflanzenbaus (Taro, Yams) mitgebracht hatten und über eine entwickelte Steinbearbeitungstechnik verfügten – oft wird das »Walzenbeil«, ein walzenförmiges, geschliffenes neolithisches Steinbeil, als Leitfossil ihrer Kultur bezeichnet –, drängten die ältere Bevölkerung Neuguineas in das gebirgige Innere der Insel ab, besiedelten vor allem die Ostseite und breiteten sich dann in mehreren Etappen über das heutige Melanesien bis zu den Fidschi-Inseln aus, wobei freilich vielfältige Mischungen stattgefunden haben.

Nach den Negriden, den Urvätern der heutigen Bevölkerung Melanesiens, traten auch die Angehörigen der beiden anderen großen Rassen der Menschheit in die Geschichte Ozeaniens ein – jedoch nicht unmittelbar, sondern in Gestalt der künftigen Polynesier, die weit mehr noch als die Melanesier das Ergebnis einer Rassensynthese waren, zu der es in jener für die Entwicklung der Völker Ozeaniens so wichtigen Zeit gekommen war, und zwar nicht in Ozeanien, sondern fern der Inseln, im Südosten Chinas. In diesem großen südchinesischen Schmelztiegel der Rassen, aus dem die künftigen Polynesier hervorgingen, spielte in jener späteren Zeit die schwarze Hautfarbe nur noch eine unbedeutende Rolle.

Die Polynesier sind offenbar, ebenso wie beispielsweise die amerikanischen Indianer, ihrem Ursprung nach den Mongoliden zuzuordnen. Bei der Herausbildung der Protopolynesier – wie sie genannt werden – hat aber auch ein kaukasoides und negrides Element mitgewirkt.

Im Laufe des 3. Jahrtausends v. u. Z. drangen von China aus mongolische Völker nach Süden vor. Dem Druck dieser mächtigen und zahlreichen Stämme aus dem Norden, der unmittelbaren Vorfahren der heutigen Chinesen, mußten die künftigen Polynesier weichen und sich – ebenso wie einige Jahrtausende zuvor die Vorfahren der Papua und der Melanesier – auf eine lange Reise begeben, auf eine Reise ins Unbekannte, in die Fernen des Ozeans. Diese Schicksalsreise der Polynesier aber – die längste und weiteste Völkerwanderung der Geschichte, die sich über Tausende von Kilometern zu Wasser und zu Lande und über fast zweitausend Jahre erstreckte –, diese Wanderung führte sie schließlich bis in ihr paradiesisches Land, bis in ihr riesiges Dreieck, das so nüchtern und unpoetisch Polynesien, die »Welt der vielen Inseln«, genannt wird.

Die Vorfahren der heutigen Polynesier hatten viele wertvolle Kenntnisse und Fertigkeiten erworben. Sie hatten in Asien gelernt, Keramik herzustellen, sie kannten möglicherweise auch schon Metalle. Zweifellos jedoch haben sie bereits Boote gebaut und sich mit den Geheimnissen der Navigation auf dem offenen Meer vertraut gemacht. Und eben diese navigatorischen Kenntnisse ermöglichten es ihnen, die Weiten des Ozeans zu überwinden. Auf die früher existierenden Festlandbrücken, auf denen die ersten Einwanderer vorwiegend auf dem Landwege in das westliche Ozeanien – und nach Australien – gelangt waren, konnten sie ja nicht mehr zurückgreifen. Die künftigen Polynesier hatten das Meer zu bezwingen, und sie stießen in immer kühneren Unternehmungen von Insel zu Insel bis in die riesigen Räume des mittleren Pazifiks vor.

Jedesmal, wenn ihre Schiffe von den Küsten Südostchinas in See stachen, war es eine Fahrt ins Unbekannte. Sie wußten nicht, wo noch wann und ob sie jemals wieder Land erblicken würden, auf dem sie sich niederlassen konnten. Von den paradiesischen Inseln in der Südsee ahnten sie noch nichts. Nie zuvor waren Menschen in die unendlichen Weiten des mittleren und östlichen Pazifiks vorgedrungen.

In das Inselreich, von dem die polynesischen Seefahrer einst Besitz ergreifen sollten, führten – theoretisch betrachtet – verschiedene Wege. Die Wissenschaftler haben letztendlich zwei potentielle Routen herausgefunden, auf denen die künftigen Polynesier von Südostchina aus am ehesten bis in das Herz des Pazifiks vorgestoßen sein könnten. So können sie auf dem sogenannten nördlichen Weg in ihr Dreieck gelangt sein, der sie zunächst nach Osten, auf die Philippinen, und von dort auf die

Inseln im Westen Mikronesiens, die Palau- und Yap-Inseln, geführt hat, um dann nach Süden zu gelangen – zu einem der traditionellen und unbestrittenen »Eingangstore« Polynesiens, nach Samoa oder den Tonga-Inseln.

So kann – in groben Zügen – der nördliche Weg ausgesehen haben. Der mögliche südliche Weg dagegen könnte die Polynesier zu den nahen, dicht beieinanderliegenden Inseln Indonesiens geführt haben. Dann müßten sie entlang der Küste Neuguineas und weiter über die lange Kette der wiederum dicht gereihten Inseln und Archipele Melanesiens gezogen sein – an deren östlicher Grenze bis heute jener interessante Gürtel der polynesischen Exklaven liegt.

Unter navigatorischen Gesichtspunkten war der südliche Weg weit einfacher und vorteilhafter. Auf dieser Route sind die Entfernungen zwischen den einzelnen Inseln und Inselgruppen viel kürzer. Außerdem waren schon vor den künftigen Polynesiern die Vorfahren der Papuas auf diesem Wege vorgedrungen, die sich ebenfalls auf dem Wasser von Insel zu Insel fortbewegt hatten, und zwar mit Einbäumen, die im Vergleich zu den Auslegerbooten der künftigen Herrscher des Südsee-Paradieses äußerst primitiv waren.

Eine exakte Kenntnis über die Reiseroute ist freilich nicht durch Mutmaßungen zu erlangen, und sind sie noch so scharfsinnig. Vielmehr ist es die Aufgabe der Archäologen, Spuren zu finden und zu erklären. Sie haben auch tatsächlich solche Beweise entdeckt: erstens in Form einer ganz bestimmten, auf typische Weise verzierten Keramik, zweitens in Gestalt von Steinäxten von ebenfalls charakteristischer Art und Form.

Bei den Äxten handelt es sich um Steinbeile mit vierkantigem Profil. Der österreichische Archäologe und Völkerkundler R. Heine-Geldern hat sich mit diesen charakteristischen eigenartigen Geräten sehr eingehend beschäftigt, und es ist ihm der Nachweis gelungen, daß sich überall dort, wo diese Beile vorkommen, auch die Vorfahren der heutigen Polynesier befanden.

Beile mit vierkantigem Profil wurden in Südostasien ausgegraben. Auf Vierkantbeile sind die Forscher auch in Indonesien gestoßen, und solche Beile sind eigentlich der einzige Typ dieses grundlegenden Arbeitsgerätes, das im ältesten Polynesien benutzt wurde.

Aufgrund der Form jener Steinbeile hat Professor Heine-Geldern die Hauptstationen der Wanderung der späteren Polynesier etwa folgendermaßen bestimmt: Nachdem sie Südostchina verlassen hatten, erschienen sie um 1500 v. u. Z. im heutigen Thailand und auf der benachbarten Malaiischen Halbinsel im heutigen Malaysia. Von dort sind sie, und zwar in zwei Wellen, auf die benachbarten Inseln Indonesiens übergesetzt – zunächst nach Sumatra und Java. Etwas später sind sie auch auf der Insel Celebes (Sulawesi) nachzuweisen, hinter der bereits Ozeanien beginnt.

Der neuseeländische Forscher Te Rangi Hiroa vertritt dagegen die Auffassung, daß sich die Spuren der späteren Polynesier nur bis nach Indonesien eindeutig zurückverfolgen lassen. Immerhin spricht auch das für die südliche Route.

Neben den Steinbeilen hat die Keramik die Aufmerksamkeit der Gelehrten erregt. Denn in der chinesischen Urheimat gehörte gerade die Herstellung von Tongefäßen zu den am meisten verbreiteten Kenntnissen jener Zeit. Und daher könnte auch die Keramik der Schlüssel sein, der dieses Rätsel erschließt, das Rätsel, auf welchem Wege und wann der Mensch in die polynesische Inselwelt gelangt ist.

Jene Zeugnisse aus geformtem Ton, die von so grundsätzlicher Bedeutung für die Erklärung der ältesten Vergangenheit der Polynesier sind, pflegen die Forscher »Lapita-Keramik« zu nennen – nach der gleichnamigen reichen Fundstätte Lapita auf Neukaledonien im heutigen Melanesien. Aber diese zunächst nur in Melanesien gefundenen Gefäße waren, das steht außer Zweifel, das Werk der »durchreisenden« künftigen Polynesier. Jene Keramik legt eindeutig Zeugnis ab von der Wanderung durch die Inselwelt des südwestlichen Ozeaniens, und sie erlaubt auch Rückschlüsse, wie schnell die späteren Polynesier vorangekommen sind – vorangekommen zu den westlichen Inselgruppen ihres Dreiecks, zu Samoa und Tonga.

Die Lapita-Keramik ist auf offenen Feuerstellen gebrannt worden. Typisch ist ein kugelförmiges Gefäß, das zur Zubereitung der Nahrung diente. Oftmals trägt die Lapita-Keramik kei-

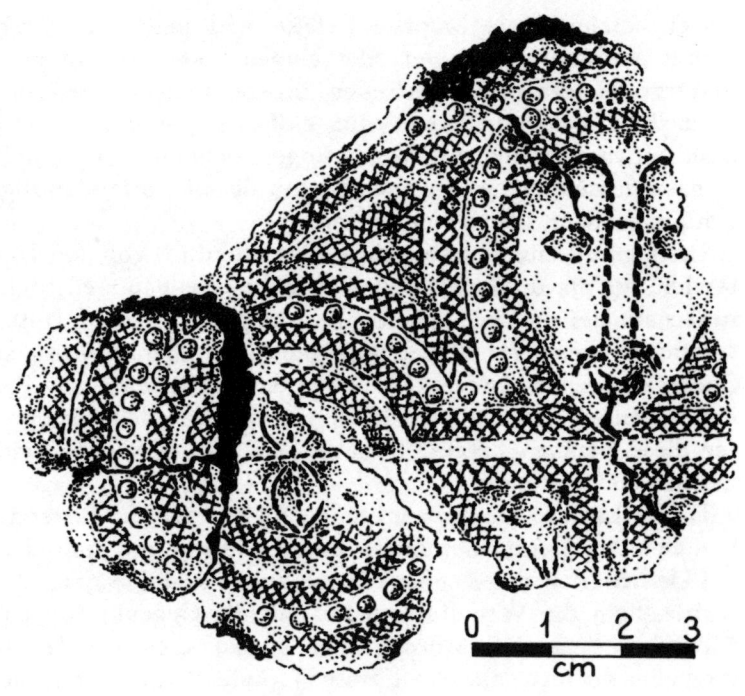

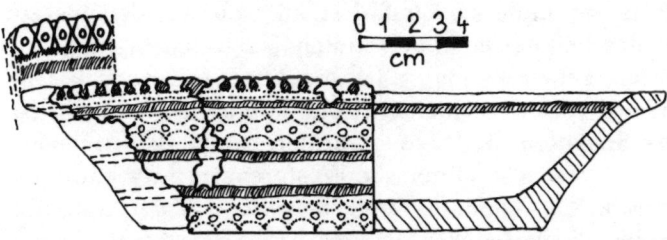

Die Zeichnung zeigt Scherbenfunde der Lapita-Keramik.
Typisch ist das schematisierte Menschengesicht, mit dem sehr viele Gefäße
verziert wurden.

nerlei Verzierungen. Manche Gefäße sind jedoch in ihrem oberen Teil mit Einstichen oder eingedrückten Ornamenten geschmückt, die in Längsstreifen angeordnet sind. Mitunter handelt es sich hierbei um ganz einfache, nur aus Punkten oder Strichen bestehende Verzierungen, obwohl auch komplizierte geometrische Ornamente, zum Beispiel mäanderartige Schmuckbänder, oft zu finden sind.

Die Lapita-Keramik unterscheidet sich deutlich von den Töpfereien, die die dunkelhäutigen Vorfahren der heutigen Melanesier auf den melanesischen Inseln hergestellt haben. Untereinander jedoch sind die Lapita-Gegenstände überall, wo sie zu finden sind, sehr ähnlich. Das deutet darauf hin, daß zwischen den einzelnen, nach Süden und Osten wandernden Gruppen, die diese Keramik hergestellt haben, ein ständiger gegenseitiger Kontakt bestand.

Da die Lapita-Keramik nur an den Küsten oder in küstennahen Gebieten der großen melanesischen Inseln und außerdem auf kleinen, damals offenbar unbewohnten Eilanden gefunden wurde, liegt die Vermutung nahe, daß die Gegenstände von Menschen hergestellt worden sind, die auf diesen melanesischen Inseln nicht zu Hause waren, sondern dort Station auf dem Weg in ihre neue Heimat gemacht haben. All diese Töpfereien, auf die die Archäologen gestoßen sind, stammen aus der zweiten Hälfte des 2. Jahrtausends v. u. Z.

Die ältesten Funde an Lapita-Keramik, die auf den bis zur Ankunft der Polynesier unbewohnten Tonga-Inseln ausgegraben wurden, gehen bis ins 13. Jahrhundert v. u. Z. zurück. Drei Jahrhunderte später erschienen Lapita-Töpfereien auch auf Samoa. Ihre Schöpfer, die Protopolynesier, hatten also nachweisbar vor 3 000 bis 3 500 Jahren die Westgrenzen ihrer künftigen Welt erreicht. Die Lapita-Keramik beweist, daß der erste von den Polynesiern besiedelte Archipel ihres Dreiecks die Tonga-Inseln waren.

An jenem anderen, über Mikronesien führenden nördlichen Weg sind bisher nirgends solche Töpfereien gefunden worden, und so bedeutet die Entdeckung der Lapita-Keramik zugleich einen Beweis für die Richtigkeit der Annahme des südlichen Reise- und Besiedlungsweges.

Auf den bis zur Ankunft der Polynesier unbewohnten Sa-moa- und Tonga-Inseln ist dann die Lapita-Keramik noch volle tausend Jahre lang hergestellt und benutzt worden. Doch sie trug bald keine Verzierungen mehr. Etwa zu Beginn unserer Zeitrechnung verschwand die Keramik auf diesen Archipelen völlig. Aus anderen Teilen Polynesiens sind schließlich – mit einer einzigen Ausnahme – überhaupt keine Töpfereien aus äl-terer Zeit mehr bekannt. Auch scheint die Technik des Webens von Stoffen unbekannt gewesen zu sein, und Metalle haben die Polynesier auf ihren Inseln natürlich erst recht nicht bearbeitet.

Das deutet auf den ersten Blick auf eine rückläufige Entwick-lung der polynesischen Kultur hin, auf einen während der un-endlich langen Reise einsetzenden Niedergang der einst relativ hoch entwickelten materiellen Kultur. Aber das ist ein Irrtum. Um bestimmte Kenntnisse anzuwenden, müssen entsprechen-de natürliche Voraussetzungen – und zwar in Gestalt von Roh-stoffen wie beispielsweise Metallen – gegeben sein.

Das Südsee-Paradies stellte seinen Entdeckern eben andere Materialien zur Verfügung: Statt der Keramik, statt der Kugel-gefäße aus Ton, formten die Polynesier nun Kokosnüsse zu Gefäßen; Stoffe aus Rindenbast – sogenannte *Tapa* – ersetzten ihnen gewebte Textilien; Geräte und Waffen fertigten sie statt aus Metall aus Knochen und Holz an.

Die Polynesier sind also auf ihren Inseln keineswegs kultu-rell zurückgefallen – ganz im Gegenteil! Sie haben sich sehr er-folgreich und äußerst rasch den neuen Naturbedingungen an-gepaßt, die sich erheblich von denen ihrer Urheimat und denen der Zwischenstationen unterschieden.

Zweiter Teil
Die Rätsel
der polynesischen
Vergangenheit

Das Atlantis im Stillen Ozean

Jeder besitzt das Recht, etwas in Frage zu stellen – so auch wissenschaftliche Ergebnisse. So zweifeln manche das Bild an, das die Wissenschaft aufgrund der Feststellungen der Archäologie, Ethnologie, Linguistik, Anthropologie oder Geologie von der Vergangenheit Polynesiens und der Polynesier entworfen hat. Und sie zweifeln nicht nur, sondern setzen hier eigene, oft konträre Vorstellungen von der Vor- und Frühgeschichte des Südsee-Gebietes entgegen.

Unter objektiven Gesichtspunkten müssen auch diese abweichenden Auffassungen und Interpretationen der polynesischen Vergangenheit in Betracht gezogen werden, schon deshalb, weil manche dieser »Außenseiter« sehr interessante, die Phantasie anregende Denkanstöße geben.

Von der Entstehung und den Anfängen des Südsee-Paradieses behauptet die Wissenschaft, daß die Inseln Ozeaniens verhältnismäßig spät aus dem Pazifik aufgetaucht sind, und zwar die größeren Inseln infolge intensiver submariner Vulkantätigkeit und die kleineren infolge ebenso intensiver Korallentätigkeit.

Die Wissenschaft sagt ferner, daß sich die Polynesier, die anthropologisch den Mongoliden am nächsten stehen, als selbständige ethnische Gruppe im Südosten Chinas »formiert« und daß sich dort in der Jungsteinzeit auch die Keime einer originären polynesischen Kultur herausgebildet haben. Von China – höchstwahrscheinlich über Hinterindien, Indonesien, Neuguinea und die Kette der melanesischen Inseln – sollen dann die künftigen Polynesier nach und nach bis in ihr Dreieck gelangt sein. Das erste Land, das sie in diesem riesigen pazifischen Triangel vor rund dreitausend Jahren besiedelten, sei Tonga gewesen, und bald danach sollen sie sich auch auf Samoa niedergelassen haben.

Zweifel an dieser wissenschaftlichen Darstellung der Vergangenheit Polynesiens werden schon hinsichtlich der Entstehung der spezifischen Inselwelt angemeldet. Selbst der Ausdruck »Inselwelt« wird in Frage gestellt. Sind es überhaupt – so die Äußerungen – immer Inseln gewesen? Genauer gefragt: Waren es immer nur Inseln (wobei die Betonung auf dem Wort »nur« liegt)? Denn überall sonst auf der Welt finden sich große, ausgedehnte Kontinente. Nur im Pazifik nicht. Warum ist dort – und nur dort – das Festland in Millionen kleiner und kleinster Bruchstücke zersplittert? Hat vielleicht einst auch im Pazifik so etwas wie ein »polynesischer Kontinent« existiert? Eine Art polynesisches Atlantis?

Über das Rätsel des verschwundenen Atlantis sinnen die Menschen schon seit Platon nach. Der vermutete pazifische Kontinent, den niemand je mit eigenen Augen gesehen hatte, mußte natürlich auch einen Namen haben. Im Laufe der Zeit wurden viele, mitunter recht kuriose Namen erfunden. Schließlich setzte sich die Bezeichnung »Pazifida« (»Pazifis«) durch, analog jenem ebenso rätselhaften Atlantida oder Atlantis, das in den Fluten des Atlantiks versunken sein soll.

Daß diese Inseln Polynesiens und des ganzen Pazifiks nur die Reste eines infolge einer ungeheuren Naturkatastrophe im Ozean versunkenen Festlands sind, daran haben eigentlich auch der größte europäische Erforscher des Pazifiks, James Cook, und sein Begleiter, der deutsche Naturwissenschaftler Georg Forster, geglaubt, auch der Franzose Dumont d'Urville. Für den englischen Gelehrten Macmillan Brown gar war die Frage nach jenem verschwundenen Pazifida, seiner Kultur und seiner Bevölkerung zur Lebensaufgabe geworden.

Besonders zwei Orte im Stillen Ozean haben Brown fasziniert. Der eine war selbstverständlich die Osterinsel, die für alle Sucher von Geheimnissen ein überaus dankbares Revier ist.
In den dort emporragenden riesigen Steinfiguren hat der en-
thusiastische Professor überdimensionale Bildnisse der Bewohner Pazifidas sehen wollen.

Und ebenso groß wie diese Monumentalstatuen soll, nach
Brown, auch ihre Kultur gewesen sein. Denn eben dort, auf der
Osterinsel, ist als einzigem Ort des Pazifiks eine eigenartige
Hieroglyphenschrift erhalten geblieben. Und die Schrift zählt
zweifellos zu den größten Errungenschaften menschlicher Zivilisation. Macmillan Brown hat die Osterinsel für die letzte Ru-
hestätte der »Könige von Pazifida« gehalten. Und wo haben sie
zu ihren Lebzeiten residiert? Auch daran bestand für ihn kein
Zweifel: in Nan Madol.

Nan Madol – die meisten werden diesen Namen noch nie
gehört haben – ist in der Tat eine der phantastischsten archäologischen Stätten der Welt. Es ist ein Komplex von 92 künstlich
angelegten Inseln in der Nähe der Ufer der mikronesischen Insel Ponape. Auf jenen Inseln haben deren Schöpfer, die bisher
noch nicht eindeutig bestimmt werden konnten, Dutzende von
Gebäuden aus achtkantigen steinernen »Balken« errichtet. Diese künstliche Inselgruppe mit ihren Palästen, Tempeln, Wehr-
bauten, rituellen Zwecken dienenden Bassins und sogar einem
kleinen unterirdischen Gefängnis ist wie Venedig von Kanälen
durchzogen, die in dieser eigenartigen, auf Inseln erbauten ausgedehnten Stadt die Straßen ersetzen.

Das Buch Browns über den verschwundenen Kontinent, der
den Teil des Pazifiks eingenommen haben soll, über den heute
die Inseln Polynesiens verstreut sind, beruht im Grunde auf einer subjektiven, originellen, mit blühender Phantasie vorgetra-
genen Deutung einzelner Tatsachen – so zum Beispiel der
künstlichen Inselgruppe Nan Madol, der Hieroglyphenschrift
und der riesigen Standbilder auf der Osterinsel sowie der steinernen Tempel auf einer Reihe polynesischer Archipele.

Ein anderer Gelehrter, der sich bemüht hat, die Existenz des
Kontinents Pazifida zu beweisen, war der französische Professor Louis Jacolliot. Der Mythologe war aufgrund seiner eigen-

willigen Interpretation von Sanskrittexten, auf die er während eines Studienaufenthaltes in Indien gestoßen war, zu der Überzeugung gelangt, daß in dem Teil des Pazifiks, in dem das polynesische Dreieck liegt, in alten Zeiten ein Kontinent existiert haben muß, der in jenen altindischen Texten angeblich »Rutas« genannt wird.

Jacolliot sah diesen pazifischen Kontinent, den er nach dem angeblichen Sanskritnamen ebenfalls Rutas nannte, sogar als die Wiege der menschlichen Kultur an. So hat seiner Meinung nach der polynesische Erdteil Rutas auch die kulturelle Entwicklung von Atlantis entscheidend beeinflußt.

Nach Brown und Jacolliot traten weitere Apologeten des versunkenen polynesischen Kontinents auf den Plan. Sie unterzogen sich aber gar nicht erst der Mühe, die altindischen Mythen zu studieren, die polynesischen Steinfiguren zu untersuchen oder die Schrift von der Osterinsel zu deuten. Diese »Forscher« gründeten ihre Behauptungen über den verschwundenen pazifischen Erdteil ausschließlich auf ihre blühende Phantasie.

Der »Klassiker« jener zweiten, phantasierenden Generation der Sucher Pazifidas war der Amerikaner James Churchward. Er nannte den Kontinent Lemurien und dessen Bewohner Lemurier – nach dem angeblichen lemurischen Zeitalter in der Geschichte der Erde. Über das Reich der Lemurier soll ein Kaiser geherrscht haben, dessen Titel *Ra* lautete (was übrigens auch das polynesische Wort für »Sonne« ist). Die Bewohner sollen strenge Monotheisten gewesen sein, also nur einen einzigen Gott angebetet haben. Und diesen Monotheismus der Lemurier habe später kein Geringerer als Jesus Christus erneuert!

Auf diesem pazifischen Kontinent sei – nach Churchwards angeblich aus Indien stammenden alten Quellen – auch der erste Mensch auf der Erde erschienen. Dort habe die Wiege der ersten großen Menschheitskultur gestanden, deren letzte, »weniger gehaltvolle« Nachklänge die Kulturen Ägyptens, Griechenlands, Indiens und des alten Israels gewesen seien. In der Neuen Welt hätten dann die Maya an diese Kultur angeknüpft.

Dieses die Zivilisation verbreitende edle Volk hätte jedoch Pazifida nicht allein bewohnt. Nach Churchwards »Informationen« hätten auf diesem Erdteil auch »gelbe« und »schwarze«

Menschen gelebt, die aber jenen hellhäutigen Herren, den wahren Lemuriern, als Untertanen gedient hätten – eine rassistische Welt. Im übrigen aber wäre es nicht nur ein landschaftlich ungemein schöner Kontinent voller ebenso schöner Menschen mit einer hohen geistigen Kultur gewesen, sondern auch eine Welt hochentwickelter Technik: Auf diesem dann leider versunkenen polynesischen Erdteil habe zum Beispiel ein tadelloses Netz von Fernstraßen existiert!

Doch was sagen die Polynesier dazu, was erzählen ihre Mythen und Märchen?

In der überlieferten Volksdichtung der Polynesier gibt es einige von den Forschern aufgezeichnete Texte, in denen von einer Katastrophe, von einer Art »Sintflut im Stillen Ozean« tatsächlich die Rede ist.

Auf dem Atoll Hao im Tuamotu-Archipel ist ein ganzer Mythos aufgezeichnet worden, der von einer furchtbaren Naturkatastrophe berichtet, die alles Land inmitten des Ozeans überflutet haben soll. Der Text dieser mythischen Erzählung ist in einer wichtigen Sammlung pazifischen Sagengutes enthalten, die im Jahre 1914 unter dem Titel »Mythes Polynesiennes« in Paris erschienen ist. Der Herausgeber der Sammlung, dem auch die Aufzeichnungen dieser von dem Tuamotu-Atoll Hao stammenden Sage von der polynesischen »Sintflut« zu verdanken sind, war der französische Forscher Caillot.

»Höret die Geschichte von den ersten Bewohnern des Atolls Hao. Am Anfang waren drei Götter: Vatea Nuku, Tane und Tangaroa. Vatea erschuf den Himmel und die Erde und alles, was auf ihr ist. Vatea erschuf das flache Land, Tane hob es empor, und Tangaroa hielt es. Hawaiki hieß das Land.

Als es erschaffen war, schuf Tangaroa den Mann, dem er den Namen Tiki gab, und er schuf die Frau, die er Hina nannte. Hina machte er aus Tikis Rippe. Tiki und Hina lebten zusammen, und sie zeugten Kinder.

Die Menschen aber taten Böses auf diesem Land, und Vatea ergrimmten ihre bösen Taten. Da befahl er dem Mann Rata, ein Schiff zu bauen. Das Schiff erhielt den Namen Papapapa-a-Henua, was ›Flaches Land‹ bedeutet, und auf diesem Schiff sollte Rata mit seiner Frau Te-

Pupura-i-Te-Tai sowie ihren drei Söhnen und deren Frauen Zuflucht suchen.

Der Himmel barst, und es ergoß sich soviel Wasser auf die Welt, daß es alles Land überflutete. Vateas Zorn zerbrach das Himmelsgewölbe, er entfesselte die Winde und den Regen, daß alles Land vernichtet wurde und in den Fluten des Meeres versank. Rata, seine Frau und ihre drei Söhne mit ihren Frauen aber trieben in ihrem Schiff unversehrt auf den wogenden Wassern dahin, bis sich die Wellen wieder geglättet hatten. Das geschah nach sechshundert Tagen und Nächten. Da verließen sie das Schiff und gingen auf einer Insel an Land. Sie waren gerettet und mit ihnen auch die Landtiere und die Vögel, die auf ihrem Schiff gewesen waren.

Die Zeit verging, und die Menschen auf der Erde vermehrten sich wieder. Ata Mea war der Vorfahr von Te Tuhura, Ata Ruru war der Vorfahr von Te Tini o Kokore, von dem Mutu abstammt, und Ata Ia war der Vorfahr von Tua Uki. Als wir die Mauer in Marangi bauten, das in Hawaiki liegt, sprachen wir alle noch mit ein und derselben Zunge. Doch unsere Vorfahren beschlossen, eine so hohe Mauer zu bauen, daß sie darauf bis zum Himmel hinaufsteigen und das Angesicht des Gottes Vatea sehen konnten. Da geriet Vatea abermals in Zorn, und in seinem Grimm riß er die Mauer nieder, trieb alle auseinander, die an ihr gebaut hatten, und verwirrte ihre Sprachen, so daß sie einander nicht mehr verstehen konnten. So begannen Te Tuhura, Te Tini o Kokore und sein Nachkomme Mutu in verschiedenen Zungen zu reden und konnten den Bau nicht vollenden. So groß war der Zorn des Gottes Vatea...«

Wann diese alte Sage vom Tuamotu-Atoll Hao, die nicht nur an die biblische Geschichte von der Sintflut und der Arche Noah, sondern auch an die Legende vom Turmbau zu Babel erinnert, entstanden ist, ist nicht genau bekannt. Möglicherweise stammt sie aus einer Zeit, als die Missionare den Bewohnern der Insel bereits das Bibelwort gepredigt hatten. Jedoch ist zu konstatieren, daß in dieser polynesischen Sage von einer gewaltigen Landüberschwemmung im Gebiet des mittleren Pazifiks die Rede ist.

So wie der französische Sammler Caillot auf dem polynesischen Atoll Hao und der Autor dieses Buches auf den melanesischen Fidschi-Inseln sind die Forscher auch in anderen Teilen Ozeaniens in der mythologischen Überlieferung auf Reminiszenzen an eine ungeheure Naturkatastrophe gestoßen, durch die in grauer Vorzeit »altes Land« in den Fluten des Ozeans versunken sein soll.

Im Falle der auf dem Atoll Hao überlieferten Sage drängt sich die Frage auf: Wie können denn dessen Bewohner die Erinnerung an eine solche Katastrophe bewahrt haben, die, sofern sie sich überhaupt je ereignet hat, zu einer Zeit erfolgt sein muß, da ganz Polynesien noch von Menschen unbewohnt war und die Vorfahren der Polynesier Zehntausende von Kilometern entfernt irgendwo im Süden Chinas gelebt haben?

Einer der ersten Sammler der Mythen Ozeaniens, der Missionar Moerenhout, und jene, die ebenso wie er an das versunkene Pazifida glauben, verweisen auf eine hawaiische Sage, die von dem »Sonnennetz des Gottes Kane« (oder Tane, wie er im übrigen Polynesien heißt) erzählt. Mit diesem bildhaften, poetischen Namen haben die Hawaiianer angeblich einen Kontinent bezeichnet, der einst einen großen Teil des heutigen Stillen Ozeans eingenommen haben soll.

Eines Tages aber soll das Sonnennetz des Gottes Kane von einem furchtbaren Unglück ereilt worden sein: Der Stille Ozean soll damals den Kontinent »Sonnennetz« mit turmhohen Wogen überflutet und seinen König mit sich in die Tiefen des Meeres hinabgerissen haben.

Auch an dem gewiß rätselhaftesten Ort Polynesiens – auf Rapa Nui, der legendenumwobenen Osterinsel – haben die Forscher eine ähnliche Sage aufgezeichnet, die schildert, wie das dortige Land in den Fluten des Ozeans versunken ist. Sie erzählt von einem Riesen namens Uoke, der einst von solchem Zorn auf die Menschheit ergriffen worden sei, daß er seinen mächtigen Knüppel genommen und damit auf das Land eingedroschen habe, das sich damals dort in der Gegend der Osterinsel angeblich von Horizont zu Horizont erstreckt hat. Unter den furchtbaren Schlägen sei die Erde zersprungen und ein Stück nach dem anderen in den Tiefen des Ozeans versunken. Nur ein einziges Eiland in der Mitte des Meeres – eben Rapa Nui – sei noch übriggeblieben, weil ein Bewohner, Te Ohiro mit Namen, durch seine Zauber die Hiebe Uokis abgefangen und von dieser Insel abgelenkt habe, die seither den Namen *Te Pito o te Henua,* Nabel der Welt, trage.

Sagen oder Märchen, die so konkret von der Vernichtung eines größeren Restlandes sprechen, kennt die polynesische Volksdichtung nur sehr wenige. Das Motiv der Sintflut klingt schon etwas häufiger an. Dennoch sollten weitere Forschungen stattfinden, die untersuchen, inwieweit aus den Texten die ursprüngliche Sprache polynesischer Mythen spricht und inwieweit sie nur ein Widerhall der Bibelworte sind, die die christlichen Missionare in der Südsee verbreitet haben.

Die Wahrheit unter dem Meeresspiegel

Die Behauptungen von der Existenz eines pazifischen Kontinents, der später im Ozean versunken sein soll, sind von Macmillan Brown, dem Missionar Moerenhout und einigen anderen zu einer Zeit aufgestellt worden, als noch kein Mensch in die Tiefen der Meere hinabzutauchen vermochte und niemand wußte, wie es auf dem Grund des Stillen Ozeans aussah, genauso wie damals von der Gestalt des Mars oder eines anderen Planeten nur unklare Vorstellungen existierten.

Heute ist bekannt, wie der Meeresboden des Pazifiks beschaffen ist: Durch eine Reihe von Schwellen ist der Stille Ozean in mehrere submarine Großbecken gegliedert. So erstreckt sich im Südosten das zwischen dem Rand des Antarktischen Festlandes und dem Ost- und Südpazifischen Rücken gelegene »Bellingshausenbecken«, das im Querschnitt 3 500 Kilometer mißt. Einen Teil der Nordhälfte des Stillen Ozeans füllt das »Nordpazifische Becken« aus, das einen völlig flachen, heute von Tiefseeton und von Globigerinenschlamm, einem kalkreichen Sediment, bedeckten Grund aufweist. In anderen Teilen des Pazifiks befinden sich Tiefseerinnen und lange Gräben, die Tiefen von mehr als 10 000 Meter erreichen; anderswo erheben sich langgestreckte, größtenteils unter der Meeresoberfläche verborgene Gebirgszüge, wie zum Beispiel der über 5 000 Kilometer lange Hawaii-Rücken.

Aber nirgends im Pazifik wurden Spuren eines ins Meer zurückgesunkenen Erdteils entdeckt. Die Existenz eines ehemaligen Pazifida ist daher eindeutig zu verneinen. Aber die Tatsache, daß sich einst bedeutend mehr Inseln als heute auf dem Meeresspiegel des Stillen Ozeans erhoben haben, diese Tatsache bleibt bestehen.

Zu jener wichtigen Erkenntnis hat die Entdeckung des ersten »Guyots« wesentlich beigetragen. Guyots sind untermeerische Berge von höchst eigenartiger Form. Sie ähneln weder den Gipfeln, wie sie auf der Erdoberfläche bekannt sind, noch den submarinen Erhebungen, die die Meeresgeologen im Ozean vorgefunden haben. Am ehesten erinnern die Guyots mit ihren flachen, abgekappten Kegeln an Tafelberge.

Weitere Untersuchungen haben gezeigt, daß die pazifischen Guyots ursprünglich die Gipfel junger Vulkane waren, die lange Zeit aus dem Pazifik emporragten, aber dann wieder in den Ozean zurückgesunken sind. Wind und Wellen haben die spitzen Kegel der Vulkane zu ihrer heutigen, so ungewöhnlichen und für die Geologen so eigenartigen Form abgeschliffen. Besonders viele Guyots wurden im Gebiet der Polynesischen Sporaden, der Tuamotu-Inseln und jener mehrere tausend Kilometer langen Inselkette, die sich zwischen der heute unbewohnten kleinen Hawaii-Insel Necker und der Insel Wake erstreckt, gefunden.

In den letzten Jahren konnten die Wissenschaftler neben einzelnen erneut versunkenen pazifischen Inseln auch die Existenz ganzer Inselgruppen unter der Oberfläche des Pazifiks feststellen. So hat ein aus zwanzig Eilanden bestehender Archipel im Gebiet der sogenannten »Darwin-Bank« in der Nähe der heutigen polynesischen Tuvalu-Gruppe existiert.

Manche jener vom Ozean verschlungenen Inseln waren keine Guyots. Ihre Form ist aber in diesem Zusammenhang auch nicht wesentlich. Wichtig ist die Feststellung, daß sich einst im Pazifik tatsächlich weit mehr Inseln und Inselgruppen befunden haben als heute.

Die Forschungen haben also einerseits ergeben, daß kein pazifischer Kontinent, kein Pazifida, existiert hat, andererseits aber, daß in Polynesien und ganz Ozeanien zweifellos einstmals zahlreiche Inseln gelegen haben, die später wieder versunken sind. Diese Inseln waren nicht bewohnt und längst vom Meer verschlungen, als vor rund 3 000 bis 3 500 Jahren der erste Mensch die polynesischen Inseln betrat.

Mythologische Suche nach der Urheimat

Unter den seriösen Wissenschaftlern findet sich heute kein einziger mehr, der behaupten würde, daß die Polynesier seit jeher in ihrem Dreieck gelebt haben, daß in dem Teil des Stillen Ozeans, über den heute die Inseln Polynesiens verstreut sind, die Wiege der gesamten Menschheit gestanden hat, dort der erste Mensch geboren worden ist und alle Kontinente der Erde von dort aus besiedelt worden sind.

Die Mythen schildern, wie die Polynesier erschaffen wurden. Aber außer den mythischen Dichtungen, die sich auf diese ältesten Zeiten beziehen, haben sich die Polynesier jedoch auch konkretere Nachrichten von ihrer Urheimat bewahrt. Denn auch sie sind sich dessen bewußt, daß sie dereinst von irgendwoher in ihr Polynesien, auf ihren Archipel, auf ihre Insel, auf ihr Atoll gekommen sind.

Einer der besten Kenner der polynesischen Kultur, der Neuseeländer Te Rangi Hiroa, unterscheidet zwei Grundvorstellungen der Polynesier über ihre Urheimat: Die Bewohner der beiden westlichsten Inselgruppen des Dreiecks, Samoa und Tonga, die, wie bereits bekannt, von den Polynesiern zuallererst besiedelt wurden, erzählen von einem irgendwo im Westen gelegenen Mutterland namens »Pulotu«, in das angeblich die Seelen der Polynesier, »auf dem schmalen, glatten Pfad des Todes wandelnd«, heimkehren.

Auf allen anderen Archipelen Polynesiens bezeichnen die Eingeborenen stets ein Inselland namens »Hawaiki« als ihre Urheimat. Der Name Hawaiki erinnert an den Namen jener Inselgruppe im Norden, in der Krone des polynesischen Dreiecks. Das ist aber nur eine zufällige Ähnlichkeit. In Wirklichkeit haben die Bewohner der später besiedelten polynesischen Archipele in älteren Zeiten offensichtlich Savaii, die größte Samoa-Insel, Hawaiki genannt, also die größte Insel der beiden Archipele, die ihre Vorfahren zuerst besiedelt hatten.

In späterer Zeit haben die meisten Polynesier dann die unweit von Tahiti gelegene Insel Raiatea, wörtlich »Weißer Himmel«, als jenes mythische Hawaiki betrachtet, in das die Seelen der Polynesier nach dem Tode eingehen.

Hawaiki, gleich ob damit die Samoa-Insel Savaii oder Raiatea im Archipel der Gesellschaftsinseln gemeint war, ist offenbar die Ausgangsbasis gewesen, von der aus die Polynesier ihre Inseln und Atolle im Pazifik besiedelt haben. Der nach Westen zeigende Wegweiser Hawaiki verbindet jedoch die zwei wichtigen Quellen – die in Mythen und Genealogien überlieferten Nachrichten von der Vergangenheit der Polynesier und die Ergebnisse der Wissenschaft.

Pharaonen, andere Vorfahren...

Neben dem Westen, also Asien, in das die Polynesier ihr ältestes Hawaiki verlegt haben, gibt es auch noch den Osten. Der Osten aber ist vom Standpunkt der Polynesier aus Amerika. Blieben noch der Norden und der Süden. Doch im Süden, in der eisigen Antarktis, und im ebenso kalten Norden ist die Urheimat der Polynesier niemals gesucht worden.

Es kommen nur zwei Gebiete in Betracht, in denen die Urheimat der Polynesier und der Ursprung ihrer Kultur zu suchen sind. Mit dem Osten, mit Amerika, sind einige sehr interessante Theorien verbunden. Deshalb wird ihnen später ein breiter Raum gewidmet. Doch zunächst gilt es, Asien und die angrenzenden Gebiete etwas näher zu untersuchen.

Die moderne Wissenschaft siedelt – wie schon gesagt – die Urheimat der Polynesier im Südosten Chinas an. Der erwähnte neuseeländische Gelehrte Te Rangi Hiroa ist vor einem halben Jahrhundert zu der Auffassung gelangt, daß man ihre eindeutigen Spuren im Westen höchstens bis nach Indonesien zurückverfolgen kann – dieses liegt, verglichen mit den Entfernungen, die die Polynesier bei ihrer Völkerwanderung zurückgelegt haben, dem Südosten Chinas sehr nahe.

Einige, die das Ursprungsland der Polynesier ebenfalls in Asien gesucht haben, stützen sich jedoch nicht auf die Erkenntnisse der Archäologie, der historischen Linguistik oder anderer Wissenschaftsdisziplinen, sondern auf einfache Übereinstimmungen, auf kulturgeschichtliche Analogien, die stets sehr verführerisch und überzeugend wirken, aber in Wirklichkeit meist nichts beweisen.

Allein die Bezeichnung der Himmelsrichtung Westen, die in der Sprache der neuseeländischen Maori *Uru* lautet, reicht oftmals als Beweis dafür, daß die Vorfahren dieser Maori einst in der berühmten sumerischen Stadt Ur in Mesopotamien gelebt haben, die Polynesier also ihrer Herkunft nach eigentlich Sumerer sind.

Sehr oft wurden die Polynesier auch als Nachkommen der Träger einer anderen großen Kultur des Altertums, der alten Ägypter, betrachtet. Auf die altägyptische Herkunft scheinen in der Tat eine ganze Reihe unübersehbarer Übereinstimmungen und Indizien hinzuweisen. Am Anfang dieses Buches werden ja auch jene stufenförmigen Tempelanlagen der Könige von Tonga beschrieben. Und die gigantischen Moai-Figuren der Osterinsel? Erinnern sie nicht auch an die berühmten Skulpturen Oberägyptens? Oder die Bilderschrift auf demselben Rapa Nui? Ähnelt sie nicht den Hieroglyphen der alten Ägypter? Und war die Mumifizierung der Toten in Polynesien nicht genauso verbreitet wie in Ägypten? Die Sonne heißt in den polynesischen Sprachen sehr oft *Ra,* der altägyptische Gott des Taggestirns heißt *Re* beziehungsweise *Amun-Re.*

Zufällige Übereinstimmungen bei Eigennamen haben auch die Grundlage für andere Lokalisierungen der Urheimat der Polynesier abgegeben. Daß im Pazifik die Ortsnamen Mana und Ora vorkommen, die es auch in Belutschistan gibt, sollte zum Beispiel als Beweis dienen, daß die Polynesier aus diesem Teil Asiens stammen und folglich ihrer Herkunft nach Belutschen sind.

Abraham Fornander, der viele hawaiische Volksdichtungen gesammelt hat, betrachtet die Polynesier als Aryas, die nach seiner Überzeugung aus Persien und Nordindien nach Ozeanien eingewandert sind. Die Beweise dafür erbrachte er durch gründliches Studium der polynesischen Sprachen, die er mit dem Altindischen und dem Altpersischen verglich.

Der deutsche Forscher Mühlmann wiederum vertritt die Meinung, die Vorfahren der Polynesier seien im alten Indien herausgebildet worden, und zwar infolge der Überschichtung der dortigen Urbevölkerung der Drawida durch die arischen Viehzüchter. Während der großen Expansion des Buddhismus unter dem König Ashoka und seinen Nachfolgern wären dann diese Menschen allmählich aus Indien verdrängt worden. Begründet hat Mühlmann den indischen Ursprung der Polynesier mit dem angeblichen Vorkommen buddhistischer Elemente in ihrer Kultur. Doch das ist in Wirklichkeit gar nicht der Fall.

Auch der Amerikaner Handy, der sich intensiv mit der Vergangenheit des pazifischen Raumes beschäftigt hat, vertritt die Auffassung, die Vorfahren der alten Polynesier seien in zwei Wellen aus Indien eingewandert. Die ersten ins polynesische Dreieck gelangten Menschen seien Hindus gewesen, und mit der zweiten Welle seien dann südindische Buddhisten gekommen.

Einer der bedeutendsten Vorläufer der modernen Ozeanien-Wissenschaft, der Neuseeländer S. Percy Smith, richtete gegen Ende des 19. Jahrhunderts ebenfalls seine Blicke nach Indien. In seinem Werk »Hawaiki, the Original Home of the Maori« versucht er aufgrund der Analyse einer sehr langen, von der Insel Rarotonga stammenden altpolynesischen Genealogie, einen detaillierten, sogar genau datierten Bericht von der Wanderung der Polynesier in den Pazifik zu geben.

Nach jenem Stammbaum von Rarotonga, genauer gesagt, nach der Version jener Genealogie, die Smith veröffentlicht hat, soll der Urvater dieser vornehmen Familie der Insel (er hieß Tu Te Rangi Marana) in einem Land namens »Atia Te Varinga Nui« gelebt haben, das am Fuße himmelhoher Berge lag (diese Berge hat Smith natürlich für den Himalaja gehalten) – in einer Gegend, in der es angeblich viel Sumpf, polynesisch *Vargi*, gegeben hat. Das Sumpfland wiederum deutet der Forscher als Reisfelder, die in weiten Teilen Indiens die Ernährungsgrundlage der Bevölkerung bilden.

In dem Land Atia Te Varinga Nui sollen die Vorfahren der

73

Polynesier nachweisbar schon im Jahre 450 v. u. Z. gesessen haben. Unruhen, die damals in diesem Land ausgebrochen seien, hätten sie aber veranlaßt, ihre Heimat zu verlassen und auf die indonesische Insel Java überzusiedeln. Überraschend ist, wie Smith aufgrund dieser Genealogie zweitausend Jahre zurückliegende Ereignisse genauestens datiert. Demnach wären die Vorfahren der heutigen polynesischen Bewohner der Cook-Inseln exakt 65 v. u. Z. nach Java gelangt, wo sie dann angeblich dreihundert Jahre lang gelebt hätten. Und von dort sollen sie in drei Wellen, auf jenem südlichen Weg, also über Melanesien, in das polynesische Dreieck eingewandert sein.

Aber auch dieser Versuch hält einer tieferen Analyse nicht stand.

Alle diese Versionen haben sich als Phantasiegebilde erwiesen. Sie gehören eher in die Welt der Märchen als in die der Fakten. Wenn der Westen, also Asien – Indien, Persien, Mesopotamien, Belutschistan – nicht die richtige Antwort gegeben hat, so könnte ja – von Polynesien aus gesehen – der Osten, also Amerika, des Rätsels Lösung sein.

… und Juden

Sind die Vorfahren der Polynesier aus Amerika gekommen? Ein Blick auf die Karte läßt dies möglich erscheinen. Einige Inseln des polynesischen Dreiecks, zum Beispiel Hawaii oder die Osterinsel, sind geradezu dem amerikanischen Kontinent zugewandt. Und daß die Polynesier, an deren Fähigkeiten als Seefahrer heute niemand mehr zweifelt, in der Lage waren, die Entfernung zwischen Amerika und den dem Kontinent näher gelegenen Archipelen zu überwinden, ist nicht ausgeschlossen.

Es ist daher durchaus verständlich, daß der spanische Missionar Joaquín de Zuñiga – bald nachdem der Große Ozean von den Europäern endgültig erkundet worden war – zum erstenmal klar und eindeutig die Ansicht aussprach, die Ureinwohner der Pazifischen Inseln stammten aus der Neuen Welt und seien ihrer Abkunft nach amerikanische Indianer. Um Beweise für seine Überzeugung zu erbringen, suchte der auf den

74

Philippinen wirkende Missionar nach Übereinstimmungen in den Sprachen der Indianer und der Philippiner. Über seine – bereits vor 180 Jahren formulierte – Theorie ist jedoch zu bemerken, daß die Filipinos selbstverständlich keine Polynesier sind und überhaupt nicht zu den Völkern Ozeaniens zählen.

Auf der Suche nach der Urheimat der Polynesier haben auch die Angehörigen der »Kirche Jesu Christi der Heiligen der letzten Tage«, also die Mormonen, ihre Blicke nach Amerika und auf die amerikanischen Indianer gerichtet.

Der Autor dieses Buches ist jener Version des öfteren begegnet, besonders auf den Hawaii-Inseln. Interessant ist hierbei eine nähere Betrachtung des Städtchens Laie im Norden der Insel Oahu, das schon seit dem vorigen Jahrhundert das Zentrum der Missionstätigkeit der Mormonen in der Südsee ist. Fast alle Bewohner von Laie sind Mormonen, auch die zahlreichen Polynesier, die nicht nur von allen Hawaii-Inseln, sondern auch aus Tonga, Tahiti und anderen Teilen Polynesiens in diese Stadt gekommen sind. Viele von ihnen, aber auch nicht wenige Melanesier und Mikronesier, studieren an der dortigen Universität (übrigens der zweiten auf Hawaii neben der staatlichen in Honolulu), die die Mormonen in den sechziger Jahren für ihre Anhänger in der Südsee gegründet haben.

In dieser ganz nach den Vorstellungen und Idealen der Mormonen erbauten hawaiischen Stadt Laie gibt es auch ein »Polynesian Cultural Center«, eine Art Museum unter freiem Himmel, das vor allem aus sechs Südseedörfern besteht, in denen die polynesischen Studenten der mormonischen Universität die kulturellen Traditionen ihrer Heimatinseln pflegen. Dieses polynesische Kulturzentrum vermittelt neben dem »Bishop Museum« in Honolulu wohl das umfassendste Bild von der Kultur und Kunst Polynesiens, das Hawaii heute zu bieten hat.

Neben jenem interessanten Freilichtmuseum erregt in Laie der imposante weiße Bau des mormonischen Haupttempels der Inselgruppe, der sich in den blauen Wassern terrassenartig angelegter Bassins spiegelt, die Aufmerksamkeit des Besuchers.

Das Innere des Heiligtums selbst durfte ich als Nichtmormone zwar nicht betreten, aber dafür führten mich meine polynesischen Begleiter, zwei Samoaner, in den Vortragssaal des Tem-

pels, in dem die Mormonen den Besuchern Laies mit audiovi-
suellen Mitteln die Grunddogmen ihrer Religion vor Augen
führen und ihnen unter anderem auch erklären, was die Polynesier, konkret die polynesischen Hawaiianer, mit Amerika
und seinen Indianern zu tun haben. Die Antwort, die die Mormonen bei dieser Vorführung geben, ist für den unvorbereite-
ten Besucher ziemlich verblüffend: Die Ureinwohner Amerikas
seien eigentlich keine Indianer, sondern in Wirklichkeit Juden,
vor zweitausend Jahren aus dem alten Israel nach Amerika gelangt.

In dem »Buch Mormon«, nach dem die Angehörigen dieser
Religionsgemeinschaft ihre heute allgemein gebräuchlichen
Namen erhalten haben und das ihrem Begründer Joseph Smith
1827 angeblich offenbart worden ist, heißt es im 8. Absatz,
Vers 15, die Neue Welt sei von den sogenannten Jasediten bevölkert worden, die nach dem Einstürzen des Turmes zu Babel
den Vorderen Orient verlassen hätten.

Um das Jahr 600 v. u. Z. seien diese Jasediten in Amerika erschienen, wo sie große Städte gegründet und ein ganzes Reich
geschaffen hätten. Da aber Hochmut vor dem Fall kommt, hätten die Jasediten bei ihrem phantastischen Aufstieg in der Neu-
en Welt Gott den Herrn vergessen, sich in lauter Sünden ver-
strickt, so daß sie schließlich – im 2. Jahrhundert v. u. Z. – auf
tragische Weise zugrunde gegangen seien.

Nach den Jasediten seien die eigentlichen Juden aus dem
heiligen Jerusalem nach Amerika gekommen. Und diese Juden
aus dem alten Israel sollen – nach den Vorstellungen der Mormonen – die Väter der Indianer, die Väter der indianischen
Kulturen Altamerikas gewesen sein.

Die Lehre vom jüdischen Ursprung der amerikanischen Indianer ist alt. Verbreitet wurde sie beispielsweise von dem englischen Gelehrten Lord Kingsborough und von dem französischen Wissenschaftler Brasseur de Bourbourg. Diese namhaf-
ten Forscher und mit ihnen Dutzende ihrer Schüler sind dabei
von den Worten der Bibel über die in alle Welt verstreuten
zehn jüdischen Stämme des alten Israels ausgegangen.

Von jenen verschwundenen Israeliten ist in der Heiligen
Schrift der Christen wirklich die Rede. Die Mormonen aber ha-

ben den Nachrichten des Alten Testaments noch allerlei hinzugefügt in jenem Buch Mormon, das Ereignisse beschreibt, die
sich zwischen 600 v.u.Z. und 421 u.Z. zugetragen haben sollen, dem Jahr, in dem angeblich der letzte der alten Geschichts-
schreiber, Mormon mit Namen, diese heiligen Annalen in Hieroglyphenschrift auf goldene Tafeln eingeritzt hat. Fast anderthalb Jahrtausende später soll dieser Chronist dann als Engel
einem Bürger des Staates New York, eben jenem Joseph Smith,
erschienen sein und ihm den Text dieser heiligen Tafeln – die
jedoch außer Smith und seinen engsten Freunden niemand je
zu Gesicht bekommen hat – offenbart haben. Der gläubige Joseph Smith übersetzte ihn angeblich mit Hilfe der jüdischen In-
strumente Urim und Thummin, die im alten Israel zur Mittei-
lung solcher göttlichen Offenbarungen dienten, ins Englische,
veröffentlichte die Übersetzung im Jahre 1827 und wurde so
zum Begründer jener Glaubensgemeinschaft.

In dem Text, der in jene geheimnisvollen goldenen Tafeln
eingeritzt war, wird von zwei Gruppen jüdischer Einwanderer
nach Amerika erzählt – von den Nephiten und den Lamaniten,
von dem Hader zwischen ihnen, von ihren Reichen und
schließlich von ihrem Untergang. Es steht darin jedoch auch
geschrieben, eines Tages sei Jesus Christus selbst in Amerika
erschienen. Erinnerungen an den Aufenthalt des weißen Got-
tessohnes in Amerika aus vorkolumbischer Zeit seien bewahrt
geblieben.

Die Mormonen verweisen auf zahlreiche, in der Tat beach-
tenswerte Nachrichten verschiedener Gruppen amerikanischer
Indianer, die in ihren Sagen übereinstimmend von einem bärtigen Gott heller Hautfarbe erzählen, der über das Meer zu ihnen gekommen sei, sie gelehrt habe, was gut und was böse ist,
und dann wieder über das Meer entschwunden sei, nachdem er
ihnen versprochen habe, dereinst zu ihnen zurückzukehren.

Bei den Azteken Altmexikos heißt jener »Weiße Gott« Quet-
zalcoatl, die Indianer Altperus, die Inkas und ihre Vorgänger,
haben ihn Virakocha genannt, und von den Indianern Altko-
lumbiens ist dieser allwissende weiße Heilsbringer unter dem
Namen Bochica verehrt worden. Diese Tatsache hat dann bekanntlich auch bei der Eroberung der Neuen Welt durch die

Spanier eine gewisse Rolle gespielt, da die Indianer den jeweiligen Führer der weißen Männer, zum Beispiel Hernando Cortez und Francisco Pizarro, mancherorts zunächst als ihren zurückgekehrten Erlöser begrüßten.

Doch was hat das alles mit den Polynesiern zu tun? Was sollen gar die Juden mit den Vorfahren der Herrscher des Paradieses zu tun haben? Die Mormonen von Laie behaupten, die Vorfahren der Polynesier und konkret die Hawaiianer seien aus Nordamerika in das pazifische Dreieck gelangt und somit der Herkunft nach Indianer. Und da die Indianer zum Teil Nachkommen der aus dem heiligen Jerusalem stammenden Juden seien, könne man folglich auch die Juden aus dem biblischen Israel als die ältesten Vorfahren der Polynesier bezeichnen!

Als angeblich unwiderlegbarer Beweis, den die Mormonen ihren Gästen im Vortragssaal des Hawaii-Tempels von Laie vor Augen führen, dient der erste weiße Mann, der je die damals ausschließlich von Polynesiern bewohnten Hawaii-Inseln betreten hat, und der Empfang, den ihm die goldbraunen Eingeborenen bereitet haben. Dieser Mann war jedoch kein anderer als der englische Seefahrer James Cook!

Nachdem Cook in der Kealakekua-Bucht auf der Großen Hawaii-Insel an Land gegangen war, haben ihn – und das ist verbürgt – die dortigen Polynesier wie einen Gott empfangen. Sie glaubten, ihr hellhäutiger, bärtiger Gott Lono, der einst sein Wiederkommen angekündigt hatte, sei mit dem großen Schiff der Weißen tatsächlich zu ihnen zurückgekehrt. Einige Wochen später, nachdem es zwischen den Weißen und ihnen zu Unstimmigkeiten gekommen war, wurde Cook erschlagen.

In der Logik der mormonischen Lehre mag jene Version des amerikanischen Ursprungs zwar stimmen, doch die exakten wissenschaftlichen Ergebnisse lassen für die These der amerikanischen oder gar altjüdischen Herkunft der Hawaiianer und der anderen Polynesier keinen Raum.

Den weißen Göttern auf der Spur

Wenn das 19. Jahrhundert in der Suche nach der Urheimat der Polynesier eindeutig das »Zeitalter Asiens« war, dann ist das 20. Jahrhundert – auf den Nebenpfaden der traditionellen Forschung – ebenso eindeutig das »Zeitalter Amerikas«. Über die amerikanische, indianische Herkunft der Herrscher des Südsee-Paradieses sind in unserem Jahrhundert eine ganze Reihe von Hypothesen aufgestellt worden. Diesen theoretischen Spekulationen folgte die Tat – eine Tat, die diese Theorie durch ein Experiment beweisen sollte.

Der Mann, der den Mut dazu aufbrachte, heißt Thor Heyerdahl. Und sein Experiment trug den Namen »Kon-Tiki«. Dieser Mann hat mit seiner Tat – der Überquerung des Pazifiks auf dem Floß namens Kon-Tiki – mehr Denkanstöße ausgelöst als alles, was zuvor zur Lösung bei der Suche nach der wahren Heimat der Polynesier geleistet worden war.

Wen hat schon – außer einer Handvoll Fachleute – vor Heyerdahl interessiert, wo die Urheimat der Polynesier lag? Seit jener Floßfahrt quer über den Stillen Ozean ist dies jedoch zu einer Frage geworden, die Millionen von Menschen beschäftigt, die Heyerdahls Bücher gelesen haben.

Obwohl die Tat des mutigen Norwegers und seine Bücher Weltruhm erlangt haben, soll hier noch einmal kurz aufgezeigt werden, was Thor Heyerdahl damals vollbracht hat und – vor allem – was er beweisen wollte.

Der norwegische Naturforscher, der kurz vor Ausbruch des Zweiten Weltkrieges zum erstenmal die Möglichkeit erhielt, einen Archipel Polynesiens, die Marquesas-Inseln, zu besuchen und sich dort Forschungsarbeiten zu widmen, war geradezu besessen von dem damals längst ausgesprochenen Gedanken der amerikanischen Herkunft der Polynesier.

Da die Grundbedingung für die Wanderung einer ethnischen Gruppe, einer ganzen Kultur aus dem einen Gebiet in ein anderes die technische Durchführbarkeit eines solchen Unternehmens ist, beschloß Heyerdahl, jene weite Reise der polynesischen Vorfahren von Amerika nach Ozeanien, von der er überzeugt war, also die Überquerung des Pazifiks, zu wiederholen, und zwar mit dem gleichen Wasserfahrzeug, das die Indianer benutzt haben könnten – einem Floß aus Balsaholz –, und auf der gleichen »Route«, die einst nach seiner Überzeugung die Indianer von Südamerika über das Meer nach Ostpolynesien geführt hat.

Hier gibt es jedoch den ersten Einwand. Daß die Indianer wirkliche Seefahrten in die Weiten des offenen Ozeans unternommen haben, ist nirgends belegt. Die Fahrten der alten Südamerikaner auf großen, mit Segeln versehenen Flößen verliefen eher nur entlang der Küsten ihres Kontinents. Die heute zu Ekuador gehörenden Galapagos-Inseln dürften der am weitesten vom Festland entfernte Ort gewesen sein, zu dem Indianer vorgedrungen sind.

Dabei darf auch nicht vergessen werden, daß es über die Bewohner Altperus und die anderen in Betracht kommenden Gebiete Südamerikas eine ganze Reihe von Chroniken aus der Feder der ersten Spanier in Amerika gibt und auch das überlieferte indianische Sagen- und Märchengut ausgesprochen reich ist – und doch findet sich nirgends ein Hinweis, aus dem, und sei es nur indirekt, gefolgert werden kann, daß – beispielsweise – peruanische Indianer Seefahrten – noch dazu zielbewußt – in das unendlich weit entfernte Polynesien einstmals unternommen haben.

Obwohl also nichts für große Expeditionen der präkolumbischen Indianer Südamerikas spricht, hat Thor Heyerdahl den Versuch unternommen, den Pazifik zu überqueren. Er und seine Begleiter, sämtlich Skandinavier, erreichten im Jahre 1947 von dem peruanischen Hafen Callao aus nach einer Fahrt von rund hundert Tagen das Atoll Raroia in der polynesischen Tuamotu-Gruppe.

Diese Überquerung des Ozeans war jedoch in Wirklichkeit gar nicht der Gipfelpunkt eines Vorhabens, sondern eher dessen Anfang, der Auftakt zu dem von neuem aufgeworfenen Problem der amerikanischen Herkunft der Polynesier. Heyerdahl selbst hat, angespornt durch den Widerhall, den seine Floßfahrt und das Buch fanden, dann noch ein weiteres umfangreiches Werk veröffentlicht, dem er den fast provokatorischen Titel »Die amerikanischen Indianer im Pazifik« gab.

Polynesier von der Osterinsel mit langgezogenen perforierten
Ohrläppchen. Nach dem Stich eines Teilnehmers der
Expedition Cooks.

Um die Spuren dieser Indianer zu finden, hat sich Heyerdahl später noch einmal nach Polynesien begeben, und zwar auf jenes Eiland, das für die Sucher der polynesischen Vergangenheit und für die Liebhaber verlockender archäologischer und ethnologischer Rätsel der attraktivste Ort des ganzen Pazifiks ist – auf die Osterinsel. Über diesen Forschungsaufenthalt hat er ebenfalls ein Buch (»Aku-Aku. Das Geheimnis der Osterinsel«) geschrieben.

Unter den polynesischen Bewohnern der Osterinsel glaubt Heyerdahl eine Gruppe von Menschen, die sogenannten »Langohrigen«, herausgefunden zu haben, die er für Nachkommen altperuanischer Indianer hält, die angeblich unter Führung der südamerikanischen Gottheit Virakocha nach Rapa Nui gelangt sind.

Seltsamerweise sollen diese nach Polynesien gekommenen alten Peruaner gar nicht wie Indianer ausgesehen haben, ganz im Gegenteil. Heyerdahl schreibt: »... sie wurden [in den altperuanischen Sagen] als weise und friedliebende Lehrer geschildert, die im Anfang der Zeiten von Norden hergekommen seien und die primitiven Vorväter der Inkas in der Baukunst und im Ackerbau und auch in Sitten und Gebräuchen unterwiesen hätten. Sie hätten sich von allen anderen Indianern durch eine weiße Haut und lange Bärte unterschieden und seien auch von höherem Wuchs gewesen. Schließlich aber hätten sie Peru ebenso plötzlich verlassen, wie sie gekommen waren. Die Inkas hätten selbst die Macht im Lande übernommen, und die weißen Lehrmeister wären für alle Zeit in westlicher Richtung hinaus auf den Stillen Ozean verschwunden.«

Eben diese weißen Einwanderer aus Peru haben dann, nach Heyerdahl, jene monumentalen Denkmäler geschaffen, die sich noch heute auf der Osterinsel erheben – die riesigen Steinfiguren, die Ahu-Tempel. Von ihnen wird später noch ausführlich die Rede sein.

Bei jenen hellhäutigen Kulturbringern drängt sich eine Frage in den Vordergrund, auf die Heyerdahl eigentlich die Antwort schuldig geblieben ist. Warum sahen diese Ankömmlinge aus Altamerika ganz anders aus als die Indianer? Waren sie doch weiß wie die Europäer, blond und hochgewachsen!

Die Antwort mutet wie eine Neuauflage der Theorie der Mormonen an, nur mit umgekehrten Vorzeichen. Während die Angehörigen dieser Sekte die Polynesier als Nachkommen aus Amerika eingewanderter Indianer ansehen, die aber in Wirklichkeit gar keine Indianer waren, sondern aus Israel in die Neue Welt gelangte Juden, behauptet Heyerdahl, auf der polynesischen Osterinsel Nachkommen amerikanischer Indianer gefunden zu haben, die in Wirklichkeit ebenfalls keine Indianer waren, sondern bis nach Amerika gelangte Nordeuropäer.

Bereits in dem Buch »Kon-Tiki« schreibt er, »daß die Europäer, als sie auf die Südsee-Insel kamen, erstaunt feststellten, daß viele Eingeborene von beinahe weißer Hautfarbe waren und Bärte trugen. Auf vielen Inseln gab es ganze Familien, die durch ihre bemerkenswert helle Haut, ihr rötliches bis blondes Haar, ihre blaugrauen Augen und – aufgrund einer Adlernase – ein beinahe semitisches Aussehen auffielen. Die anderen Polynesier hatten eine goldbraune Haut, rabenschwarzes Haar und eine flache, stumpfe Nase. Die Rothaarigen nannten sich selbst ›Urukehu‹ und erzählten, daß sie direkt von den ersten Häuptlingen der Inseln abstammten, die weiße Götter waren wie eben Tongaroa, Kane und Tiki.«

Der Autor des vorliegenden Buches hat über das alte Peru und seine Kulturen ein umfangreiches zweibändiges Werk geschrieben. Er hat sich mit der präkolumbischen Geschichte dieses indianischen Landes eingehend beschäftigt, doch nirgends ist er beim Studium südamerikanischen Materials auf einen Beleg gestoßen, der auf die Anwesenheit von Weißen, noch dazu von jenem nordischen Idealtyp, in Altperu hindeutet. Das ist natürlich noch kein Beweis für eine falsche These Heyerdahls, obwohl er in späteren Arbeiten jene nordischen Kulturbringer weit seltener erwähnt und sich eher auf die amerikanisch-indianische Herkunft der Polynesier beschränkt. Und selbst diese Auffassung hat er in den Jahren, die seit jener spektakulären Floßfahrt vergangen sind, weniger nachdrücklich vertreten.

In der ganzen Welt ist jedoch die »Kon-Tiki-Theorie« die bekannteste und populärste des Fragenkomplexes geblieben, der sich an die Vergangenheit und die Kultur der Polynesier knüpft. Doch hat auch jene Theorie ihre Entwicklung durchlau fen. Ihr Autor hat manches präzisiert, anderes etwas zurückhaltender und weit weniger eindeutig formuliert. So bestreitet Heyerdahl, die polynesische Kultur könnte ihren Ursprung im Westen (von Polynesien aus gesehen) haben. Er schreibt: »Im Westen wohnten nur Australiens und Melanesiens dunkelhäutige und primitive Naturvölker, entfernte Verwandte der Neger; dann kommen schon Indonesien und die Küste Asiens, und dort liegt die Steinzeit wohl weiter zurück als irgendwo sonst in der Welt.«

Jenen »dunkelhäutigen und primitiven Naturvölkern« – Worte, die befremdlich klingen – stellt Thor Heyerdahl die edle Rasse der weißen Götter entgegen, die angeblich in Altperu geherrscht habe, bevor dort die Inkas ihren Einfluß ausdehnten. Die weißen Götter sollen in Südamerika auch die mächtigen Bauten der vorkolumbischen Städte und die großen steinernen Statuen von Tiahuanaco geschaffen haben.

Diese altperuanische Ruinenstadt hoch in den Anden (im heutigen Bolivien) spielt in Heyerdahls Theorie überhaupt eine große Rolle. Tiahuanaco soll der Ausgangspunkt der großen Wanderung der weißen Götter auf die Osterinsel gewesen sein. Der Führer jener (ursprünglich aus Nordeuropa gekommenen) hochgewachsenen, hellhäutigen, bärtigen Menschen war angeblich der später als Gott verehrte Virakocha (einen Gott dieses Namens haben die Anden-Indianer in präkolumbischen Zeiten tatsächlich als Weltschöpfer angebetet), dessen wahrer, ursprünglicher Name »Kon-Tiki« gelautet haben soll. Heyerdahl behauptet von ihm eindeutig: »Kon-Tiki war der oberste Priester und Sonnenkönig der weißen Männer aus den Legenden der Inkas.« Und für Heyerdahl war dieser Kon-Tiki – oder »Sonnen-Tiki« –, »von dem die Inkas berichteten, daß ihn ihre Vorfahren auf den Stillen Ozean getrieben hatten, mit dem weißen Häuptlingsgott identisch, mit Tiki, dem Sohn der Sonne, den alle Bewohner der östlichen Südsee-Inseln als ihren Stammvater feierten«.

Jene angeblich aus Amerika gekommenen weißen Kolonisatoren Polynesiens sollen jedoch, nach Heyerdahl, ihre Reise nicht auf der Osterinsel beendet haben. Manche von ihnen seien noch weiter nach Westen und Nordwesten vorgedrungen

– bis zu den Marquesas und zu den Gesellschaftsinseln, und schließlich hätten sie sogar den äußersten Westen des Dreiecks erreicht. Später soll – diesmal quer über den nördlichen Pazifik von der Westküste Kanadas aus – eine zweite Einwanderungswelle aus Amerika nach Ozeanien gelangt sein, die aus Gruppen der sogenannten »Nordwest-Indianer« (der Haida, der Kwakiutl und anderen, die noch heute in Kanada leben) bestanden habe.

Diese Nordwest-Indianer sollen in langen Einbäumen (offenbar nur durch die Kraft der Arme) die 4000 Kilometer lange Entfernung zunächst zu den Hawaii-Inseln zurückgelegt und von dort aus später ihren Weg nach dem Süden, dem Südwesten und Südosten Polynesiens fortgesetzt haben.

Zu jener zweiten Besiedlungswelle, deren Träger hauptsächlich die Indianer der der Nordwestküste Amerikas vorgelagerten Inseln gewesen sein sollen, sei es um das Jahr 1100 u. Z. gekommen. Heyerdahl schreibt, »daß seetüchtige Kriegskanus – groß wie Wikingerschiffe und zwei und zwei aneinandergebunden – über das Meer nach Hawaii gekommen sind und von dort aus all die anderen weiter südlich gelegenen Inseln erreichten. Ihr Blut vermischte sich mit dem Geschlecht Kon-Tikis, und sie brachten dem Inselreich eine neue Kultur. Sie waren das zweite Steinzeitvolk, das – um 1100 herum – in Polynesien landete, ohne Metall, ohne Töpferei, ohne das Rad, ohne Webstuhl und ohne Getreide.«

Von den Anden zu den Atollen

Heyerdahls Floßfahrt quer über den Stillen Ozean bis zu einem der Atolle hat lediglich eines bewiesen: Es ist in der Tat möglich, mit solch einem Floß von Amerika nach Polynesien zu driften. Als Drift wird gewöhnlich eine Fahrt über das offene Meer bezeichnet, bei der das Wasserfahrzeug allein von den Meeresströmungen und Winden getrieben wird, ohne daß deren Besatzung in der Regel das Endziel der Fahrt kennt oder es durch Steuern des Schiffes zu beeinflussen sucht.

Außerdem beweist das Experiment des Norwegers noch lange nicht, daß auf diese Weise ganze Bevölkerungsgruppen, eine ganze Kultur, von einem Ort zu einem anderen gelangt sind. Das kann Thor Heyerdahl selbst am besten bestätigen. Bei einer anderen Fahrt ist es ihm zum Beispiel gelungen, mit dem Papyrusboot »Ra« von Afrika aus die Insel Barbados in der Karibik zu erreichen. Und doch ist deshalb keiner auf den Gedanken gekommen, die Ureinwohner der Antillen, die karibischen Indianer, seien aus dem Schwarzen Erdteil, konkret aus Ägypten, auf ihre Inseln gelangt.

Einige Gegner des Skandinaviers haben auch Einwände gegen sein Floß erhoben und behaupten, es unterscheide sich in seiner Konstruktion teilweise von den in Betracht gezogenen altamerikanischen Flößen. Andere – und zweifellos berechtigte – Einwände richten sich gegen die Ausstattung von Heyerdahls Floß und die Ausrüstung seiner Besatzung. Einer der bedeutendsten Kenner der Vergangenheit Polynesiens, der amerikanische Professor Robert C. Suggs, bemerkt: »Die peruanischen Indianer kannten keine Konserven, sie besaßen keine Geräte, um Salzwasser in Trinkwasser zu verwandeln, sie hatten weder Radio noch Karten noch Navigationsinstrumente.« Und er fügt hinzu: »Alle diese Dinge standen der Kon-Tiki-Besatzung zur Verfügung, und man muß sagen, daß ohne sie die Fahrt sehr bald tragisch ausgegangen wäre. Als das Floß auf das Riff von Raroia auflief, waren noch 1 500 Nahrungsmittelkonserven an Bord.«

Die Einwände, die dieser namhafte Wissenschaftler gegen Heyerdahls Theorie und selbst gegen dessen Expedition erhebt, sind charakteristisch für die Fachwelt. Von fast allen Kennern der polynesischen Geschichte und Kultur sind die Ansichten des norwegischen Forschers einhellig abgelehnt worden. Sie haben die Urheimat der polynesischen Vorfahren schon früher aufgrund der Archäologie, der Anthropologie, der Ethnologie, der Linguistik und anderer Wissenschaften in Südostasien lokalisiert, die Menschen den Mongoliden und ihre Sprache der sogenannten austronesischen Sprachfamilie zugeordnet und vor allem durch zahlreiche archäologische Funde den Weg rekonstruiert, auf dem sie aus Asien in den Pazifik gelangt sind.

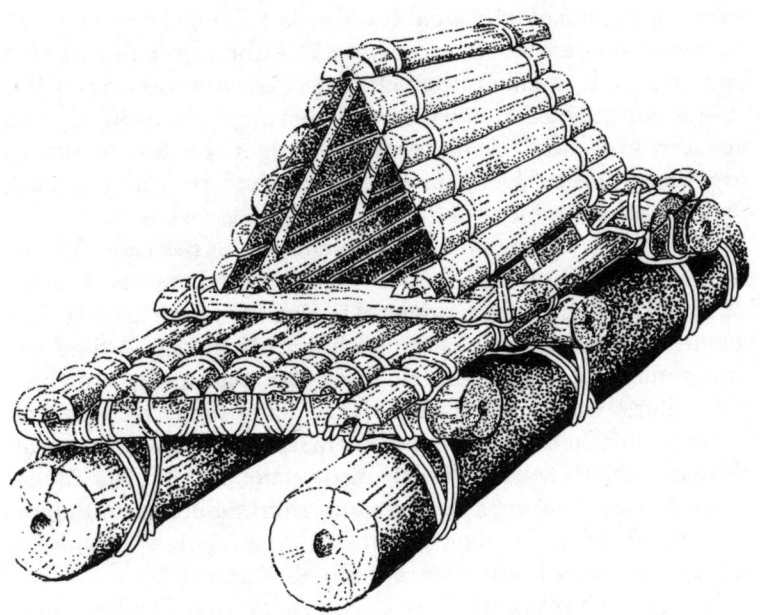

Ein polynesisches Floß mit einfachem Dach.

Des weiteren weisen Kenner der altindianischen Kulturen darauf hin, es gebe keine aus dem vorkolumbischen Amerika – also von der Pazifikküste Perus, Ekuadors, Kolumbiens oder Chiles – stammende Zeichnung, die genau ein solches Wasserfahrzeug darstelle (der Nachdruck liegt auf dem Wort »genau«), wie es Heyerdahl zu seiner Ozeanüberquerung benutzt hat.

Viele Wissenschaftler haben ferner über die kühne Floßfahrt selbst nachgedacht. Heyerdahl wollte damit auch beweisen, daß auf diese Weise von Amerika nach Ozeanien gedriftet werden kann, daß jedoch ein solches Driften in der umgekehrten Richtung – von Ozeanien nach Amerika – ausgeschlossen ist, weil sich die Luft- und die Meeresströmungen im Stillen Ozean vorwiegend in der Ost-West-Richtung, also von Amerika nach Ozeanien, bewegen.

Trotz der vorwiegenden Richtung der pazifischen Winde und Meeresströmungen hat ein anderer Kenner des Meeres Heyerdahls Behauptung widerlegt. Der Franzose Eric de Bisschop hat – knapp zehn Jahre nach dem Norweger – die Ozeanüberquerung mit einem nur von der Strömung und dem Wind getriebenen Floß auch in der anderen Richtung geschafft – von Tahiti nach der chilenischen Insel Juan Fernández in der Nähe der amerikanischen Küste. Zusammen mit ihm ist – sogar zweimal – ein Tscheche, also ein Angehöriger eines ausgesprochenen Binnenlandvolkes, auf diese Weise durch Polynesien gesegelt: Eudard Ingriš, von Beruf – Komponist.

Daß es auch möglich ist, in der umgekehrten Richtung über den ganzen Pazifik zu driften, zeigt ebenso das Beispiel einer Reihe chinesischer und japanischer Dschunken, die auf dem offenen Meer, gegen den Willen ihrer Besatzung, in einigen Fällen von der Küste Asiens bis an die Küsten Amerikas getrieben worden sind! Allein zwischen Alaska und der Mündung des Flusses Columbia wurden sechs Fälle einer solchen mehrere tausend Kilometer langen unfreiwilligen Reise von Dschunken quer über den Stillen Ozean registriert.

Doch zurück zur amerikanischen Herkunft der Polynesier. Ein wichtiger Teil einer Gesamttheorie stellt die Untersuchung der Sprache dar. Heyerdahl behauptet, die Verwandtschaft der polynesischen mit den malaiischen (indonesischen) Sprachen sei geringfügig und daher sehr vage. Doch kein Geringerer als Wilhelm von Humboldt hat – bereits rund hundert Jahre vor der Kon-Tiki-Fahrt – die Existenz einer Sprachfamilie in Erwägung gezogen, die sowohl die polynesischen als auch die malaiischen Sprachen umfaßt.

Heute bezweifelt eine solche gemeinsame Sprachfamilie (sie wird als die austronesische bezeichnet) wohl niemand mehr. Die Verwandtschaft der einzelnen Sprachen der austronesischen Gruppe ist durch Dutzende von Studien, zum Beispiel von dem Amerikaner Isidore Dyen oder dem Deutschen Otto Dempwolff, eindeutig nachgewiesen worden.

Dagegen sind zwischen den indianischen und polynesischen Sprachen lediglich einige ähnlich lautende Wörter mit derselben Bedeutung festzustellen. Der Wert solcher Analogien ist jedoch gleich Null! Erinnert sei nur an das polynesische Wort für Sonne, *Ra,* das mit dem Sonnengott der alten Ägypter in Zusammenhang gebracht wurde.

Die Kenner Altamerikas haben sich auch mit der Datierung jener angeblich von Amerika her erfolgten Besiedlung Polynesiens näher beschäftigt. Heyerdahl gibt als ältestes Datum für die Einwanderung der aus Peru gekommenen weißen Götter auf die Osterinsel die Mitte des 1. Jahrtausends u. Z. an. Er schreibt wörtlich: »Danach [aus den lokalen Genealogien verschiedener polynesischer Inseln] könnte man errechnen, daß die Südsee-Inseln – wenn man eine polynesische Generation mit durchschnittlich 25 Jahren annimmt – nicht früher als um das Jahr 500 besiedelt wurden. Eine neue Kulturwelle mit einer ebenfalls neuen Häuptlingsreihe deutet darauf hin, daß eine zweite, spätere Einwanderung dieselben Inseln etwa um 1100 erreicht hat.«

Die Funde von Lapita-Keramik, die die Archäologen in den letzten zwanzig Jahren gemacht haben, beweisen aber eindeutig, daß die ersten Menschen, und zwar auf der entgegengesetzten Seite des Dreiecks, bereits im 13. Jahrhundert v. u. Z. in Polynesien erschienen sind, also rund 1800 Jahre früher, als Heyerdahl annimmt. Zu dieser Zeit war jedoch in Altperu auch jene Tiahuanaco-Kultur noch nicht erblüht, geschweige denn die Kultur der Inkas, die sich erst volle zweitausend Jahre später, nachdem die ersten Polynesier Ozeanien erreicht hatten, in Südamerika herausgebildet hatte. Die ältesten Peruaner können also jene Kultur auch nicht nach Polynesien verpflanzt haben, noch dazu nach Tonga, dem von Amerika mit am weitesten entfernten Archipel des Dreiecks. Und ebensowenig können sie im 5. Jahrhundert u. Z. den Kult des Gottes Virakocha auf die Osterinsel getragen haben, weil erst viel später begonnen wurde, diesen Gott in Südamerika zu verehren. Die archäologischen Funde, namentlich Kronzeugen wie die Lapita-Keramiken, bestätigen also die Heyerdahlschen Angaben weder hinsichtlich des Zeitpunktes noch der Angabe des Ortes.

Die Wissenschaftler bestreiten auch, daß jene imposanten Steinfiguren der Osterinsel als Beweis für die peruanische Herkunft der Polynesier gelten können, nur weil die Anden-Stadt Tiahuanaco mit ähnlichen Statuen geschmückt gewesen ist. Einer der besten Kenner Altperus, der deutsche Ethnograph und Archäologe Hans-Dietrich Disselhoff, hat nur zwei Merkmale gefunden, die den Monumentalstatuen von Rapa Nui und von Tiahuanaco gemeinsam sind: Beide sind aus Stein, und beide sind ungewöhnlich groß. Das ist aber zuwenig für einen Beweis, der als Kronzeuge für die amerikanische Herkunft der Schöpfer jener Skulpturen der Osterinsel dienen soll.

Die Forscher haben sich auch mit den übrigen Argumenten Heyerdahls auseinandergesetzt, die er als Beweise für die amerikanische Abstammung der polynesischen Vorfahren aus den verschiedensten Wissenschaftsgebieten heranzieht. Heyerdahl verweist unter anderem auf die weitgehend bestehende Übereinstimmung zwischen den Bluttypen der Peruaner und denen der Bewohner Ostpolynesiens. Doch auch dieser serologische Beweis ist nicht stichhaltig: Es ist keineswegs überraschend, wenn zwei sonst völlig verschiedene ethnische Gruppen eine ähnliche Häufigkeit analoger Blutgruppen aufweisen.

Ein anderes bekanntes Argument des norwegischen Forschers besagt, daß hier wie dort, in Altperu wie im Pazifik, die Winter- und die Sommersonnenwende gefeiert worden ist. Sonnwendfeiern gab und gibt es jedoch in fast allen Kulturen... sie hat es auch bei den alten Germanen gegeben.

So haben die Vertreter der entsprechenden Wissenschaftsgebiete ein Argument nach dem anderen entkräftet, das Heyerdahl zur Begründung seiner Theorie von der Herkunft der Polynesier herangezogen hat. Sie haben die Auffassungen des wagemutigen Norwegers nicht aus Mißgunst verworfen, haben sie nicht angegriffen, weil ihnen Heyerdahls Gedanken nicht paßten, sondern ganz einfach deshalb widerlegt, weil ihre Feststellungen eindeutig darauf hinweisen, daß Heyerdahls Theorie vom Ursprung der Polynesier falsch ist.

Ich möchte als Autor dieses Buches hierzu einige Bemerkungen äußern. Es sei nochmals betont, wie bewundernswert jene kühne Tat Heyerdahls ist, vor allem auch deshalb, weil allzuoft nur in den nüchternen Räumen der Forschungsinstitute oder in der Stille kühler Gelehrtenzimmer über Fragen meditiert wird, die oft nur an Ort und Stelle zu lösen sind.

Die Ergebnisse eines einzelnen Experiments lösen – das weiß jeder Wissenschaftler – selten ein Gesamtproblem. So war es auch im Falle der Floßfahrt Heyerdahls. Aber dieses interessante, ja erregende Experiment hat Denkanstöße gegeben, hat die Aufmerksamkeit von Millionen Menschen auf ein kompliziertes wissenschaftliches Problem gelenkt – auf die Herkunft einer Bevölkerung, die über einen gewaltigen Meeresraum verstreut lebt. Thor Heyerdahl hat – und darin besteht sein Verdienst – eine neue fieberhafte Aktivität ausgelöst und damit, auch wenn er nicht den Wahrheitsbeweis für eine Theorie erbringen konnte, die Wissenschaftler gezwungen, ihre Thesen neu zu überprüfen. Die Ethnographen, die Kulturforscher, die Linguisten, die Anthropologen, die Botaniker und andere Naturwissenschaftler, vor allem aber die Archäologen mußten Dutzende, ja Hunderte weiterer Fakten zusammentragen, um seine Theorie zu widerlegen. Auch wenn sie sich als Irrtum erwies, hat sie doch die Wissenschaft ein ganzes Stück vorangebracht.

Das größte Rätsel der polynesischen Vergangenheit, an dem sich so viele versucht haben, ist kein Rätsel mehr. Seine Lösung lautet: Die Urheimat der Bewohner Polynesiens lag im Südosten Chinas. Die Polynesier sind Mongolide mit einem negriden und einem europäischen Einschlag, die das Land ihrer

Väter vor rund viertausend Jahren verlassen haben, um nach langer Wanderung über Hinterindien, Indonesien, Neuguinea und die ganze Inselkette Melanesiens vor etwa 3 200 Jahren an die Grenzen »ihres« Dreiecks zu gelangen, wo sie zuerst die Tonga-Inseln und bald darauf auch Samoa besiedelt haben.

In entgegengesetzter Richtung

Da sich mehrere Jahrzehnte lang der wissenschaftliche Meinungsstreit allein darum drehte, ob die Polynesier aus Amerika gekommen sind oder nicht, hat niemand in letzter Zeit zu fragen gewagt, ob es denn nicht auch genau umgekehrt gewesen sein kann, ob nicht vielleicht die Polynesier Amerika besiedelt haben.

Im Gegensatz zu den altperuanischen Indianern waren die Polynesier ja ganz ausgezeichnete Seefahrer, die nachweislich Tausende von Kilometern durch den Pazifik zurückgelegt haben. Wäre es da nicht möglich, daß sie mit ihren Schiffen auch bis zu den Küsten Amerikas gelangt sind? Und wenn den Blikken der polynesischen Seefahrer selbst die nur wenige Meter aus dem Ozean herausragenden Atolle nicht entgangen sind, die oft nur eine Fläche von wenigen Kilometern einnehmen, dürften sie die Küste des amerikanischen Kontinents bestimmt nicht übersehen haben.

Zudem erwähnen die Polynesier in ihren historischen Erzählungen und ihren Genealogien einige Seefahrten, die sie bis zu einem großen Land geführt haben. Dieses Land ist höchstwahrscheinlich Amerika gewesen. Auf den Marquesas-Inseln ist eine solche mündlich überlieferte Kunde von einer See-Expedition aufgezeichnet worden, die Angehörige des im Paumau-Tal auf der Insel Hiva Oa lebenden Stammes Naiki unternommen haben. Ihr Schiff namens »Kahua« soll damals zuerst Nuku Hiva angesteuert haben, wo weitere Leute an Bord gekommen seien. Und von dort seien sie immer weiter nach Osten gefahren – viele Wochen lang, bis die Kahua ein unbekanntes großes Land erreicht habe, das seine polynesischen Entdecker *Te Fiti* genannt hätten. In diesem Land hätten die Leute von den Marquesas längere Zeit verbracht. Da es ihnen dort aber nicht gefiel, wären sie später wieder in ihre Inselheimat zurückgekehrt.

Die Seefahrer von den Marquesas-Inseln sind damals wahrscheinlich an der Küste des heutigen Ekuadors vor Anker gegangen. Auf Rarotonga im Archipel der Cook-Inseln, auf der jene Genealogie aufgezeichnet worden ist, die die Forscher auf den Gedanken gebracht hat, die Urheimat der Polynesier in Indien zu suchen, ist eine weitere interessante Erzählung aus alten Zeiten aufgetaucht, die von einem Mann namens Maui Marumamao berichtet, der zusammen mit seinem Sohn Kiu bis zur Osterinsel und von dort mit seinem großen Schiff immer weiter ostwärts gesegelt sei, bis er schließlich ein Land mit himmelhohen felsigen Bergen (offenbar die Anden) erblickt habe. In diesem fernen Land sei Maui Marumamao gestorben. Die übrigen Mitglieder der Expedition seien jedoch unter Führung von Marumamaos Sohn Kiu nach Polynesien zurückgekehrt.

Eine ähnliche Erzählung ist auch aus Samoa bekannt. Danach ist von der Samoa-Insel Manua aus ebenfalls ein Mann namens Maui mit seinem Sohn Hotu gen Osten in See gestochen und soll, lange nachdem er Tahiti und die Tuamotu-Inseln passiert hatte, fern im Osten gleichfalls ein großes Land entdeckt haben, in dem gewaltige Berge bis in die Wolken emporragten. Aus diesem Land hätten die Seefahrer Maui und Hotu die Süßkartoffeln, die Bataten, nach Samoa mitgebracht, die man auf diesen Inseln *Umara* nennt.

Jene zweifellos schon vor Ankunft der Europäer in Polynesien bekannten Süßkartoffeln lassen aufhorchen. Sie sind nämlich möglicherweise wirklich amerikanischer Herkunft. Manche Forscher sind freilich der Meinung, die Bataten seien – auf dem Umweg über Asien – aus Afrika nach Ozeanien gelangt. Doch wie dem auch sei – für Heyerdahl waren diese Süßkartoffeln der botanische Hauptbeweis für den amerikanischen Ursprung der Polynesier, zumal die Bataten in einigen Gebieten Südamerikas mit dem sehr ähnlich klingenden Namen *Cumar* bezeichnet wurden. Dieses Wort stammt jedoch nicht aus der Sprache der peruanischen Inkas, die die Süßkartoffel *Apicha* nannten. Außerdem haben die Inkas, dieses Hochgebirgsvolk, kaum an der eigentlichen Küste Perus gelebt, wo die Polynesier – wenn überhaupt – in Amerika an Land gegangen wären.

Abgesehen davon, woher der polynesische Name für die Süßkartoffel stammt, die Batate selbst muß aus Amerika nach Ozeanien gelangt sein, und zwar bereits in vorkolumbischen Zeiten. Wer sie als erster auf die Inseln des Pazifiks gebracht hat, ist eine ganz andere Frage. Die von Virakocha angeführten weißen Götter kommen wohl kaum in Frage – eher schon die seetüchtigen Polynesier, die durchaus die Importeure der Süßkartoffel gewesen sein könnten.

Jene Frage: »War das nicht alles umgekehrt, könnte die Fahrtrichtung statt Amerika–Polynesien nicht Polynesien–Amerika und zurück geheißen haben?« – jene Frage ist völlig berechtigt. Was bei der ganzen Problematik der Wanderung von Völkern und Kulturen von einem Kontinent auf den anderen bzw. auf weit entfernte Inseln stets die Hauptrolle spielt, ist die Frage der technischen Durchführbarkeit einer solchen Ozeanüberquerung. Von den vorkolumbischen Indianern Südamerikas ist aber bekannt, daß sie von den Küsten ihres Kontinents nicht weiter als bis zu den Galapagos-Inseln vorzudringen vermochten. Die Polynesier dagegen haben nachweisbar – und nicht nur einmal – Tausende von Seemeilen bewältigt. Diese bewiesene und unbestrittene Tatsache hat einige Forscher in das andere Extrem verfallen lassen: Nicht Polynesien sei von Amerika aus besiedelt worden, sondern Amerika von Polynesien aus!

Bereits im Jahre 1877 hat J. D. Lang in seinem in London erschienenen Buch »Herkunft und Migration des polynesischen Volkes« die Überzeugung ausgesprochen, alle Indianer seien polynesischer Abstammung. Andere Forscher wiederum waren der Meinung, die Besiedlung Amerikas sei über Polynesien erfolgt.

Doch genug der Spekulationen! Die Möglichkeit, daß die Polynesier Fahrten in der umgekehrten Richtung als der von Heyerdahl behaupteten, also von Polynesien nach Amerika, unternommen haben, ist durchaus gegeben – ohne daß deswegen von einer Besiedlung Amerikas durch die Polynesier die Rede sein könnte, höchstens von Kontakten...

Wenn am Schluß der Betrachtungen über die Rätsel zur Vergangenheit Polynesiens die Möglichkeit polynesischer Fahrten in Richtung Amerika erwogen wurden, so ist das nicht deshalb geschehen, um die polynesische Abstammung der Indianer zu »beweisen«, sondern um all jene, die von der amerikanischen Herkunft der Polynesier überzeugt sind, darauf hinzuweisen, daß eine jede Sache zumindest von zwei Seiten betrachtet werden muß.

Dritter Teil
Die polynesische
Kultur

Das Begräbnis des Schiffes »Tai Nui«

Das Meer, die sagenumwobene Moana, ist den Polynesiern zum Schicksal geworden. Um den Ozean zu überwinden, sich in seine Weiten hinauswagen zu können, mußten die Polynesier vor allem die Kunst der Seefahrt beherrschen. Und sie haben sie beherrscht, ja mehr noch, sie waren solche Meister der Navigation, daß sie die »Wikinger der Südsee« genannt wurden.

Die Kunst der Schiffahrt ist einer der charakteristischsten Züge der hohen polynesischen Kultur. Soll ein Bild dieser Kultur entworfen werden, so stehen daher zu Beginn die polynesischen Seeleute, ihre Schiffe, ihre Navigationskunst.

Die Vorfahren der Polynesier mußten Südchina verlassen. Es blieb ihnen nur der Weg über das Meer, und dazu brauchten sie Boote, seetüchtige Schiffe. Die polynesische Kultur in ihrer Blütezeit, auf jener Entwicklungsstufe, die sie kurz vor der Ankunft der ersten Europäer erreicht hatte, kannte im wesentlichen drei verschiedene Arten von Wasserfahrzeugen: Flöße, Auslegerboote (der Ausleger sicherte die Stabilität eines solchen Kanus auf dem offenen Meer) und große Doppelboote, die durch Querbalken miteinander verbunden waren, auf denen das geräumige Deck ruhte. Heute heißt so etwas »Katamaran«.

Das einfachste Wasserfahrzeug der Polynesier, das Floß, war ihnen zweifellos bereits in ihrer Urheimat bekannt gewesen. Ihre Reisen in die Weiten des Ozeans, die sie schließlich bis an die Grenzen ihres Dreiecks führten, haben die Vorfahren der Polynesier aber ganz gewiß nicht auf Flößen heutiger Bauart unternommen. Wie diese ältesten, an der Küste benutzten Flöße aussahen, ist nicht genau bekannt. Die späteren, deren sich die Polynesier bedienten, als sie sich bereits über ihre Inselwelt verbreitet hatten, bestanden aus langen, mit Bast verbundenen Bambusstäben. Eigenartige Flöße haben sich die polynesischen Bewohner der unweit von Neuseeland gelegenen Chatham-Inseln gebaut, die den mittleren, sonst aus Balken bzw. Stangen bestehenden Teil mit Bündeln des neuseeländischen Flachses ausgelegt haben.

In Polynesien sind für Fahrten auf dem offenen Meer normalerweise keine Flöße benutzt worden. Diese dienten lediglich zum Personen- und Lastentransport in den Küstengewässern. Die einzige erhaltene Nachricht von einer Floßfahrt über das offene Meer findet sich in der Erzählung von dem legendären Helden He Pea Taipi von der Marquesas-Insel Hiva Oa, der auf einem mit Bastmatten bedeckten Floß nach Hawaiki zurückgekehrt sein soll. Diese Nachricht entstammt freilich dem Reich der Sagen und ist sonst nirgends belegt. Zu Fernfahrten sind Flöße auch im alten Polynesien kaum verwendet worden. Und keinesfalls sind die Polynesier auf Flößen in ihre weit im Pazifik verstreuten Inseln gelangt. Im Zusammenhang mit der Besiedlung Polynesiens ist freilich immer wieder von Flößen die Rede. Auch Kon-Tiki, diese angebliche Rekonstruktion jenes Wasserfahrzeuges, mit dem die ersten Kolonisatoren aus Peru nach Polynesien gekommen sein sollen, war ja nichts anderes als ein aus Balsaholz gebautes Floß.

Ein sehr einfaches Beförderungsmittel war auch der Einbaum. *Puhoe* wird zum Beispiel auf Tahiti ein solches aus einem ausgehöhlten Baumstamm gefertigtes kleines Boot genannt. Es diente dem Fischfang in den Lagunen. Mitunter waren diese einfachen Boote auch etwas länger. Die Samoaner beispielsweise haben zum Fang des Thunfisches bis zu 10 Meter lange Einbäume, *Vaa-a-Loo* genannt, benutzt.

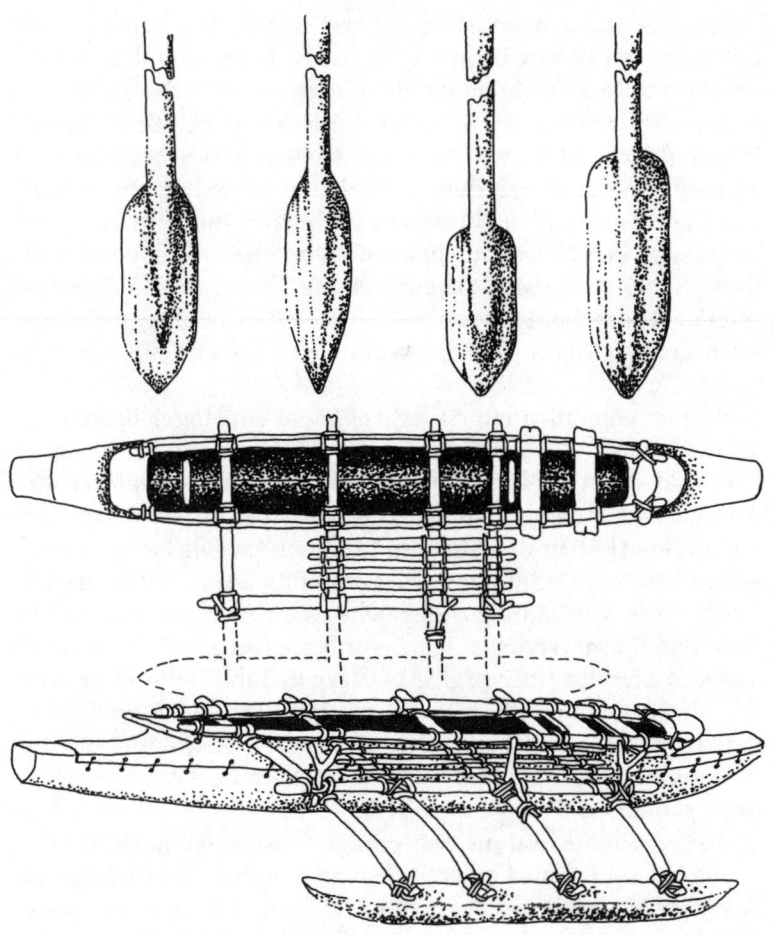

Ein polynesisches Auslegerboot. Oben sind verschiedene Arten von Paddeln abgebildet.

Die Bewohner der Osterinsel, auf der es fast keine gerade gewachsenen hohen Bäume gibt, haben Boote aus dem Schilfrohr der Seen geflochten, die die Krater der erloschenen Vulkane jenes Eilandes ausfüllen. Diese Boote aus Schilfrohr waren in der Regel mit einem Ausleger versehen, der beinahe zum Symbol des polynesischen Bootsbaus geworden ist. Solche Auslegerkanus haben offenbar auch schon die Vorfahren der Polynesier in Südostchina gekannt. Und eben diese geniale Erfindung des Auslegers, die auch einem kleineren Boot auf dem offenen Meer Stabilität verleiht, hat es den künftigen Polynesiern erst ermöglicht, in die Weiten des Ozeans hinauszufahren.

Was ist eigentlich ein Ausleger? Es ist ein langer Balken aus leichtem Holz, der parallel zum Bootskörper auf dem Wasser liegt und durch mehrere Querhölzer mit dem Rumpf verbunden ist. Den Ausleger mit dem Bootskörper zu verbinden, hat den polynesischen Bootsbauern übrigens erhebliche Schwierigkeiten bereitet. Damit der Ausleger richtig auf dem Wasser lag, mußten die Verbindungsstege gebogen, außerdem fest und sicher angebracht werden. Dabei wurden jeweils mehrere solcher Verbindungsstege benötigt. Auf Hawaii, Tahiti oder Niue wurde mit zweien ausgekommen, auf den Marquesas wurden in der Regel drei, auf Tongareva vier, auf Tokelau und Futuna fünf verwendet. In Ausnahmefällen war die Zahl der Querstege noch größer.

Auslegerboote waren, wie gesagt, bereits im neolithischen China bekannt, ja mehr noch, sie waren vom afrikanischen Madagaskar bis nach Indien verbreitet. Dort aber wurden in der Regel zwei Ausleger verwendet. Für Polynesien ist dagegen nur einer charakteristisch. Ein solches polynesisches Auslegerboot war daher auf dem Meer schnell und auch wendig genug.

Später entwickelten die Polynesier die Erfindung des Auslegers weiter. Sie ersetzten den Ausleger durch einen zweiten Bootskörper. Die beiden Boote verbanden sie durch eine Plattform, das Deck, und schufen somit das für diesen Teil der Welt und diese Kultur so charakteristische Doppelboot – ein Wasserfahrzeug mit zwei Bootskörpern (meist *Pahi* genannt), das zu Recht als Gipfel der polynesischen Kunst des Bootsbaus gilt.

Jene mit großen Mattensegeln ausgerüsteten Doppelboote der Polynesier, seetüchtiger noch als Wikingerschiffe, waren bis zu 40 Meter lang und 10 Meter breit. Die größten von ihnen konnten zwei- bis dreihundert Personen aufnehmen. Im Durchschnitt betrug die Länge etwa 20 Meter. Vierzig bis siebzig Passagiere konnten sie befördern – nebst ausreichenden Nahrungsmittelvorräten einschließlich lebender Schweine und Hunde. Diese polynesischen Doppelboote erreichten nach Angaben von Cook auf dem offenen Meer eine Geschwindigkeit von 7 bis 9 Knoten, was etwa 13 bis 17 Kilometern in der Stunde entspricht.

Mit jenen mächtigen Doppelbooten haben die Bewohner Polynesiens ihre großen Fahrten unternommen, die sie bis in die entlegensten Teile des Pazifiks und bis zu den isoliertesten Inseln des polynesischen Dreiecks geführt haben. Die 4 000 Kilometer wogenden Meeres, die zum Beispiel Tahiti und Hawaii voneinander trennen, haben sie, wenn nicht Stürme die Fahrt behinderten, in etwa 21 Tagen zurückgelegt. Die Seetüchtigkeit dieser polynesischen »Langschiffe«, wie sie auch genannt werden, ist um so mehr zu bewundern, als den Schiffsbauern der Südsee für deren Konstruktion nichts anderes zu Gebote stand als Augenmaß, die Geschicklichkeit ihrer Hände, Steinbeile und pflanzliche Materialien – vom Holz der Planken und der Mastbäume über den Pandanus-Blättern der Segel bis zu den Pflanzenfasern der Verschnürungen und Taue. Eisenwerkzeuge oder gar Nägel waren zu dieser Zeit nicht bekannt. Die letzten dieser Schiffe zählen heute zu den kostbarsten Exponaten einiger weniger Museen.

Jenen Schiffen mit ihren geblähten dreieckigen Mattensegeln begegneten auch die ersten Europäer in Ozeanien. James Cook erblickte im Jahre 1774 in den Gewässern Tahitis eine ganze Flotte von genau 159 solcher langen Doppelboote mit schnabelförmigem, reich mit Schnitzereien verziertem Steven, deren Deck hoch über dem Wasser schwebte. Auf diesen erhöhten Plattformen standen Krieger mit Speeren, die von oben die Besatzungen feindlicher Boote bekämpfen konnten.

Die *Pahi*, jene wahrhaft königlichen Schiffe, wurden auf dem Meer von schwimmenden Tempeln, *Vaa Tii* genannt, begleitet, in denen die polynesischen Priester während einer solchen Kolonisations- oder Kriegsfahrt die vorgeschriebenen Kulthandlungen auf hoher See vollzogen.

Die kleinen Boote wurden ebenso wie die mächtigen Langschiffe von Segeln getrieben. Die Polynesier kannten dreieckige Segel, die an zwei Quergabeln des Mastbaums befestigt wurden, und viereckige. Beide Arten waren aus Pandanus-Blättern geflochten.

Obwohl die polynesischen Boote mit Segeln versehen waren (manchmal besaß ein solches Schiff drei Mastbäume mit Pandanus-Segeln), gehörten stets auch Ruder zu ihrer Ausrüstung. Die Ruder aus sehr hartem Holz dienten dazu, die vorgesehene Fahrtrichtung einzuhalten, und ersetzten somit das Steuer. Das Steuerruder führte der Kapitän des Schiffes. Daher ist es kein Wunder, daß dieses Ruder, das soviel dazu beitrug, ein Schiff glücklich dessen Ziel erreichen zu lassen, stets einen Namen erhielt. Und den individuellen Namen eines solchen Ruders sprachen die Polynesier im gleichen Atemzug und mit der gleichen Ehrfurcht aus wie den Namen des Kapitäns und den Namen des Schiffes.

Auch die steinernen Anker der polynesischen Langschiffe hatten stets einen Namen: sowohl die großen, schweren, die bei Sturm vom Bug des Schiffes herabgelassen wurden, als auch die leichteren, die die Seefahrer ins Meer warfen, damit sie ihnen die Richtung der Meeresströmung anzeigten.

Die Ruder, die Segel, die Anker, aber auch die hölzernen Wasserschöpfer und das Pahi selbst waren in den Augen der Polynesier fast etwas Heiliges, denn allein das Schiff ermöglichte es ihnen, ihre Welt in dem großen Ozean zu beherrschen. Die Polynesier verband daher mit ihren Booten eine beinahe persönliche, innige und zugleich demütige Beziehung.

Je älter ein solches Langschiff war, je mehr es in seinem Leben geleistet, je weitere Strecken es zurückgelegt hatte, desto größer war die Ehrfurcht, die man ihm entgegenbrachte – eine Ehrfurcht, die selbst den »Tod« eines solchen Schiffes überdauerte. Auf Neuseeland zum Beispiel stößt der Besucher im Küstengebiet von Kawhia auf einen seltsamen, völlig kahlen Platz. An dieser Stelle hat um das Jahr 1350 das polynesische Schiff

»Tai Nui« mit Hunderten von Einwanderern an Bord angelegt –
nach einer Tausende von Kilometern langen Fahrt über den Pazifik, die für die Geschichte der Besiedlung Neuseelands von
großer Bedeutung war. Dort an der Küste von Kawhia, wo die
»Tai Nui« den Boden ihrer neuen Heimat berührt hatte, war das
Schiff von den Polynesiern an Land gezogen worden. Als dann
Wind und Wetter an dem hölzernen Bootskörper zu nagen begannen und dieser immer morscher wurde, haben die Maori
das ruhmreiche Schiff an dieser Stelle in der neuseeländischen
Erde begraben. Und noch heute, sechshundert Jahre später,
sind an diesem sonst völlig kahlen Ort die beiden Steine zu sehen, die man damals zum Andenken gesetzt hat. Sie bezeichnen die Stellen, wo Bug und Heck des dort bestatteten polynesischen Schiffes »Tai Nui« im Ufersand gelegen haben.

Sterne, Wind und Wagemut

Die Kunst des Bootsbaus, die Existenz jener mächtigen Doppelboote, war die technische Grundvoraussetzung für die weiten Entdeckungs- und Kolonisationsfahrten der Polynesier. Die
zweite Voraussetzung war die exakte Navigation. Und die dritte war keine Sache der Technik oder des Wissens mehr, sondern eine charakterliche Voraussetzung – es war der außerge-
wöhnliche Wagemut jener Männer, die in die unbekannten
Fernen des Ozeans vorgedrungen sind, an Hunderte oder gar
Tausende von Seemeilen entfernte Orte.

Wie haben sie es fertiggebracht, ihre Schiffe in die gewünschte Richtung zu steuern? Ihre bewundernswerte naviga-
torische Kunst war den Bewohnern der pazifischen Inseln nicht
angeboren. Sie haben diese Fähigkeiten durch jahrelange
Übung erwerben müssen. Und je kleiner die Inseln Ozeaniens
an Fläche waren, desto mehr hing das Leben des einzelnen und
seines ganzen Volkes von dem Kontakt mit den Bewohnern
anderer pazifischer Gebiete ab. Aus diesem Grunde war das
Interesse der gesamten Gesellschaft an der Entwicklung navi-
gatorischer Fähigkeiten enorm.

Auf den Inseln Mikronesiens, besonders auf den allerkleinsten, den Atollen der Marshall- und Kiribati-Gruppe, haben regelrechte Schulen für Navigation existiert. In Polynesien sind derartige Institutionen nicht belegt. Aber auch dort mußten sich diejenigen, die den Beruf des Steuermanns gewählt hatten, auf dessen Ausübung mit Sicherheit sehr lange und gründlich vorbereiten.

Auf den polynesischen Inseln gehörte der Beruf des Steuermanns zu den am meisten geachteten, aber auch zu den schwersten. Der Beruf des Navigators wurde in den polynesischen Familien in der Regel vom Vater auf den Sohn vererbt, und zwar in Familien von höherer, wenn nicht ausgesprochen hoher Herkunft. Einer solchen vornehmen polynesischen Familie entstammte beispielsweise auch ein junger Mann namens Tupia. Jener Bewohner der Inseln Raiatea beschrieb im Jahre 1777 keinem Geringeren als James Cook aus dem Gedächtnis sehr exakt die Lage einer ganzen Reihe pazifischer Inseln.

Das gesamte Wissen über Klimatologie, Meteorologie, Meereskunde und Astronomie wurde von Generation zu Generation weitergereicht. Besonders wichtig war für einen polynesischen Navigator die Astronomie. Ohne die genaue Kenntnis der Stellung der Sterne am Himmel hätte er sich in den unendlichen Weiten des Ozeans nicht orientieren und sein Schiff nicht richtig steuern können. Die Himmelsrichtungen unterschied er nach dem Stand der Gestirne und der Richtung der Passate. Koordinaten, wie sie die europäische Wissenschaft benutzt, haben die Polynesier nicht gekannt – und eigentlich auch nicht gebraucht. Wo sich sein Schiff gerade befand, war dem polynesischen Steuermann nicht so wichtig wie die Frage, ob es sich in der richtigen Richtung bewegte und ob der Proviant noch reichte.

Die Tage auf See zählte er, indem er täglich einen Knoten in ein Seil knüpfte. Die Polynesier maßen die Zeit, wie die meisten Erdbewohner, nach Tagen, die sie zu Monaten, genauer gesagt zu Monden verbanden. Jeder Mond hatte 29 bis 30 Tage, von dem jeder einen bestimmten Namen hatte. Die zwölf Monate bildeten ein Jahr, das auf vielen polynesischen Inseln in der Nacht begann, in der die Plejaden im Osten emporstiegen.

Für ihre Fahrten über den Ozean standen den Polynesiern keinerlei technische Navigationshilfen zur Verfügung. »Sie stützten sich allein«, wie der Deutsche Helmut Uhlig schreibt, »auf die genaue Kenntnis der Natur, besonders der Meeres- und Himmelserscheinungen, und auf ihre reichen, von Generation zu Generation weitergegebenen Erfahrungen ... Auf die Tatsache, daß die Gestirne immer am gleichen Punkt des Horizonts aufscheinen und dann über bestimmte Inseln hinwegziehen, gründeten sie ein kartenloses Bezugssystem der ihnen bekannten Archipele, in das dann im Laufe der Jahrhunderte immer neue Inseln als Bezugspunkte aufgenommen wurden. Das Segeln nach den Sternen veranlaßte die Polynesier, ihre großen Fahrten meist in den Nachmittagsstunden und bei schönem Wetter anzutreten. Daneben haben sie auch eine genaue Kenntnis aller Wetterbedingungen erworben, so daß sie Gutwetterperioden mit ziemlicher Sicherheit vorauszusagen vermochten.«

Eine Art Leitstern ersetzte also dem polynesischen Steuermann den Kompaß. Unter den ihm bekannten Himmelskörpern suchte er sich einen aus, der genau in der geplanten Fahrtrichtung lag, und diesem Gestirn folgte er dann. Um die gewählte Richtung noch genauer einhalten zu können, suchte sich der polynesische Steuermann zu jenem Leitstern noch zwei andere Sterne, sozusagen »Hilfssterne«, aus. Diese drei Punkte mußten am Firmament ein Dreieck bilden und der Leitstern dessen obere Spitze. So war es jederzeit möglich, die Fahrtrichtung entsprechend zu korrigieren. Unter den den Polynesiern bekannten Himmelskörpern richtete sich der Navigator auf hoher See nur nach solchen, die niedrig (bis zu 40°) über dem Horizont stehen. An höheren Sternen hätte er sich nur sehr schwer orientieren können.

So wie ein europäischer Kapitän von West, Nordwest oder Nordnordwest spricht, so hat der Polynesier jede Richtung nach ihrem Leitstern benannt. Auf Tonga haben die Seefahrer das Firmament sogar in drei Teile gegliedert, die sie *Fanakanga* nannten. Die Sterne wurden dann zum Zwecke der Navigation nicht nur danach eingeteilt, in welcher Richtung, sondern auch in welcher Fanakanga sie standen.

Bei aller Navigationskunst herrschte auch eine gesunde Vorsicht. So traten die Polynesier eine größere Seefahrt nur dann an, wenn sich der betreffende Leitstern in einer für die Navigation optimalen Position befand. Die Steuerleute von den Kiribati-Atollen wußten zum Beispiel, daß die größte Aussicht auf einen erfolgreichen Verlauf der Fahrt dann bestand, wenn sie zu der Zeit in See stachen, da der rote Stern »Antares« aus dem Sternbild des Skorpions an der Ostseite des Horizonts aufzugehen begann, auf Kiribati also im Juli.

Die polynesischen Seeleute kannten eine Unmenge von Sternen, deren Stellung und deren regelmäßige Bahn am Nachthimmel sie sich genau eingeprägt hatten. Sie besaßen dafür einen geübten Blick.

Die meisten der zahllosen Sterne, die die Polynesier kannten, hatten bei ihnen natürlich auch Namen, die von Insel zu Insel bzw. von Archipel zu Archipel variierten. Die Hawaiianer zum Beispiel unterschieden zwischen Fixsternen, *Hokupaa,* und Planeten, *Hokuhele.* Derselbe Planet konnte im Hawaiischen sogar mehrere Namen haben – je nachdem in welcher Himmelsgegend er sich gerade befand. So hieß beispielsweise die Venus bei ihnen als Morgenstern *Mamamalo* und als Abendstern *Naholoholo.*

Besonders wichtig scheinen für die Polynesier die Plejaden gewesen zu sein, die sie »Kleine Augen«, *Mata Rii,* auf manchen Inselgruppen auch die »Sieben kleinen Schwestern« nannten, ferner natürlich das Kreuz des Südens, *Taua,* der Orion, *Uru Merenore,* die Venus, *Taurua,* und der Mars, der bei ihnen seiner Farbe wegen der »Flammende Stern«, *Fetia Uru,* hieß.

Neben der Kenntnis der Stellung und der Bahnen der Gestirne war für die polynesischen Seefahrer auch die Kenntnis der Richtungen und Arten der Winde, die über den Ozean hinwegwehen, von außerordentlicher Bedeutung. Ihr Wissen darüber war unglaublich detailliert. Auf einer Reihe von Inseln (zum Beispiel Tokelau) unterschied man bis zu 32 Arten von Winden nach der Richtung, aus der sie wehten, und nach ihren Eigenschaften. Zu wissen, ob sie dem Schiffer günstig waren oder nicht, gehörte zum unentbehrlichen Rüstzeug eines polynesischen Navigators. Ein guter Wind war zum Beispiel der

Te Moana Roa No Tane, wörtlich »Das weite Meer des Gottes Tane«. Er garantierte den Seeleuten eine ruhige Fahrt. Das genaue Gegenteil war beim *Tumu Roa* der Fall, einem stürmischen Wind, der gleichzeitig aus zwei Richtungen blies. Ein gleichmäßig aus ein und derselben Richtung wehender Wind, *Paetami,* war viel ungefährlicher, besonders im Hinblick auf die Küstenschiffahrt.

Wichtig für den polynesischen Seefahrer waren auch die Meeresströmungen, deren Richtung und Stärke. Im benachbarten Mikronesien haben die dortigen Seefahrer aus Holzstäbchen und Muscheln sogar regelrechte Karten angefertigt, die die Richtung der Strömungen und die Art der Wellenbewegung anzeigten.

Von diesen auf der ganzen Welt einmaligen Schaubildern gab es sogar drei verschiedene Arten. Die ersten, *Matang* genannten, dienten dem Anschauungsunterricht in den Seemannsschulen. Die *Matang* sollten den jungen Mikronesiern die Bedingungen, die auf dem Meer herrschen können, schematisch veranschaulichen. Die konkreten Meeresströmungen und Wellenbewegungen waren auf den *Meddo* genannten Karten dargestellt, und die *Rebelib* schließlich verzeichneten außerdem noch die Lage der einzelnen Inseln in Ozeanien.

Aus Polynesien sind solche Seekarten nicht bekannt, doch dienten hier andere Einrichtungen zur Orientierung. So wurde an der Küste der Insel Niuafo'on im Tonga-Archipel beispielsweise ein großer Stein aufgestellt, der den Seeleuten die genaue Fahrtrichtung zu der 200 Kilometer entfernten Insel Uvea anzeigte. Auf dem Atoll Arorae in der Kiribati-Gruppe erhebt sich am Strand sogar eine lange Reihe solcher originellen steinernen Seewegweiser.

Der polynesische Seefahrer richtete sich auf dem Meer auch nach der Stellung, der Bewegung und der Art der Wolken, nach der Temperatur des Meerwassers und nach auffälligen, allgemein bekannten Orientierungspunkten an der Küste einzelner Inseln, zum Beispiel charakteristischen hohen Felsen und Riffen.

Die kühnen Fahrten der Polynesier sind den wenigsten bekannt. Von den Wikingern des Nordens und von der für die

Europäer bedeutsamsten Seefahrt der Geschichte, der Entdekkungsreise des Christoph Kolumbus, hat wohl jeder gehört. Und doch haben diese Polynesier – lange vor jenen Wikingern und vor dem berühmten Genuesen – nicht minder große Entfernungen überwunden – und das mit Schiffen, gebaut ohne ein einziges Eisenwerkzeug.

Über die Frage, ob die Polynesier ihre Langschiffe zielbewußt durch den Pazifik gesteuert haben, ist einst unter den Erforschern der polynesischen Kultur ein heftiger Streit entbrannt, den der Neuseeländer Andrew Sharp mit seinem Werk »Die alten Seefahrer im Südpazifik« entfacht hatte. Sharp hatte nämlich behauptet, jene Kolonisationsfahrten der Polynesier seien nicht zielstrebig, sondern zufällig erfolgt, weil sie solche zielgerichteten Fahrten gar nicht hätten unternehmen können, da sie über keinerlei Orientierungsmittel verfügten, die derartige genaue Fahrten erst ermöglicht hätten.

Auf Sharps Ansichten, die eine lebhafte Diskussion auslösten, antwortete einer der Wissenschaftler nicht mit Worten, sondern wiederum mit einer Tat: Er beschloß, eine solche große Fahrt der Polynesier zu wiederholen, und zwar jene, die zur Besiedlung des größten Gebiets des polynesischen Dreiecks, Neuseelands, geführt hatte.

Nach der in einem umfangreichen Sagenzyklus der Maori tradierten Überlieferung hat diese Doppelinsel ein Seefahrer namens Kupe, der von den Gesellschaftsinseln stammte, auf einer seiner Fahrten entdeckt. Nach einiger Zeit soll er das durch reinen Zufall gefundene, völlig menschenleere Land wieder verlassen haben und nach seiner Heimatinsel Raiatea zurückgekehrt sein. Zu Hause angekommen, erzählte Kupe jedoch überall, daß er eine, ja sogar zwei noch gänzlich unbewohnte Inseln weit im Süden entdeckt hatte. Und er beschrieb den anderen Seefahrern den Weg, auf dem er nach Neuseeland gelangt war.

Kupes Hauptrichtlinie lautete: »Halte dich ein wenig links von der Stelle, an der die Sonne im November untergeht!« Auch dieser Ratschlag ist mehrfach in den Sagen der neuseeländischen Maori überliefert, die von jenem Kupe erzählen, der als erster die Ufer ihrer künftigen Heimat erreicht hatte und dann wieder nach Raiatea zurückgekehrt war, woraufhin später entweder er selbst oder – nach anderen Mythen – seine Nachfolger Toi und Whatonga mit vollen Booten abermals in das von ihm entdeckte Land aufbrachen.

Von jener auf den ersten Blick ziemlich primitiven Richtlinie Kupes ließ sich nun der neuseeländische Segler und Forscher David Lewis leiten, der mit dieser Tat Sharps Auffassungen widerlegen wollte; und er fuhr gut damit.

Lewis stach mit seinem Boot *Rehu Moana,* mit seinem »Meeresschaum«, von den Gesellschaftsinseln in genau der gleichen Richtung in See, wie es vor vielen hundert Jahren Kupe getan haben mußte. Während der ganzen Fahrt orientierte sich der Neuseeländer nur mit den Mitteln, über die auch der polynesische Seefahrer verfügt haben konnte: Er prüfte die Windrichtung, orientierte sich an der Stellung der Gestirne, beobachtete die Flugrichtung der Zugvögel, die Bewegung und Form der Wolken.

Lewis' Experiment war ein voller Erfolg. In nur 35 Tagen erreichte er, genau auf »Kupes Route«, Neuseeland – und war von dem geplanten Zielort lediglich um 26 Meilen abgewichen.

Neben einhelligem Lob erhielt Lewis ein Stipendium der australischen National-Universität, das ihm eine weitere Fahrt ermöglichte. Aber diesmal ließ er den letzten noch lebenden eingeborenen Navigator der Südsee das Schiff steuern, der dazu – wie seine Vorfahren – weder Kompaß noch Sextanten benötigte. Bei jener zweiten Expedition legte Lewis' Schiff ohne jegliche Orientierungsgeräte volle 20 000 Kilometer zurück!

Diese Fahrten des neuseeländischen Forschers bewiesen durch die Tat, was zahlreiche Gelehrte schon vorher in Worten nachgewiesen hatten: Die Polynesier sind in der Lage gewesen, zielgerichtete Fahrten über große Entfernungen hinweg zu unternehmen, bei denen sie auch die entlegensten Inseln ihres Dreiecks besiedelt und wiederholt angesteuert haben, um weitere Kolonisten dorthin zu bringen. Und da diese Langfahrten – die zielgerichteten wie auch die ziellosen, die aber dennoch zur Besiedlung vorher unbewohnter pazifischer Inseln geführt haben – zu den denkwürdigsten Seiten der polynesischen Geschichte, der polynesischen Kultur gehören, sind ihnen in den folgenden Kapiteln noch einige Worte gewidmet.

Im Zeichen der heiligen Axt

Die alten Polynesier waren ein Seevolk, ihre Kultur war eine maritime Kultur – und doch stellte der Bau eines Schiffes für sie keine alltägliche Angelegenheit dar ... maßen sie ihm doch so eine große Bedeutung bei, daß sie ihn als eine heilige Handlung betrachteten. Die Männer, die die für große Fahrten bestimmten Schiffe bauten, standen von Anfang an unter dem Schutz eines der vier großen Götter Polynesiens. Im Westen des Dreiecks, zum Beispiel auf den Samoa-Inseln, war Taaroa der gnädige Beschützer eines solchen Werks, auf Tahiti und fast überall auf den Gesellschaftsinseln galt der große Gott Tane als Schutzherr der Bootsbauer.

Gerade aus Tahiti ist bekannt, welch heilige Handlung der Bau eines Schiffes in Polynesien war. Den Anstoß dazu konnte daher nicht jedermann, sondern allein ein Häuptling geben, der – nach der Vorstellung der Polynesier – mit jener *Mana* genannten übernatürlichen Kraft gesegnet war, die die gewöhnlichen Angehörigen der polynesischen Gesellschaft in der Regel nicht besaßen.

Von dem polynesischen Mana wird noch ausführlicher zu reden sein. Hier sei nur erwähnt, daß dieses Mana die Häuptlinge gleichsam zu Wesen höherer Art erhob, die den Göttern näherstanden. Und daher konnten allein sie die Entscheidung treffen, ob und wann ein Schiff zu bauen war. War diese Entscheidung gefallen, beauftragte der Ariki, der Häuptling, einen bewährten Meister, mit dem Bau zu beginnen. Der Meister suchte sich dazu weitere Handwerker aus.

Das Hauptwerkzeug der polynesischen Bootsbauer war die Steinaxt, die gleichsam das Symbol ihrer geheiligten Arbeit und damit selber heilig war – wie eigentlich alles, was mit dem Bau eines polynesischen Bootes zusammenhing.

Jene von dem heiligen Mana erfüllten Äxte arbeiteten im Grunde von allein. Nicht der Arm des Arbeiters schwang sie, sondern Gott Tane selbst. Nach den Vorstellungen der Polynesier »lebten« diese Äxte. Und die erste Arbeit war das Fällen der Bäume...

Das ebenfalls heilige Holz, das sich in ein Schiff verwandeln sollte, wurde selbstverständlich besonders sorgfältig ausgewählt. Auch diese Tätigkeit verlangte wiederum nach göttlichem Segen, waren doch die Bäume Kinder des Gottes Tane. Und damit die Axt in das Holz, in die Leiber jener Gotteskinder fahren und sie töten durfte, mußten bestimmte religiöse Rituale vollzogen und Opfer dargebracht werden.

In Vertretung Tanes gab der Häuptling, auf dessen Land der ausgewählte Baum wuchs, seine Zustimmung, diesen zu fällen. Die polynesischen Bootsbauer fanden das geeignete Holz jedoch nicht immer auf dem Gebiet ihres eigenen Stammes, ihres eigenen Dorfes. Wenn sie sich einen Baum auf dem Territorium eines fremden Stammes ausgesucht hatten, sandte der Häuptling, der ein neues Schiff bauen wollte, jenem fremden Ariki kostbare Geschenke, verbunden mit der Bitte, ihm den Baum zu überlassen. In der Regel entsprach dessen Eigentümer dem durch reiche Gaben unterstützten Verlangen. Damit konnte die eigentliche Arbeit beginnen.

In der Nacht vor Beginn des heiligen Werkes versammelten sich die *Te Varu*, die Bootsbauer, und trugen gemeinsam ihre scharf geschliffenen Äxte in den Tempel. Dort legten sie ihre »lebenden« Arbeitsgeräte nieder, damit diese schlafen konnten. *Kaamoe Raa Toi* hieß jener Schlaf der Äxte. Zuvor sangen ihnen die Bootsbauer ein heiliges »Wiegenlied«, mit dem sie ihr Arbeitsgerät unter den Schutz des Gottes Tane stellten.

Wenn die Arbeiter nach dem vorgeschriebenen Ritual die Äxte zum Schlafen gelegt hatten, begannen die Feiern. Sie schlachteten ein Schwein, brieten es, opferten Schwanz und Borsten dem Gott Tane, um dann das genießbare Fleisch zu essen. Danach legten auch sie sich in dem Heiligtum zur Nachtruhe nieder.

Am nächsten Morgen weckten die Schiffsbauer ihre Äxte auf ebenso feierliche Weise: Sie tauchten sie in die Wasser des Ozeans, der das künftige Schiff auf seinen Wellen tragen sollte. Sodann gingen sie mit den *Toi,* den erwachten Äxten, auf der Schulter in den Wald, in dem der erwählte Baum auf sie wartete. Sie fällten ihn, und dann bearbeiteten sie mit ihren Äxten und den anderen Basaltwerkzeugen das Holz.

Nach der Fertigstellung rieb man das Boot von außen und innen mit einer Schutzschicht aus Lehm und Holzkohle ein. Dann konnte es zu Wasser gelassen werden – stets eine feierliche Angelegenheit. Es mußte, bevor es auf große Fahrt ging, nach den Vorstellungen der Südsee-Bewohner ordentlich Meerwasser trinken, ja mehr als das, sich buchstäblich damit vollaufen lassen. Daher kippten es die Arbeiter nach der einen und der anderen Seite, damit die Wasser der Moana, die es künftig tragen sollten, auch wirklich bis ins Unterdeck und in alle anderen Teile gelangen konnten.

Jene Taufe leitete ein Priester. Bei der feierlichen Zeremonie legte er dreimal die Hand auf den Kiel des jungfräulichen Schiffes, sprach dazu laut eine Beschwörungsformel, ebenfalls dreimal hintereinander – ehe die versammelten Inselbewohner mit einem im Chor gesungenen Gebet antworteten.

Die Polynesier suchten auch das Schicksal des Bootes zu ergründen. Am Abend vor der Taufe des fertiggestellten Bootes (anderswo vor Beginn seines Baus) wurde im Tempel eine etwa 30 Zentimeter lange Schnur unter einen Stein gelegt. Am nächsten Morgen wurde nachgesehen, was mit ihr geschehen war. Hatte sie sich über Nacht zusammengerollt, war das ein schlimmes Omen. Lag sie aber noch so da, wie sie am Abend zuvor hingelegt worden war, so war dem Schiff auf den Wellen der Moana stets eine gute Fahrt gewiß. Um ihm ein langes Leben zu sichern, wurden an dem Tag, da das neue Schiff zu Wasser gelassen wurde, einige Planken des ausgemusterten Bootes, dessen Nachfolger das neue war, im Tempel niedergelegt.

Mit der Weissagung nach der Schnur und der symbolischen Beisetzung des alten Schiffes am heiligen Ort war die Taufe des neugebauten Bootes beendet. Nun konnte es zu seiner Jungfernfahrt in See stechen. Die heiligen Äxte, die zum Ruhme friedlicher Arbeit und nicht zu Mord und Totschlag dienten, wurden wieder in den Tempel gebracht. Dort ruhten sie sich nun von ihrem schweren Tagewerk aus und schliefen so lange, bis der Häuptling des Stammes im Einvernehmen mit dem Gott Tane abermals den Entschluß faßte, ein Boot zu bauen. Dann wurden die Toi wieder aufgeweckt, um ihre geheiligte Arbeit von neuem aufzunehmen...

Die Wikinger der Südsee

Wenn das heilige Werk eines Bootsbaus vollendet und das Langboot getauft war, konnte die Fernfahrt beginnen. Die großen polynesischen Boote, besonders jene Wasserfahrzeuge mit doppeltem Rumpf, ließ der Häuptling meist dann bauen, wenn er eine See-Expedition in Betracht gezogen hatte.

Die Teilnehmer der polynesischen Langfahrten stachen meist mit der Absicht in See, auf einer anderen pazifischen Insel eine neue Heimat zu finden. Diese Insel konnte menschenleer, aber auch schon bewohnt sein. In diesem Fall betraten die Auswanderer Land, das bereits anderen gehörte. Es hing dann von den Einwohnern ab, ob sie die Abkömmlinge friedlich empfingen oder ob sie zu den Waffen griffen.

Zunächst aber mußte eine solche Expedition auf dem neugebauten und eben erst getauften Boot in See stechen. Der Häuptling wählte die Bootsbesatzung sorgfältig aus. Handelte es sich um eine Kolonisationsfahrt, deren Ziel es war, von einer anderen Insel Besitz zu ergreifen, nahmen die Auswanderer – Männer, Frauen und Kinder – alles Lebensnotwendige mit an Bord, das sie in ihrer neuen Heimat in den ersten Monaten brauchten, also auch Schweine, Geflügel und Saatgut.

Damit sie auf der Fahrt auch warme Nahrung zu sich nehmen konnten, befand sich auf jedem polynesischen Expeditionsboot – in der Regel im hinteren Teil des Oberdecks – ein Erdofen, der von dem hölzernen Bootsrumpf durch eine mächtige Sandschicht abgetrennt war. Im mittleren Teil des Decks erhoben sich ein oder zwei Hütten, in denen der Häuptling mit seinen nächsten Angehörigen reiste. Bei schlechtem Wetter fanden jedoch auch die anderen Passagiere darin Zuflucht.

Das zweistöckige polynesische Boot besaß auch ein geräumiges Unterdeck, in dem alle Vorräte aufbewahrt wurden, nicht nur die Nahrungsmittel, sondern auch das Trinkwasser, das für einen erfolgreichen Verlauf der Expedition besonders wichtig war. Die Polynesier führten es in Bambusgefäßen mit, die sie manchmal auch an Seilen im Meer treiben ließen, um somit das Süßwasser kühl zu halten.

Es ist nicht genau bekannt, wie die Fahrten der ersten Polynesier vonstatten gegangen sind, wie ihre lange Reise von der Südostküste Chinas bis zu den – damals noch unbewohnten – Randinseln des künftigen polynesischen Dreiecks verlaufen ist. Von den späteren Fahrten aber, die die Polynesier unternommen haben, als sie sich über den Pazifik ausbreiteten, sind die Forscher recht gut unterrichtet, da die lokalen Überlieferungen, die Sagen der Südsee, sie detailliert beschreiben. Jene Erzählungen berichten von Dutzenden solcher See-Expeditionen, durch die die Polynesier immer mehr Gebiete erobert haben.

Die polynesischen Langfahrten wurden aus mehreren Gründen unternommen. Mitunter mag nur der natürliche Drang, fremde Länder kennenzulernen, das Motiv gewesen sein. Manchmal hat aber eher der Wunsch, Verwandte zu besuchen, den Anstoß dazu gegeben. Solche familiären Verbindungen und Beweggründe waren in einigen Fällen sogar der Grund für historisch bedeutsame Langfahrten, insbesondere zwischen Tahiti und Hawaii.

Die Sagen erzählen aber auch von einem Häuptling namens Hernu, dem Herrscher über die Hawaii-Insel Maui, dessen Vorfahren aus Tahiti in den Norden Polynesiens gekommen waren und der, als er seinen Tod nahen fühlte, 4000 Kilometer über den Ozean in das Land seiner Väter zurückkehrte, um dort zu sterben.

Das Hauptmotiv für Langfahrten der Polynesier war jedoch in der Regel die Suche nach einer neuen Heimat. Die Führer dieser Kolonisationsfahrten wurden dann in den neuen Gebieten die Gründer der herrschenden Geschlechter, die in den berühmten Südsee-Gesängen über ihre Herkunft – fast Göttern gleichgesetzt – verherrlicht wurden. Durch diese erhabenen, mit dem göttlichen Mana begabten Führer der Langfahrten fühlten sich auch deren Teilnehmer mit den großen Göttern verbunden.

Die polynesischen Langfahrten sind als eine sehr ernste, ja heilige Angelegenheit anzusehen, der man sich nicht ohne gewichtigen Grund unterzog. Oft war die Überbevölkerung der ursprünglichen Heimatinsel die Ursache. Auf größeren Inseln haben häufig auch Niederlagen von Häuptlingen und deren Sippen in Stammesfehden den Anstoß zur Auswanderung gegeben. Durch einen solchen Exodus aus der ursprünglichen Heimat rettete ein besiegter Häuptling nicht nur sein Leben, sondern er wahrte auch sein Gesicht, seine Würde, was bei seiner Stellung in der polynesischen Gesellschaft unbedingt von ihm erwartet wurde.

In der Volksdichtung der Polynesier sind zahlreiche Erzählungen von Langfahrten überliefert. Einer jener geradezu fanatischen Fernfahrer, von denen hier die Rede ist, war zum Beispiel der Häuptling Te Fatu von der westpolynesischen Insel Rotuma. Te Fatu hat einst eine große Fahrt bis in das Herz des Dreiecks unternommen, bei der er bis nach Bora-Bora in den Gesellschaftsinseln gelangte. Dort verliebte sich der Seefahrer von Rotuma in die Tochter des Häuptlings von Bora-Bora. Das schöne Mädchen namens Toa Huri Papa erwiderte seine Zuneigung, und so vermählten sich schließlich die beiden. Aus dieser Ehe ging ein Junge namens Maro Te Tini hervor. Zusammen mit seinem Vater, der auch im hohen Alter seinem Drang zur Seefahrt nicht nachgeben konnte, unternahm er eine geradezu phantastische Langfahrt, bei der zunächst alle Gesellschaftsinseln besucht wurden. Danach segelten sie weiter nach Süden, bis zu den Tubuai-Inseln. Von dort nahmen sie Kurs nach Nordwest und gelangten nach einer Reihe von Tagen zu der Insel Rarotonga in den heutigen Cook-Inseln. Und von Rarotonga aus stießen Vater und Sohn dann in südwestlicher Richtung sogar bis zu der Nordinsel Neuseelands vor.

Aber auch auf Neuseeland war ihre phänomenale Kreuzfahrt durch das polynesische Dreieck noch nicht beendet. Der alte Te Fatu wollte seine Heimatinsel Rotuma noch einmal wiedersehen, und er fand sie nach einer weiteren langen Reihe von Tagen auf hoher See tatsächlich in den Weiten des Großen Ozeans, in dem später die ersten Europäer, die ihn durchquerten, an fast allen Inseln ahnungslos vorübergefahren sind. Nachdem Te Fatu nach vielen Jahren als längst ergrauter Mann der Insel seiner Väter einen Besuch abgestattet hatte, stach er von Rotuma abermals in See, durchkreuzte noch einmal den halben Pazifik und kehrte nach dieser unglaublichen Odyssee schließlich nach Bora-Bora, auf die Insel seiner Gattin, zurück. Jenen zwei Seefahrern, Vater und Sohn, zum Gedenken und wohl auch zur Erinnerung an die ruhmreiche Verbindung eines Fürsten von Rotuma mit einer Häuptlingstochter von Bora-Bora haben die Bewohner dieser Insel an deren Meeresküste ein Heiligtum namens *Fare Rua,* das »Haus der beiden«, errichtet.

Die Kreuzfahrt des großen Te Fatu und seines Sohnes Maro Te Tini im Stillen Ozean war in der Tat phantastisch. Sie zeigt, wie die polynesischen Seefahrer, diese »Wikinger der Südsee«, sich ihr riesiges Meer unterworfen haben, wie sie ihre Schiffe mit und gegen die Winde, mit und gegen die Meeresströmungen zu steuern verstanden und in der Regel ihr Ziel erreicht haben.

Die phantastische mehrjährige Odyssee dieses Te Fatu kreuz und quer durch den Pazifik ist für die Geschichte Polynesiens, für die polynesische Kultur, nicht unbedingt typisch. Typisch sind jene Kolonisationsfahrten polynesischer Gruppen, deren Hauptziel es war, eine neue Insel, eine neue Heimat zu finden und sie bewohnbar zu machen. Jene Entdeckertaten stellen eine historisch und kulturell außerordentlich bedeutsame Leistung dar. Denn allein dank dieser Kolonisationsfahrten ist Polynesien, diese Welt der vielen Inseln, zu dem geworden, was es ist: Das Paradies der Südsee.

Funde erzählen...

Bis zur Ankunft der Polynesier waren die Inseln ihres künftigen Dreiecks unbewohnt. Wie bereits festgehalten, beendeten ihre ältesten Vorfahren die lange Wanderung von Südostasien auf Tonga bzw. auf den Samoa-Inseln, und zwar gegen Ende des 2. Jahrtausends v. u. Z. Fast tausend Jahre lang haben dann die Polynesier nur auf diesen beiden Archipelen am Westrand ihres riesigen Triangels gelebt, bis einzelne Gruppen aus einem nicht bekannten Grund – obwohl eine relative Überbevölkerung denkbar ist – in die Weiten des Ozeans aufgebrochen sind.

Die erste gelungene Kolonisationsfahrt, von der archäologische Beweise vorliegen, ging mit größter Wahrscheinlichkeit von der Samoa-Insel Savaii aus, ehe sie auf den Marquesas-In-

seln endete. Ein einziger Blick auf die Karte zeigt, daß die Teilnehmer dieser Expedition offensichtlich an Niue, den Tokelau-
und Cook-Inseln, Tahiti und den anderen Gesellschaftsinseln
sowie an allen achtzig Tuamotu-Atollen vorbeigefahren sind,
bis schließlich die bergigen Marquesas-Inseln vor ihren Blicken
auftauchten.

Zu dieser – wohl rein zufälligen – Entdeckung kam es im
2. Jahrhundert v. u. Z. Die Marquesas-Inseln sind außer West-
polynesien das einzige Gebiet des Dreiecks, in dem die Archäologen spärliche Reste von Lapita-Keramik gefunden haben. Das
ist ein eindeutiger Beweis für die sehr frühe Besiedlung dieses
Archipels, denn etwa zu Beginn unserer Zeitrechnung haben
die Polynesier aufgehört, Töpfereien herzustellen.

Die Marquesas-Inseln waren dann offenbar für längere Zeit
die Ausgangsbasis für die Besiedlung anderer weiter östlich
und südöstlich gelegenen Inseln des Dreiecks. Wie signifikante
Übereinstimmungen in der materiellen Kultur beider Inseln
zeigen, stammten von den Marquesas offenbar auch jene Polynesier, die sich dann auf dem geheimnisvollsten Eiland ihres
Dreiecks, auf der Osterinsel, niedergelassen haben. Auf den
Marquesas sind – eigentlich als dem ersten Südsee-Gebiet
überhaupt – gründliche archäologische Forschungen durchge-
führt worden. Diese Ausgrabungen, besonders im Hane-Tal
auf der Insel Ua Uka und in der Haatuatua-Bucht auf Nuku Hiva, haben einen tieferen Einblick in die Entwicklung der polynesischen Kultur ermöglicht.

Archäologische Erkenntnisse von grundlegender und zugleich weiter reichender, ja gesamtpolynesischer Bedeutung
hat eine Expedition erbracht, deren ursprüngliche Bestimmung
kraniometrische Forschungen gewesen waren. An dieser von
dem Amerikaner Shapiro geleiteten Expedition nahm auch der
Archäologe Robert C. Suggs teil. Er, ein wahrer Besessener,
grub nicht weniger als an sechzehn verschiedenen Stellen der
Marquesas-Inseln.

Ozeanien – für die Europäer und Amerikaner der entlegen-
ste Teil der Welt – ist von allen Regionen der Erde am spätesten von den Wissenschaftlern erforscht worden. Das gilt ganz
besonders für die Archäologie. Dennoch war Suggs nicht der

erste, der in Polynesien, konkret auf den Marquesas-Inseln, gegraben hat. Vor ihm hatten dort bereits der Deutsche K. von den Steinen, die Amerikaner Handy und Linton sowie Kenneth P. Emory vom Bishop Museum in Honolulu gearbeitet.

Suggs Grabungsarbeiten vervollständigten die Ergebnisse jener vorangegangenen Forschungen und ermöglichten somit einen Gesamtüberblick über die kulturelle Entwicklung einer polynesischen Völkerschaft, der analog auch für andere Gruppen dieser Region gilt. Seine Forschungen haben ergeben, daß sich ältere westpolynesische Traditionen in der neuen Umwelt weiterentwickelten. So ist die Gliederung der Geschichte der Besiedlung auf den Marquesas in mehrere Phasen möglich, für die jeweils bestimmte Merkmale charakteristisch sind – zum Beispiel die Form der Steinbeile, der Steinbauten, aber auch die Art der Anlage der Ortschaften, der Ernährung und der sozialen Ordnung.

Die erste Phase bezeichnet Suggs als die »Kolonisationsperiode«, datiert über einen Zeitraum von etwa 250 Jahren – von der Ankunft der ersten Menschen auf den Marquesas um das Jahr 150 v.u.Z. bis etwa zum Jahre 100 u.Z.

Ein Zufall, besser gesagt die Natur, half den Archäologen, jene erste Periode der Kolonisierung festzustellen: Die starke Brandung hatte auf einem sandigen Hang an der Küste Haatuatuas eine Ortschaft jener von Samoa gekommenen ersten Ansiedler freigelegt. Die Radiokarbon-Datierung ergab: Das Gebiet war nachweislich bereits vor 2080 Jahren (± 120), das heißt um das Jahr 125 v.u.Z. bewohnt.

Die Kolonisten haben in Haatuatua niedrige Hütten, deren Boden aus Matten bestand, unmittelbar auf Sand gebaut, haben auch einen ersten Tempel errichtet, dessen Areal von einer Basaltmauer umgeben war. Daneben erhoben sich zwei Basaltsäulen. Diese älteste bekannte Kultstätte Polynesiens unterschied sich in ihrer Funktion kaum von den späteren berühmten und bewunderten Tempeln der Polynesier.

In der Nähe dieses Tempels liegen auch die Bewohner dieses ältesten uns bekannten Dorfes in Ostpolynesien begraben. Ihre Skelettreste beweisen eindeutig, daß jene ersten Menschen im östlichen Pazifik Polynesier waren, zeigen doch ihre Schädel

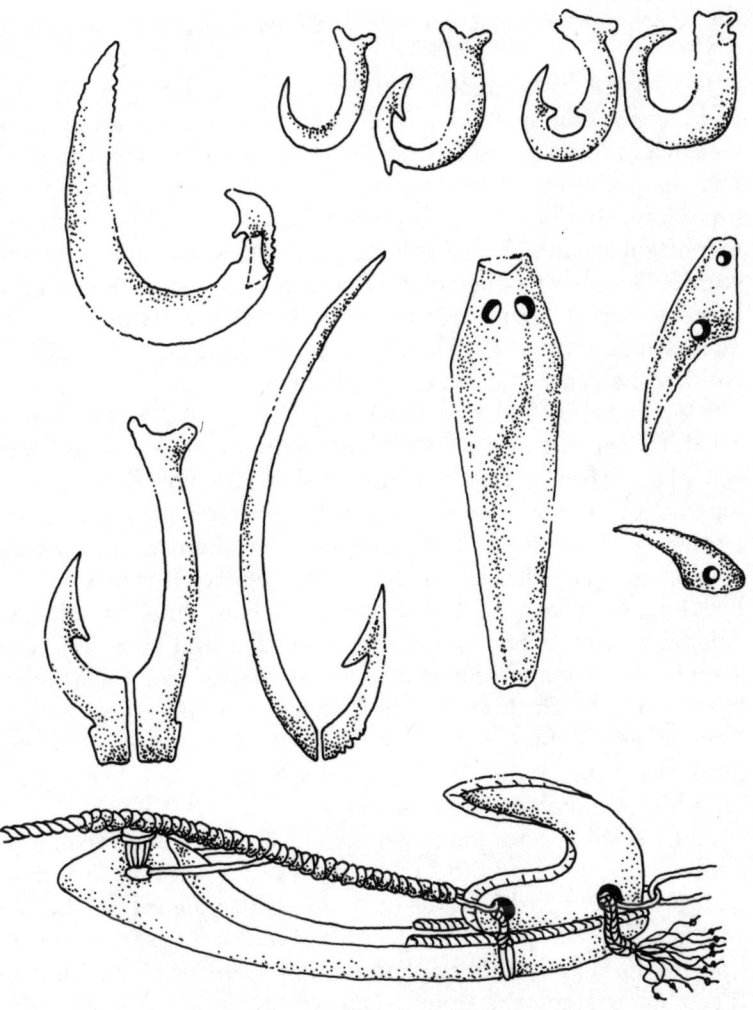

Noch heute bedienen sich die polynesischen Fischer einer Reihe
verschiedener Angelhaken.

und Gerippe die typischen Merkmale des polynesischen Habitus.

Die Funde im Haatuatua-Tal deuten darauf hin, daß die ältesten Marquesas-Insulaner – ähnlich wie die Melanesier im westlichen Pazifik – möglicherweise Kannibalen gewesen sind. Die Ausgrabungen weisen jedenfalls auf eine Art Schädelkult hin. Gefunden wurden jedoch nur Schädel von Männern, denen offenbar eine übernatürliche magische Kraft zugeschrieben wurde. Denkbar ist aber auch eine Form des – einst in ganz Polynesien verbreiteten – Ahnenkultes, bei dem die ältesten Marquesas-Insulaner die Schädel ihrer verstorbenen Vorfahren wohl aufbewahrt und somit verehrt haben.

Wovon haben sich die Bewohner des Dorfes in Haatuatua ernährt? Vor allem von den Weichtieren, die ihnen das Meer schenkte. Schön gearbeitete Angelhaken, die von den Archäologen dort ebenfalls entdeckt wurden, zeugen davon, daß der Fischfang offenbar die Haupttätigkeit der alten Marquesas-Insulaner gewesen ist. Unter den verschiedenen Arten von Haken befanden sich auch solche, die denen ähnelten, die bei Ausgrabungen in Samoa gefunden wurden und zum Fang des Thunfisches dienten. Neben Muschelschalen und Fischskeletten wurden in Haatuatua auch Knochenreste aller drei Säugetiere ausgegraben, die die Vorfahren der Polynesier schon bei ihrer Wanderung aus Asien begleitet haben – also Schweine-, Hunde- und auch Rattenknochen.

Auf Geräte, die auf einen bereits entwickelten Bodenbau hindeuten könnten, sind die Archäologen in der ältesten Ortschaft Ostpolynesiens nicht gestoßen. Dafür haben sie zahlreiche Basaltäxte, das Hauptwerkzeug der ersten Marquesaner, ausgegraben, die den damals auf Samoa und später auf den Fidschi-Inseln benutzten sehr ähneln. Und vor allem wurden auch Keramiken vom Lapita-Typ gefunden, wie sie später von den Polynesiern weder auf den Marquesas noch auf anderen Inseln hergestellt worden sind.

Das Ende der Lapita-Keramik markiert gleichsam das Ende der ersten Besiedlungsperiode. Danach setzt bereits die lokale Entwicklung ein, die zwar aus den starken Wurzeln der einheitlichen gesamtpolynesischen Kultur erwachsen ist, aber – auf den Marquesas wie auf den anderen Inselgruppen – in der Folge ihre eigenen Wege geht.

Das Beispiel Haatuatua

Die volle Entwicklung der lokalen Kultur nach der ersten Besiedlungsphase setzte auf den Marquesas-Inseln etwa an der Wende vom 1. zum 2. Jahrhundert unserer Zeitrechnung ein. Am Beispiel jener bedeutenden archäologischen Grabungsstätte Haatuatua kann sie verfolgt werden. Die Funde in diesem Tal, das seit der Ankunft der ersten Polynesier auf den Marquesas bis zur Ankunft der ersten Weißen ununterbrochen bewohnt war, zeigen, daß das Hauptcharakteristikum dieser Epoche der Übergang zum Pflanzenbau ist. Die Bewohner der Marquesas-Inseln widmeten nämlich nun dem Brotbaum größte Aufmerksamkeit, dessen Früchte nach und nach das Grundnahrungsmittel auf diesem Archipel wurden.

In dieser Epoche, die die Archäologen die »Zeit der Entfaltung« nennen, nahm die Bevölkerung der Inselgruppe rapide zu. Die Marquesaner besiedelten nun auch jene Inseln, die die Einwanderer aus Samoa in der Anfangsetappe der Kolonisation unbeachtet gelassen hatten (zum Beispiel die Insel Motane). Doch schon bald kam es unter den Stämmen der Marquesas zu blutigen Kämpfen um die fruchtbaren Täler. Der Grund war die rasche Bevölkerungszunahme in dieser Region. Von den Auseinandersetzungen zeugen heute noch die Ruinen einer gewaltigen Festung im zentralen Teil der Insel Nuku Hiva, die die Angehörigen des Stammes Teii zum Schutz vor den eroberungslustigen Marquesanern, die das ausgedehnte Tal Taipivai bewohnten, erbaut hatten. Die Festung bestand aus einem ganzen System von Wällen, Gräben, hölzernen Palisaden, Bollwerken, Nahrungsmittel- und Trinkwasserspeichern.

In jener Epoche, in der sich die kulturelle Entfaltung voll ausprägen konnte, kam es zu einer Reihe – eigentlich unfreiwilliger – See-Expeditionen, bei denen sich einige Gruppen der Marquesaner auf anderen, noch unbewohnten Inseln eine neue Heimat suchten. Solche Flüchtlinge von den Marquesas haben beispielsweise um das Jahr 1250 das Atoll Raroia in der Tua-motu-Gruppe besiedelt. Und höchstwahrscheinlich waren auch die Kolonisten der ganzen Mangareva-Gruppe Marquesaner. Davon zeugen nicht zuletzt die beiden ältesten Kultstätten von Mangareva, die den Tempeln auf den Marquesas zum Ver-wechseln ähnlich sind.

Auf dem Gebiet der materiellen Kultur kam es in jener Pe-riode kaum zu neuen, umwälzenden Erfindungen. Die bereits erworbenen Fertigkeiten wurden im wesentlichen nur verbes-sert, verfeinert, vor allem beim Hausbau. Jene Hütten, die ur-sprünglich keinerlei Fundament vorwiesen, erhielten nun als Untergrund eine Steinschicht. Auch die ganze Anlage des Hau-ses wandelte sich. Den anfangs nur aus einer Kammer beste-henden Bau teilte man jetzt in zwei Teile – in den Hauptraum, der vorwiegend als Schlafzimmer diente, und in einen niedri-gen Vorbau, eine Art Veranda, in der sich die Hausbewohner tagsüber meist aufhielten.

Aber auch die Kultstätten erfuhren einen bedeutenden Wan-del: Die ebenerdigen Tempel wurden durch mehrstufige Ter-rassen ersetzt, die Ausgestaltung wurde künstlerischer, die ge-samten Anlagen wirkten eindrucksvoller. Das eigentliche Hei-ligtum bildete die oberste Plattform, *Tohua* genannt, auf der nunmehr nicht nur die Kultakte, sondern auch alle anderen für den Stamm besonders wichtigen Handlungen vollzogen wur-den.

Vom Anfang des 15. Jahrhunderts bis gegen Ende des 18. Jahrhunderts, in der sogenannten klassischen Zeit, erreichte die Kultur auf den Marquesas ihren Höhepunkt. So schuf die Inselgesellschaft großartige megalithische Tempel, zum Bei-spiel das riesige Tohua Vahangekua im Taipivai-Tal auf Nuku Hiva. In dieser Endphase der Kultur auf den Marquesas ge-langte die Steinbildhauerei, deren Zentrum die Insel Hiva Oa war, zu ihrer schöpferischsten Phase. In dem Tempel Telipona in Puamau sind einige dieser Monumentalstatuen bis heute er-halten geblieben. Sie stellen jenen gesamtpolynesischen Tiki dar, von dem noch ausführlicher die Rede sein wird.

Neben Stein bearbeiteten die Künstler der Marquesas-Inseln auch Knochen, aus denen sie ebenfalls das Bild jenes Tiki geschnitzt haben. In diese klassische Zeit fällt außerdem die Geburt der großen Holzschnitzkunst der Marquesaner, die die Bewunderung der ersten europäischen Besucher des Archipels erregt hat und deren Traditionen später wohl auch keinen Geringeren als Paul Gauguin inspiriert haben.

Auch die für die Marquesas so charakteristische Kunst der Tätowierung entfaltete sich nun zur Meisterschaft. Sie bediente sich der kompliziertesten geometrischen Ornamente. In vielen Fällen bedeckte sie lückenlos den gesamten menschlichen Körper.

Auf allen kulturellen Ebenen war während dieser klassischen Epoche eine stetige Entwicklung spürbar. Doch wie eine Medaille zwei Seiten hat, so war auch auf den Marquesas ein Problem entstanden, das Schatten werfen sollte: eine gewaltige Bevölkerungsexplosion. Dieses Problem – zu der damaligen Zeit wies die Bevölkerung der Marquesas etwa fünfzehn- bis zwanzigmal soviel Einwohner auf wie heute – führte zwangsläufig zu zahlreichen neuen Stammeskriegen, die noch blutiger, noch erbitterter geführt wurden als je zuvor in der Geschichte der Marquesas. Es waren Kriege um Land, um Nahrung, die zugleich zur Entwicklung des Kannibalismus führten. Doch auch die Kampftechnik, die Strategie und die Taktik der Kriegführung entwickelten sich. Auf den Inseln entstanden immer neue Bollwerke und Festungen.

In der klassischen Zeit festigte sich auch die politische Organisation der Gesellschaft. Die Macht der Häuptlinge war immer größer geworden. Sie erlaubte es ihnen, anspruchsvolle Bauten, wie jene nun erhöhten Tempel, zu organisieren. Die Priesterschaft stützte die Macht der Häuptlinge, um sich somit einen bedeutenden Teil der landwirtschaftlichen Erträge zu sichern.

Hätte die Ankunft der Europäer die Entwicklung auf den Marquesas-Inseln nicht unterbrochen, wäre sie gewiß bald ebensoweit gediehen wie auf Hawaii oder Tahiti. Sie hätte zum vollständigen Sieg eines Feudalherrn über die anderen und zur Vereinigung des ganzen Archipels unter der Macht eines obersten Herrschers und somit zur Entstehung eines frühen Staates der Marquesaner geführt.

Obwohl die ersten Europäer bereits gegen Ende des 16. Jahrhunderts auf den Marquesas – übrigens die erste Inselgruppe Polynesiens, die sie erreichten – erschienen, kam es erst nach dem Jahre 1790 zu folgenreichen Kontakten. An der Wende vom 18. zum 19. Jahrhundert begann dann die Zivilisation der weißen Männer aus Europa und Nordamerika, die einheimische Kultur nachhaltiger zu beeinflussen.

Das Beispiel der Marquesas steht in Polynesien einzig da. Nicht weil es auf anderen Inselgruppen nicht zu einer ähnlichen lokalen Entwicklung gekommen wäre, sondern weil dieser von der Welt vergessene Archipel und namentlich der einzigartige Fundort Haatuatua auf seiner noch vergesseneren Insel Nuku Hiva den Archäologen konkrete Zeugnisse über alle Etappen dieser Entwicklung geliefert hat – Zeugnisse, die es erlauben, zum erstenmal ein zusammenhängendes Bild der kulturellen Entwicklung eines polynesischen Archipels zu entwerfen.

Die Ausbreitung über den Pazifik

Nach den Marquesas sind nach und nach auch alle anderen bewohnbaren Inseln und Atolle des Dreiecks besiedelt worden, bis die ersten Weißen mit ihren großen Segelschiffen in der Inselwelt des Pazifiks erschienen.

Auf der Grundlage dessen, was einerseits die Archäologen festgestellt haben und was andererseits die Sagen und Legenden sowie jene so wichtigen Genealogien der Polynesier erzählen, ist der Versuch angebracht, wenigstens die Hauptereignisse dieser großen Kolonisation nachzuzeichnen. Da die Quellen auch für diese Periode der polynesischen Geschichte insgesamt sehr spärlich sind, muß im wesentlichen die Beschränkung darauf liegen, zu konstatieren, wann die Polynesier zum erstenmal von den betreffenden Inselgruppen Besitz ergriffen haben.

Detailliertere Nachrichten über die Erstbesiedlung wie überhaupt über die ganze ältere Geschichte der polynesischen Inseln fehlen fast völlig. Das Beispiel der Marquesas ist darum besonders wertvoll, weil es dank den archäologischen Funden im Haatuatua-Tal möglich ist, die Entwicklung einer polynesischen Gruppe, die Geschichte eines polynesischen Archipels von der Zeit an, da die Einwanderer aus Samoa mit ihren Langbooten auf den Marquesas anlegten, bis zu dem Tag, da der erste Weiße dieses Land betrat, zusammenhängend zu rekonstruieren.

Nicht lange nachdem im 2. Jahrhundert v. u. Z. Polynesier auf den Marquesas gelandet waren, sind offenbar – ebenfalls von Samoa aus – auch die Gesellschaftsinseln besiedelt worden. Den Sagen nach hat der samoanische Seefahrer Taioa die Gesellschaftsinseln entdeckt und zuerst die Insel Raiatea kolonisiert. Auf Raiatea gründete er die erste wirkliche Ortschaft, Opoa, die später in der Geschichte Polynesiens eine bedeutende Rolle spielen sollte. Das eigentliche Tahiti soll, polynesischen Überlieferungen zufolge, eine andere Expedition, die von der Samoa-Insel Manua kam, unter Führung eines gewissen Ru entdeckt und besiedelt haben.

Das älteste bekannte, mit Hilfe der Radiokarbon-Methode datierte Zeugnis von den Gesellschaftsinseln stammt von der Insel Huahiné und geht auf die Mitte des 7. Jahrhunderts u. Z. zurück. Die Gesellschaftsinseln sind aber gewiß weit früher bevölkert worden, offenbar schon zu Beginn unserer Zeitrechnung.

Die Ergebnisse archäologischer Untersuchungen zeigen eindeutig, daß die Polynesier, sobald sie sich auf einer Insel eines bisher unbewohnten Archipels niedergelassen hatten, begannen, von diesem ersten eroberten Punkt aus nach und nach auch alle anderen Teile des jeweiligen Archipels zu besiedeln. Das bezeugen sowohl die auf den Gesellschaftsinseln durchgeführten Forschungen als auch die Ausgrabungen auf den Marquesas.

Die Marquesas selbst sind offenbar das Sprungbrett zur Besiedlung der Osterinsel (nach Rapa Nui sind die ersten Ansiedler wohl um die Mitte des 1. Jahrtausends gekommen) sowie der Tuamotu-Atolle gewesen. Die Untersuchungen des schwedischen Forschers Bengt Danilsson auf dem Tuamotu-Atoll Raroia unterstützen diese Annahme. Auch die Mangareva-Inseln sind vermutlich von marquesanischen Auswanderern kolonisert worden. Nach der Genealogie der großen Häuptlinge des eigentlichen Mangareva sind die ersten Polynesier um das Jahr 1275 auf diesem Archipel erschienen.

Überhaupt sind die Inselgruppen und Inseln im Südosten Polynesiens, die heute vorwiegend von Frankreich verwaltet werden, ziemlich spät bevölkert worden. Die ältesten datierten Funde, die von der Insel Pitcairn, dem Zufluchtsort der Aufrührer der »Bounty«, stammen, weisen auf das Jahr 1335 (± 105). Pitcairn wurde vermutlich von Mangareva aus kolonisiert. Als die Rebellen der »Bounty« 1787 dort landeten, war die Insel jedoch schon wieder unbewohnt.

Polynesische Sagen schildern die Besiedlung eines anderen, weit im Südosten des Dreiecks gelegenen einsamen Eilands – der Insel Rapa Iti. Sie soll von Auswanderern der Osterinsel besiedelt worden sein. In den Erzählungen heißt es, die Expedition habe ausschließlich aus Frauen bestanden. Da aber manche schwanger gewesen wären, wären bald auch die ersten Kinder männlichen Geschlechts geboren worden, so daß die weitere Existenz auch hier gesichert war.

Die Tubuai-Inseln, die heute ebenfalls zu Französisch-Polynesien gehören, sind – nach Ansicht des neuseeländischen Archäologen R. Duff – zweimal besiedelt worden. Zum erstenmal vom 7. bis zum 9. Jahrhundert und zum zweitenmal im 12. und 13. Jahrhundert. Die ursprüngliche Heimat der ersten Kolonisten Tubuais ist nicht mehr eindeutig festzustellen. Die zweite Einwanderungswelle ist jedoch vermutlich von Raiatea gekommen.

Von den Gesellschaftsinseln – diesmal unmittelbar von Tahiti – ist offenbar auch der nördlichste Archipel des Dreiecks besiedelt worden, nämlich Hawaii. Die hawaiischen Sagen bestätigen das eindeutig. Der Fundort, von dem die ältesten datierbaren Spuren menschlicher Anwesenheit auf Hawaii stammen, befindet sich auf dem Südkap der Großen Hawaii-Insel. Dieser Punkt ist der Tahiti am nächsten gelegene, obwohl er noch einige tausend Kilometer von den Gesellschaftsinseln entfernt ist.

In der dortigen Waiakuhini-Höhle sowie in den Sanddünen der Küste haben Archäologen Hunderte von Angelhaken aus Knochen, aus den Stacheln von See-Igeln gefertigte Feilen, Basaltmesser und andere einfache Arbeitsgeräte aus Stein sowie Nahrungsüberreste ausgegraben. Diese Menschen haben, wie das Ergebnis der Radiokarbon-Methode bewiesen hat, das Südkap der Großen Hawaii-Insel bereits im 2. Jahrhundert unserer Zeitrechnung bewohnt. Die dortigen Ausgrabungen ergaben ferner, daß diese nordpolynesische Inselgruppe von den Teilnehmern einer regelrechten Kolonisationsexpedition aufgesucht worden war, nachdem sie so lange über den Ozean gefahren waren, bis sie ihr Land im fernen Norden gefunden hatten.

Überhaupt haben besonders zwischen diesen beiden wohl populärsten Inselgruppen Polynesiens, Tahiti und Hawaii, trotz der 4000 Kilometer wogenden Meeres, die sie voneinander trennen, auch noch nach jener Erstbesiedlung jahrhundertelang enge Kontakte bestanden. Davon zeugen nicht nur die in den Felsen des Südkaps der Großen Hawaii-Insel eingehauenen achtzig Steinringe, an denen die Seefahrer aus Zentralpolynesien ihre Schiffe festgemacht haben, wenn sie nach der langen Fahrt über den Ozean an dieser Stelle anlegten und immer neue Ansiedler aus dem Süden an Land gingen.

Vor allem künden davon die Gemeinsamkeiten in Kult und Brauchtum und zahlreiche Sagen der Hawaii-Bewohner. Eine der berühmtesten erzählt von einem aus Tahiti gekommenen Häuptling namens Hawaiiloa, der als erster die Große Hawaii-Insel betreten haben soll. Da der Häuptling Hawaiiloa ursprünglich nur die Angehörigen seiner eigenen Familie auf die Inselgruppe im Norden Polynesiens, die nach ihm benannt ist, mitgenommen hatte, soll er die 4000 Kilometer lange Seereise nach Tahiti und zurück sogar noch mehrmals unternommen haben, um für seine Kinder Bräutigame und Bräute aus der alten Heimat zu holen. So brachte er als Mann für seine Lieblingstochter Oahu, deren Namen die heutige Hauptinsel Hawaiis trägt, den Sohn seines Bruders namens Tunuiaiateatua mit, und aus jener Ehe soll der erste auf Hawaii geborene Mensch hervorgegangen sein. Die Nachkommen des Häuptlings Hawaiiloa aus Tahiti verbreiteten sich über Hawaii und andere Inseln der Gruppe, und von diesem Geschlecht ihres mythischen legendären Urvaters leiteten hernach die hawaiischen Häuptlinge und Priester ihre Herkunft ab.

Verhältnismäßig kompliziert ist offenbar die Entdeckung und Besiedlung der westlich der Gesellschaftsinseln gelegenen Cook-Inseln verlaufen. Dieser Archipel besteht aus zwei voneinander entfernten Inselgruppen: der größeren südlichen, in der auch die wichtigste Insel des Archipels, Rarotonga, liegt, und der nördlichen, die sich aus einer Handvoll flacher kleiner Atolle zusammensetzt.

Die archäologischen Funde deuten darauf hin, daß über die Südgruppe der Cook-Inseln mehrere Einwanderungswellen hinweggegangen sind, die mindestens von zwei verschiedenen Archipelen, Samoa und den Gesellschaftsinseln, kamen.

Das ebenfalls in der Südgruppe der Cook-Inseln gelegene wichtige Mangaia hat den dortigen Sagen nach sogar der polynesische Gott Rongo selber kolonisiert. Und Aitutaki, ein weiteres bedeutendes Eiland des Archipels, soll der große Seefahrer Ru entdeckt und besiedelt haben, um den sich auch auf vielen anderen Inseln der polynesischen Welt zahlreiche Legenden ranken.

In den Sagen der Insel Rurutu im Tubuai-Archipel wird der Seeheld Ru, dem alles glückte, was er unternahm, als der Entdecker auch dieser isolierten Inselgruppe verherrlicht. Auch Malietoa Tanumafili II., der Mann, der bis vor kurzem als Oberhäuptling (König) der Inseln Westsamoas an der Spitze des ersten polynesischen Staates stand und in den Nachkriegsjahren dessen politische Autonomie errang, hielt sich für einen direkten Nachkommen des legendären Ru, und zwar in der 37. Generation.

Der große Seefahrer Ru war, zumindest nach einer Version der Legende, von Raiatea gekommen. Diese heilige Insel haben die Bewohner zahlreicher Archipele Polynesiens als ihr Mutterland betrachtet, weil vor allem von Raiatea aus eine lange Reihe großer und kleinerer Besiedlungsfahrten ausgegangen ist. Und von dort, vom heiligen Raiatea, sind schließlich auch jene Menschen gekommen, die als allerletztes das größte Land ganz Polynesiens, die Südwestspitze dieses riesigen Dreiecks besiedelt haben – Neuseeland.

Es mutet wie eine Ironie der Geschichte an, daß das größte der polynesischen Länder als allerletztes besiedelt worden ist.

Die Kolonisation Neuseelands scheint in zwei Etappen erfolgt zu sein. Die ersten Polynesier sind in Neuseeland, vor allem an der Ostküste der Südinsel, um das Jahr 1000 u. Z. erschienen. Obwohl die Einwanderer sicherlich verschiedene Nutzpflanzen und Haustiere mitgebracht hatten, erlaubte es ihnen das kühlere neuseeländische Klima nicht, in ihrer neuen Heimat auf althergebrachte Weise zu wirtschaften. Da der Pflanzenbau keine wesentliche Rolle spielte, haben jene ersten Siedler wahrscheinlich nur Süßkartoffeln angebaut. Im Mittelpunkt ihrer Aufmerksamkeit stand vielmehr ein Tier, das größte Tier, mit dem die Polynesier auf dem Festland je zu tun hatten: der Moa, ein Laufvogel, der eine Größe bis zu 3,60 Meter erreichte.

Die Einwanderer aus Raiatea stellten bald fest, daß der Moa ihnen genügend Fleisch, und zwar schmackhaftes, liefern konnte. Und so verwandelten sich diese tropischen Fischer und Bauern in Jäger – in leidenschaftliche, unersättliche Jäger des Vogels Moa. Jener neuseeländische Strauß ist dann für die ersten Bewohner Neuseelands lange Zeit die Hauptnahrungsquelle gewesen. Die Maori stellten dem Moa so hartnäckig nach, daß dieser große Laufvogel, der nur in Neuseeland vorkam, binnen weniger Jahrhunderte, noch vor Ankunft der Weißen, völlig ausgerottet war.

Spuren jener frühen Moa-Jäger sind vor allem auf der Südinsel Neuseelands zu finden. Die bei weitem reichste (und auch an Ausdehnung größte) Fundstätte dieser Kultur ist in der Nähe von Wairau im Norden der Südinsel entdeckt worden. Dort wurden sowohl Skelettreste der Jäger als auch Gerippe der von ihnen erlegten Vögel ausgegraben. Mit Hilfe der Radiokarbon-Methode ließen sich die Funde von Wairau auf das Jahr 1125 (± 50) u. Z. datieren.

Die Moa-Jäger haben sich in der Regel an der Meeresküste, an der Mündung der großen neuseeländischen Flüsse niedergelassen. Als die Moa dort ausgestorben waren, sind die Maori auf den Spuren der Laufvögel immer weiter ins Innere der Insel vorgedrungen. Neben den neuseeländischen Straußen haben die alten Maori im Süden der Südinsel auch Robben gefangen. Selbst Hundefleisch haben sie nicht verachtet. Schweine und Hühner wurden jedoch nicht gehalten.

Nach den frühen Moa-Jägern kam die zweite Welle polynesischer Auswanderer, kulturell schon weit fortgeschrittener, von den Gesellschaftsinseln nach Neuseeland. Der Weg ihrer Schiffe über den Ozean, der aus Zentralpolynesien in diese entlegene Südwestspitze des Dreiecks führte, gehört zu jenen Ereignissen der vorkolonialen Geschichte Ozeaniens, die in den polynesischen Sagen am genauesten beschrieben sind.

Die Kolonisten kamen damals nicht nur mit einem Schiff, sondern gleich mit einer ganzen Flotte. Diese große Migration von Hawaiki, also Raiatea, nach Neuseeland hat jedoch ihr Vorspiel gehabt. Die Ouvertüre zur endgültigen Inbesitznahme der Doppelinsel war jene schon in anderem Zusammenhang erwähnte Fahrt des Polynesiers Kupe, der auf der Jagd nach einem großen Tintenfisch mit seinem Schiff Matalorua ein angeblich unbewohntes Land, die Nordinsel Neuseelands, entdeckt haben soll. Die Frau Kupes, die ihren Mann auf dieser Jagd begleitete, erinnerte dieses Land, als es vor ihrem Blick am Horizont aus dem Meer auftauchte, an eine große, weiße, niedrig schwebende Wolke. Sie nannten es Aotearoa, was soviel wie »Große weiße Wolke« bedeutet.

Auf der Nordinsel Neuseelands traf Kupe keine Menschen an, obwohl zu jener Zeit kleinere Gruppen von Moa-Jägern auch schon dort gelebt haben dürften. Dafür erblickte er riesige seltsame Vögel, die nicht flogen, sondern liefen, und er brachte auch einige Brocken des sonst in Polynesien unbekannten Nephrits nach Raiatea mit, aus denen er sich zu Hause Ohrgehänge und zwei – auf seiner Heimatinsel nie gesehene – Nephritäxte anfertigen ließ.

Kupe, der Entdecker der Nordinsel Neuseelands, ist selbst nicht wieder in das Land der großen Vögel und der leuchtenden Jadesteine zurückgekehrt. Durch seine Erzählungen ermutigt, haben sich jedoch wenig später nacheinander verschiedene Seefahrer mit ihren vollbeladenen Langschiffen, dem von ihm angegebenen Leitstern folgend, auf große Fahrt begeben.

Jene auf Kupes Spuren unternommenen Fahrten waren für die Kolonisation Neuseelands jedoch nur von geringer Bedeutung. Eines Tages taten sich jedoch – offenbar weil es ihnen auf dem übervölkerten Raiatea an Land fehlte – die Häuptlinge

Der Moa, jener neuseeländische Strauß, der von den Maori unerbittlich
gejagt wurde, war etwa doppelt so groß wie seine Jäger.

einiger Ortschaften der Insel zusammen und beschlossen, mit ihren Stammesgenossen in das von Kupe entdeckte Land auszuwandern.

Ihre Flotte bestand aus fünf außergewöhnlich großen Schiffen, deren Namen die Sagen der Polynesier bewahrt haben.

Nicht lange nach der Hauptflotte stachen weitere Auswanderer aus Raiatea in Richtung Neuseeland in See. Die polynesischen Sagen schildern die feierliche Verabschiedung dieser mächtigen Doppelboote von der Heimatinsel Hawaiki. Und sie haben auch die Worte überliefert, die ihnen die Sprecher der zurückbleibenden Bewohner Raiateas mit auf den Weg gaben: »Folgt dort in eurer neuen Heimat fern im Süden nicht den Pfaden des Kriegsgottes. Haltet euch vielmehr an Rongo, den Gott des Friedens. So lebt denn wohl! Haere! Haere! Haere Atu Ra!«

Sämtliche Auswanderer aus Raiatea ließen sich auf der Nordinsel Neuseelands nieder. Nach und nach besiedelten sie die ganze Nordinsel. Ihre neuen, neuseeländischen Stammesnamen leiteten diese Maori von den Namen der Schiffe ab, die sie dorthin gebracht hatten. Und als Erbhäuptlinge erkannten sie nur Nachkommen der Kapitäne dieser Schiffe an.

Die kulturell weit fortgeschritteneren Teilnehmer der berühmten Kolonisationsexpedition, die die Ufer der Nordinsel um das Jahr 1350 u. Z. erreichte, begegneten später auch den Angehörigen der schon dort ansässigen polynesischen Gruppe der Moa-Jäger. Die beiden Populationen vermischten sich im Laufe der Zeit völlig. Ihre direkten Nachkommen sind die Maori Neuseelands, von denen heute noch etwa 280000 auf der Nord- und rund 15000 auf der Südinsel leben.

Ariki und Ali'i

Zu der Zeit, da die ersten Europäer im Pazifik erschienen, waren infolge jener anderthalb Jahrtausende währenden Besiedlung des Dreiecks, die in der Entdeckung Neuseelands gipfelte, alle überhaupt bewohnbaren Inseln des pazifischen Triangels von Polynesiern bevölkert.

Die Entfernung zwischen den einzelnen polynesischen Inseln beträgt mitunter das Doppelte der Strecke, die Europa von Nordamerika trennt! Und doch fanden jene ersten Weißen auf allen diesen Inseln Angehörige ein und derselben Menschenrasse vor, die – obwohl, in Kilometern gemessen, einander so fern – in den Hauptzügen ihrer Kultur und vor allem auch in ihrer Sprache einander sehr nahe und ähnlich waren. Die ersten europäischen Seefahrer stellten mit Überraschung fest, daß die Polynesier, die in dem einen Archipel auf ihre Schiffe gekommen waren, sich mühelos mit den Bewohnern einer anderen polynesischen Inselgruppe verständigen konnten.

Cook selber notierte in seinem Tagebuch, daß sein tahitischer Dolmetscher, den er auf den Gesellschaftsinseln an Bord genommen hatte, sich ohne Schwierigkeiten in seinem Tahitisch mit den neuseeländischen Maori unterhalten konnte, die Tausende von Kilometern von Tahiti entfernt lebten. Der große englische Seefahrer war selbstverständlich nicht der einzige, der diese Tatsache bemerkte. Sie erregte zum Beispiel auch die Aufmerksamkeit des deutschen Dichters Adelbert von Chamisso, der 1815/1818 an einer russischen Expedition, die nach Ozeanien führte, teilnahm.

Auch wenn die ersten europäischen Besucher der Südsee die Verwandtschaft der einzelnen polynesischen Sprachen etwas überschätzt haben – in Wirklichkeit bestehen doch gewisse Unterschiede –, so hat doch die vergleichende Linguistik die relative Spracheinheit in diesem riesigen Gebiet bestätigt. Andererseits ist es logisch, daß die lokale kulturelle Entwicklung, die die einzelnen Inseln und Inselgruppen genommen haben, auch hinsichtlich der Sprache Auswirkungen gezeitigt hat. Mit jedem Jahrzehnt, mit jedem Jahrhundert differenzierten sich die polynesischen Sprachen, vertieften sich die Unterschiede zwischen ihnen.

Adelbert von Chamisso, dem die Ähnlichkeit der polynesischen Sprachen nicht entgangen war, behauptete bereits vor über 150 Jahren, diese polynesischen Sprachen seien mit den in Indonesien und Hinterindien gesprochenen malaiischen verwandt. Die Beobachtung Chamissos hat sich als richtig erwiesen. Wenige Jahre später sprach auch Wilhelm von Humboldt, gestützt auf eigene linguistische Untersuchungen in Indone-

sien, von einer gemeinsamen malaiisch-polynesischen Sprachfamilie. Einige Jahrzehnte später konnte der Österreicher
Wilhelm Schmidt die Existenz einer großen, miteinander verwandten Sprachengruppe nachweisen, zu der außer den polynesischen auch die melanesischen und mikronesischen sowie
die malaiischen Sprachen Indonesiens und Hinterindiens, aber
auch noch einige Sprachen Südostasiens und die der Ureinwohner Taiwans gehören. Sie werden als austronesische Sprachen bezeichnet.

Die bewiesene, unbestreitbare enge Verwandtschaft der polynesischen Sprachen mit den Sprachen Indonesiens und des
kontinentalen Südostasiens war übrigens ein gewichtiges Argument jener Forscher, die Heyerdahls These von der amerikanischen Herkunft der Polynesier ablehnen.

In unserem Jahrhundert kamen der deutsche Sprachforscher
Otto Dempwolff und seine amerikanischen Kollegen Isidore
Dyen und Paul Benedict zu der Feststellung, daß den einzelnen
polynesischen Sprachen eine gemeinsame urpolynesische Sprache zugrunde liegt.

Nachdem sich jene Kolonisten der Marquesas-Inseln vor
mehr als zweitausend Jahren von den ursprünglichen Westpo-
lynesiern – den Bewohnern Samoas und Tongas – getrennt hatten und als dann auch in den übrigen Gebieten Zentral- und
Ostpolynesiens selbständige Populationen zu entstehen begannen, schritt der Differenzierungsprozeß der gemeinsamen polynesischen Ursprache weiter fort.

Die Grammatik blieb dabei – wie in der Regel bei solchen
sprachlichen Entwicklungsprozessen – relativ konstant. Der
Wortschatz und die Bedeutung der Wörter wandelten sich unter dem Einfluß veränderter Lebensbedingungen weit rascher,
und vor allem veränderte sich die Aussprache der Wörter.
Lautwandel und Lautverschiebungen sind eine aus der Geschichte fast aller Sprachen bekannte Erscheinung. Nicht anders war es in Polynesien. Die Lautsysteme der ostpolynesischen Sprachen unterscheiden sich von ihren »älteren Geschwistern«, den westpolynesischen Sprachen, also dem Tonganischen und dem Samoanischen, in mehrerlei Hinsicht, vor allem
aber dadurch, daß die ostpolynesischen Sprachen nach und

nach eine Reihe urpolynesischer Laute eingebüßt haben. Manche im Samoanischen und Tonganischen vorkommenden Doppellaute sind in den ostpolynesischen Sprachen zu einem einzigen verschmolzen. Auch bestimmte grammatische Formen gingen verloren oder schliffen sich ab. Wie beinahe immer in der Sprachgeschichte verlief die Entwicklung vom Komplizierten zum Einfachen, so daß heute die gesamte Grammatik der ostpolynesischen Sprachen weit einfacher als die der älteren westpolynesischen ist.

Die historische Linguistik, so trocken sie auf den ersten Blick oft erscheint, gilt als eine der interessantesten und auch wichtigsten Wissenschaftsdisziplinen. Für die Geschichte der austronesischen Sprachfamilie, zu der die polynesischen Sprachen gehören, hat sie eine Reihe wertvoller Erkenntnisse geliefert. Die Rekonstruktion der Sprachentwicklung durch die historisch-vergleichende Linguistik hat ergeben, daß die Ausbreitung der austronesischen Sprachen vor 5 000 bis 7 500 Jahren begonnen hat und von Südostasien her erfolgt ist.

Der ebenfalls rekonstruierte Grundwortschatz der altaustronesischen Sprachen beweist, daß diese alten Bewohner Südostasiens vor fünftausend Jahren bereits Schweine und wahrscheinlich auch Hunde gehalten haben, daß sie schon Yams, Taro, Bananen, den Brotfruchtbaum und die Kokosnuß kannten. Die Erforschung der Sprachgeschichte ergänzt und bestätigt somit die Feststellungen der Archäologie über die Herkunft und den Charakter der Kultur der ältesten Vorfahren der Polynesier.

Die Sprachgeschichte zeigt auch, wie sich allmählich das Urpolynesische herausgebildet hat, das vor etwa 2 200 Jahren die ersten Bewohner des eigentlichen Polynesiens, die damaligen Tonganer, gesprochen haben.

Heute existieren etwa dreißig selbständige polynesische Sprachen. Ihr Vokalreichtum ist besonders charakteristisch. Es gibt sogar Wörter, die nur aus Selbstlauten bestehen. Dagegen besitzt das Polynesische wenig Konsonanten. Die meisten weist noch die Sprache der neuseeländischen Maori auf, nämlich zehn. Bestimmte Konsonanten – zum Beispiel d, stimmhaftes s und z – fehlen in allen polynesischen Sprachen, andere nur in manchen. Das Hawaiische hat nicht nur von allen polynesischen und austronesischen, sondern überhaupt von allen Sprachen der Welt die wenigsten Konsonanten, und zwar genau acht (p, k, h, m, n, w und l). Der achte ist ein in den europäischen Sprachen nicht vorkommender Kehllaut, mitunter mit einem Apostroph wiedergegeben, der aber, von linguistischen Arbeiten abgesehen, in der Schrift – wie auch in diesem Buch – meist unbezeichnet bleibt.

Für das Erkennen und Erlernen der polynesischen Sprachen ist die Kenntnis der Gesetzmäßigkeiten des Konsonantenwechsels von grundlegender Bedeutung: Bestimmte Mitlaute sind in den einzelnen Sprachen durch andere, in der Artikulation verwandte ersetzt.

So lautet das gesamtpolynesische Wort für »Häuptling«, um diesen Konsonantenwechsel an einem in dem vorliegenden Buch häufig vorkommenden Beispiel zu demonstrieren, im Tahitischen *Arii* (eigentlich *Ari'i,* wobei der Apostroph jenen Kehllaut bezeichnet), im Hawaiischen *Alii* (*Ali'i*), bei den Maori Neuseelands *Ariki.* Besonders für das Hawaiische charakteristisch ist ferner der Wandel vom t zum k, weshalb die Hawaiianer zum Beispiel den gesamtpolynesischen Gott nicht *Tane,* sondern *Kane* nennen, nicht *Atua,* sondern *Akua,* nicht *Tabu,* sondern *Kabu,* nicht *Tapa,* sondern *Kapa,* nicht *Tahuna* (Priester, Weiser), sondern *Kahuna* und nicht *Tahiti,* sondern *Kahiki* sagen.

Vokale, die kurz oder lang gebraucht werden, haben die polynesischen Sprachen – wie auch die meisten europäischen – fünf: a, e, i, o und u. Ihr Anteil in den Wörtern ist jedoch weit größer, als das in anderen Sprachen der Fall ist. Die polynesische Phonetik hingegen erlaubt nicht, daß in einem Wort zwei oder mehrere Konsonanten aufeinander folgen: Selbst- und Mitlaute wollen vielmehr einander regelmäßig ablösen. Da aber manche polynesischen Sprachen zum Verlust des ersten oder zweiten Wurzelkonsonanten neigen, entsteht eine große Zahl von Homonymen, gleichlautenden Wörtern mit verschiedener Bedeutung und Herkunft, die in den europäischen Sprachen weit seltener sind.

Interessant und von den meisten europäischen Sprachen völlig abweichend ist auch die Grammatik der polynesischen Sprachen, in denen die grammatikalischen Bedeutungen nicht durch Deklination der Wörter, sondern mit Hilfe von Partikeln ausgedrückt werden. Im Hawaiischen beispielsweise lautet der bestimmte Artikel der Einzahl *ke* oder *ka,* der bestimmte Artikel der Mehrzahl *na,* der unbestimmte *he;* die Vergangenheitsform des Verbs wird durch die Partikel *i,* das Futur durch *e* zum Ausdruck gebracht.

Charakteristisch für die polynesischen Sprachen ist die Verdoppelung, durch die zum Beispiel die Wiederholung, die lange Dauer oder die Stetigkeit einer Handlung, mitunter auch ein bestimmter Gefühlswert betont wird. Ortsnamen wie Bora-Bora oder Pukapuka machen dies deutlich.

Für den Ausländer besonders schwierig sind die Personalpronomen. Die Polynesier kennen dabei nicht nur die Ein- und Mehrzahl, sondern auch noch die Zweizahl, den Dual, wobei sie außerdem zwischen persönlichen und unpersönlichen Formen (mit oder ohne Einschluß des Sprechers) unterscheiden. Nicht minder kompliziert sind auch zwei grammatikalisch fixierte Arten der Zugehörigkeit, je nachdem ob es sich um Substantive handelt, die unveräußerliche Dinge (wie Hand, Vater, Häuptling) oder veräußerliche bezeichnen. Auf den ersten Blick erscheint das relativ einfach, aber welcher Ausländer weiß schon immer genau, was der Polynesier für unveräußerlich hält und was nicht, besonders wenn es sich um abstrakte Begriffe wie Gott, Freude, Mut oder Angst handelt, die ja nach europäischen Begriffen durchaus übertragbar sind.

Trotz der zunehmenden Differenzierung, die seit der Besiedlung der polynesischen Inseln erfolgt ist, weisen die Sprachen dennoch eine große Ähnlichkeit auf.

Die Entwicklung der einzelnen Sprachen spiegelt eigentlich den Entfaltungsprozeß der gesamten polynesischen Kultur wider, der – wie am Beispiel der Marquesas-Inseln zu sehen – in den einzelnen Gebieten des Dreiecks zu lokalen Besonderheiten geführt hat. Doch alle diese örtlich bedingten Entwicklungen haben – zumindest bis zur Ankunft der Weißen – die Grundzüge der erstaunlich einheitlichen polynesischen Kultur nur variiert, sie aber im Kern bewahrt.

Taro, Kokospalme und Brotfruchtbaum

Ähnlich wie Sprache und Kultur war auf den Inseln auch die materielle Basis, die Landwirtschaft, einheitlich. Sie bildete die Ernährungsgrundlage der Polynesier. Die Arbeit des Bauern war die wichtigste von allen Tätigkeiten. Die landwirtschaftliche Produktion erinnert mitunter eher an Gartenbau – vor allem deshalb, weil auf den polynesischen Inseln der Kokospalme und dem Brotfruchtbaum besondere Fürsorge gewidmet wurde. Im Unterschied zu einigen anderen Gebieten Ozeaniens, in denen meist Frauen die landwirtschaftliche Arbeit verrichteten, widmeten sich in Polynesien auch die Männer dieser Tätigkeit, wobei mitunter (zum Beispiel auf Tonga) die Feldbestellung sogar ausschließlich von ihnen betrieben wurde.

Ihre kleinen Felder haben die Polynesier mit sehr einfachen Geräten bearbeitet, in der Regel nur mit einem langen, zugespitzten hölzernen Grabstock, den sie *Ko* nannten. Auf manchen Inseln erhöhten die Bauern die Bodenfruchtbarkeit durch Düngung; so wurde auf der Osterinsel Asche verwendet. In einigen anderen Gebieten war hingegen die künstliche Bewässerung der Felder bekannt, und besonders auf den Hawaii-Inseln erreichte diese Technik einen hohen Stand. Ein solch perfekt bewässertes Gebiet Hawaiis befand sich auf der Insel Oahu. Auch die ausgedehnten Tarofelder auf der Hawaii-Insel Kauai wurden künstlich bewässert.

Erstaunlich ist die große Zahl von Pflanzen, die die Polynesier angebaut haben. Ihre Landwirtschaft war verhältnismäßig produktiv. Vor allem die Kokospalme, der Brotfruchtbaum und der Bananenbaum, in Wirklichkeit eine stämmige Staude, wurden kultiviert. Außerdem bauten sie noch einige Knollenpflanzen an: Süßkartoffeln, Taro, teilweise auch Yams und Kürbisse.

Dagegen kannten die Polynesier kein Getreide und auch keinen Reis, der damals und heute in ihrer Urheimat eine so große Rolle spielte und spielt. Das bedeutendste Produkt der polynesischen Landwirtschaft war zweifellos die Kokosnuß, war doch die Kokospalme die einzige Nutzpflanze, die auch auf den niedrigen Atollen der Tuamotu- und der Tuvula-Gruppe sowie den Äquatorinseln gedieh.

Gebrauchsgegenstände der Polynesier, die aus Kürbis, Kokosnuß und
Holz angefertigt wurden.

Heute wachsen in Ozeanien über fünfzig Millionen (!) dieser so nützlichen Bäume. Auf die Gesamtbevölkerung Ozeaniens umgerechnet, entfallen auf einen Ozeanier mindestens fünf Kokospalmen. Dabei ist dieser Baum, der in der Regel 60 bis 65 Jahre alt wird, sehr anspruchslos und erfordert nur wenig Pflege, spendet jedoch mehrere Jahrzehnte lang seine Früchte.

Der Kokosbaum dient den Bewohnern der polynesischen Inseln und Atolle auf jede nur erdenkliche Weise. Auf den Atollen, deren Trinkwasservorräte ausschließlich aus Regenfällen resultieren, spendet er ihnen die einzig genießbare Flüssigkeit: Kokosmilch ist oft das alleinige Getränk derjenigen Bewohner, die auf den Koralleninseln leben.

Die Kokospalme liefert den Südsee-Insulanern natürlich auch das Mark der Nuß, das Kokosfleisch, das in der polynesischen Küche auf die verschiedenste Art Verwendung findet. Aus der Schale fertigt der Polynesier Schüsseln oder andere Gefäße an. Mit dem Kokosöl, das durch Auspressen des Marks gewonnen wird, reibt er sich, wenn nötig, das Gesicht ein, weil dieses Öl die Haut vor den Strahlen der sengenden Südsee-Sonne schützt. Aus dem Holz der Kokospalme baut er auf vielen Inseln seine Hütte, mit den Blättern deckt er das Dach. Und auch für die festen braunen Kokosfasern haben die Inselbewohner zahlreiche Verwendungsmöglichkeiten. Sie dienen ihnen als Rohmaterial für Matten, Läufer und Seile.

Für alle Ausländer schließlich ist die Kokospalme eine Art Symbol der Südsee – die eigentliche Flagge, das Wahrzeichen der Inselwelt Ozeaniens.

Die Kokospalme spielt in der Landwirtschaft vieler Inseln und Inselgruppen Polynesiens unumstritten die Hauptrolle. Wohl jeder hat schon einmal eine Kokospalme oder zumindest eine Kokosnuß gesehen. Die anderen Nutzpflanzen der Polynesier kennt der Bewohner der gemäßigten Zonen dagegen kaum.

Dazu gehören vor allem die Batate, die Süßkartoffel, ein Windengewächs und eine der ältesten und wichtigsten Kulturpflanzen der Erde, sowie die oft mit ihr verwechselte Yams, eine Kletter- bzw. Schlingpflanze mit ebenfalls stärkereichen Wurzelknollen, die meist gekocht oder geröstet gegessen wird und in vielen Teilen der südlichen Hemisphäre die Ernährungsgrundlage bildet. Sie stammt ebenfalls aus Südasien und braucht zwar ein sehr warmes, aber nicht allzu feuchtes Klima. Aus diesem Grund gedeiht sie in Polynesien fast nur auf Tonga. Die Wasserbrotwurzel dagegen, von den Polynesiern Taro genannt, die die Vorfahren der Polynesier ebenfalls aus Südostasien mitgebracht haben, wird in einer Reihe von Gebieten des Dreiecks seit jeher mit Erfolg angebaut. Am besten wächst die Taro auf ständig bewässerten Feldern, wie es auf Hawaii praktiziert wird. In anderen Gebieten, zum Beispiel auf den Cook-Inseln, sichern die zahlreichen Regenfälle den Tarofeldern die erforderliche Feuchtigkeit. Die Knolle dieses Arongewächses, die gekocht, gebacken und zu Mehl vermahlen wird, ist auch heute noch eines der wichtigsten Nahrungsmittel der Südsee-Bewohner.

An den beschriebenen Agrarkulturen der Polynesier hat sich vor allem auf den Tausenden kleinen Inseln und Atollen wenig geändert. Nur in jenem Gebiet der Südsee, wo den Entdeckern nach einiger Zeit europäische und amerikanische Händler und Siedler folgten und schließlich Kolonien entstanden, ist die traditionelle Bodenkultur weitgehend von Plantagenwirtschaft verdrängt worden. Die Besitzer der zum Teil riesigen Plantagenbetriebe waren und sind europäische und amerikanische Geschäftsleute, nicht selten auch Ostasiaten.

Die Pflanzen, die heute auf diesen Plantagen angebaut werden – außer Kokospalmen vor allem Ananas, Zuckerrohr, Kaffee und Zitrusfrüchte –, sind zum Teil erst von den Vorvätern ihrer heutigen Besitzer eingeführt worden – einige dieser Gewächse haben die Polynesier gar nicht gekannt. Dafür schenkten sie auf einer Reihe ihrer Inseln einigen Wildpflanzen große Aufmerksamkeit, zum Beispiel dem Pandanusbaum, mehreren Nutzholz liefernden Bäumen und den stärkehaltigen Knollen der Strandpflanze Tacca.

Das ändert jedoch nichts daran, daß Taro, Süßkartoffel, Yams, Banane und Kürbis, besonders aber der Brotfruchtbaum und vor allem die Kokospalme die wichtigsten Kulturpflanzen der polynesischen Bauern waren.

Kawa und Palolowurm

Das Hauptgetränk auf den pazifischen Inseln, das Wasser, wird gerne durch die Kokosmilch, jene schmackhafte Flüssigkeit, ersetzt. Sie war und ist besonders auf den niedrigen Inseln, den Atollen, von unschätzbarem Wert, da dort in der Regel nur die Niederschläge Trinkwasser spenden. Und wenn sie ausbleiben, kann allein die Kokosmilch den Durst stillen.

Alkoholische Getränke kannten die Polynesier, bevor die Weißen kamen, so gut wie nicht. Auf einigen Inseln, vor allem auf Samoa, stellten sie jedoch einen leicht berauschenden Trunk her, der dort Kawa oder Kawa Kawa heißt, aber mit dem arabischen Kaba, dem Kaffee, selbstverständlich nichts zu tun hat.

Die polynesische Kawa wird aus den zerriebenen getrockneten Wurzeln des auf den Inseln heimischen gleichnamigen Rauschpfeffers zubereitet, mit Wasser oder Kokosmilch vermischt. Die Zubereitung und vor allem der Genuß dieses Getränkes war in Polynesien ein durch überlieferte Vorschriften bis ins Detail geregeltes Ritual. Besonders auf Samoa war die Kawa-Zeremonie bis in die nebensächlichste Einzelheit festgelegt. An Kawa durfte sich auch nicht jeder Polynesier laben. Den Frauen war ihr Genuß streng verboten. Auf Upolu war es den Kindern (das heißt all denjenigen, die nicht tätowiert und beschnitten waren) nicht einmal erlaubt, sich dem Gefäß zu nähern, in dem das Getränk aus den getrockneten Wurzeln des Rauschpfeffers zubereitet wurde.

Der polynesischen Kawa sagt man Gutes und Böses nach. Einerseits heißt es, sie beruhige, erfrische, vermindere übermäßiges Körpergewicht und lösche, was in dem heißen Klima der Tropen besonders wichtig ist, auch den Durst. Die polynesische Volksmedizin schreibt der Kawa zugleich bestimmte Heilwirkungen zu. So soll das Getränk, regelmäßig genossen, zum Beispiel die – nach der Ankunft der Europäer weit verbreitete – Gonorrhö heilen.

All das gehört zu den guten Eigenschaften der Kawa. Die Kehrseite ist, daß dieses Getränk, besonders wenn es nicht aus den getrockneten, sondern den frischen Wurzeln des Pfefferstrauchs zubereitet wird, als eine Art Droge, wenn auch nicht sonderlich starke, wirkt.

Schwache Kawa soll dem menschlichen Organismus nicht schaden. Stark getrunken, ruft sie jedoch bestimmte Beschwerden hervor. Die Kawa wirkt dabei ganz anders als alkoholische Getränke. Nach dem Genuß starker Kawa scheint das Gehirn rascher, präziser zu arbeiten, wie nach der Einnahme eines die psychische Tätigkeit zeitweilig stimulierenden Präparats. Dafür werden jedoch bei einem echten Kawarausch die Gliedmaßen fast unbeweglich, Leib- und manchmal auch Kopfschmerzen stellen sich ein.

Außer vorübergehenden Beschwerden kann regelmäßiger starker Genuß dieser Droge auch dauernde gesundheitsschädigende Folgen haben. Dazu gehören besonders eine chronische Augenentzündung und Veränderungen auf der Haut, die auf den ersten Blick an die Geschwüre erinnern, welche die – auch in Polynesien bekannte – Lepra hervorruft.

Die Sonderstellung, die die Kawa im Leben der polynesischen Gesellschaft einnimmt, kommt auch darin zum Ausdruck, daß sich um diese Pflanze und das Getränk, das daraus bereitet wird, wie auch über dessen Wirkungen zahlreiche Legenden ranken.

Im Vergleich zu der verhältnismäßig umfangreichen und differenzierten pflanzlichen Produktion war die Viehhaltung auf den Inseln des Dreiecks unbedeutend. In vorkolonialen Zeiten kannten die Polynesier lediglich drei Haustiere: das Schwein, den Hund und das Huhn. Und selbst diese drei waren nicht auf allen Archipelen bekannt. So haben die Bewohner der Marquesas keine Hunde gezüchtet, die Insulaner von Mangaia in der Cook-Gruppe dagegen keine Schweine. Die Maori Neuseelands kannten offenbar weder Schwein noch Huhn, und auf der Insel Rapa Iti hatten die Polynesier überhaupt keine Haustiere.

Die Fleischnahrung hat den Menschen vor allem das Meer gespendet. Der Fischfang spielte daher seit den ältesten Zeiten eine bedeutende Rolle bei den Bewohnern der Südsee-Inseln. Die Polynesier haben freilich nicht nur Fische, sondern auch eine ganze Reihe anderer Meerestiere gefangen – wie zum Bei-

spiel Langusten, Sepien, Seepolypen und die zu den Stachel-
häutern gehörenden Seegurken, die heute getrocknet als Tre-
pang exportiert werden. Die Samoaner vor allem sehnen jedes
Jahr die Zeit herbei, da der Palolowurm mit seinen geschlechts-
reifen Hinterenden für wenige Stunden an der Meeresoberfläche erscheint, und zwar in solchen Mengen, daß Männer, Frau-
en und Kinder sie mit Körben, Netzen und anderen Gefäßen
nur aus dem Meer zu schöpfen brauchen. Dieser Meeresbewohner ist für sie ein Leckerbissen besonderer Art.

Die Auswahl an Fischen, die das Meer dem Polynesier spendet, ist unglaublich reich. Bryan führt in seiner »Naturgeschich-
te Hawaiis« an, daß von den sechshundert (!) verschiedenen
Fischarten, die in den Gewässern dieses Archipels leben, täglich etwa 350 auf den hawaiischen Märkten feilgeboten werden. Der Polynesier kann also an jedem Tag des Jahres einen
anderen Fisch essen, wobei das Fleisch der Haie besonders beliebt ist.

Die Fische, denen die Hauptaufmerksamkeit galt, wurden
von den Bewohnern der Inseln auf verschiedene Weise gefangen: in Netzen, mit dem Speer oder auch – in Fallen. Während
der Flut wurden die Fische in kleine steinerne Bassins getrieben. Dann wurde die nach dem Meer offene Seite mit einer
Sperre verschlossen, so daß die Tiere während der Ebbe offen
auf dem Grund liegenblieben und nur noch aufzulesen waren.
Die Hawaiianer betreiben auch heute noch Fischzucht in künstlichen Teichen und in Tarosümpfen.

Meist fingen die Polynesier die Fische jedoch mit Angel und
Haken. Diese Fischerhaken verdienen etwas mehr Aufmerksamkeit, spielten sie doch in der polynesischen Kultur schon
seit den ältesten Zeiten eine große Rolle. Am häufigsten war
der aus einem Stück Knochen oder Schildpatt gefertigte Fischerhaken. Er hatte die Form eines U und wurde vor allem von
den Bewohnern Ostpolynesiens verwendet. Ein anderer Typ
war V-förmig, wobei der eine Arm des Hakens, an dem sich die
gebogene Spitze befand, etwas kürzer war. Diese Haken benutzte man zum Beispiel auf den Atollen der Cook-Inseln, aber
auch auf Tahiti und Tokelau. Der dritte Typ des Angelhakens
der Polynesier schließlich war der sogenannte zusammenge-

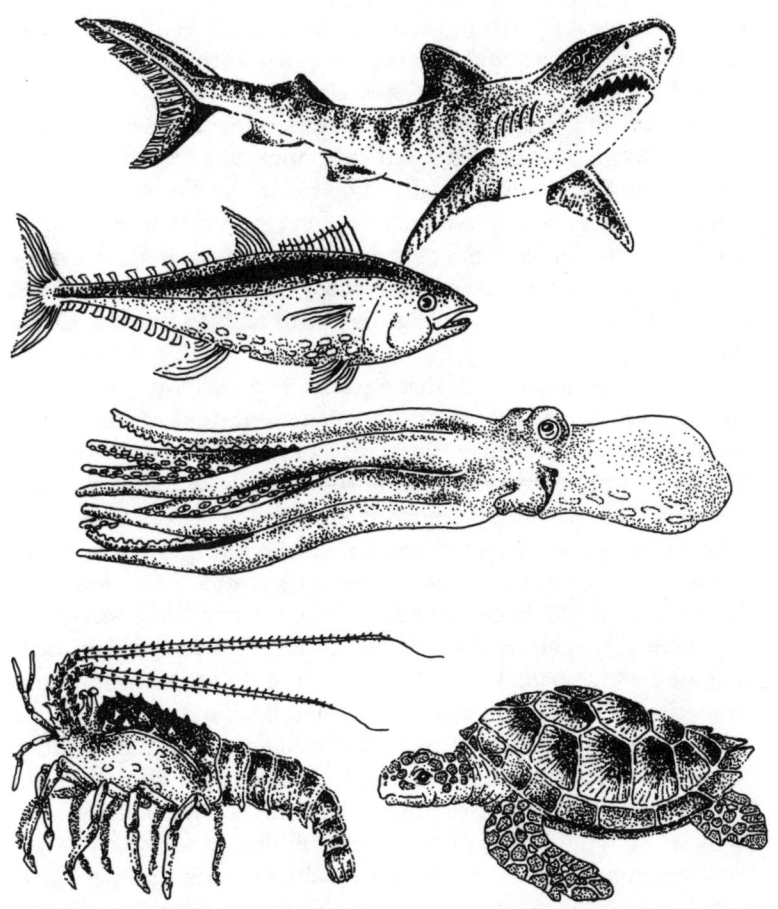

In Polynesien häufig vorkommende Meerestiere: Hai, Thunfisch, Seepolyp,
Languste und Seeschildkröte (von oben nach unten und links nach rechts).

setzte Haken, an dessen geradem Arm die Spitze angebracht war. Solche Haken dienten zum Fang des Thunfischs.

Landtiere haben die Polynesier dagegen kaum gejagt, wenn einmal von den Moas, jenen Laufvögeln auf Neuseeland, die von den Maoris ausgerottet wurden, abgesehen wird.

Auch die Sammelwirtschaft scheint nur auf Neuseeland eine größere Rolle gespielt zu haben. In den reichen Wäldern wuchsen zahlreiche eßbare Beeren, die die Nahrung der Maori ergänzten. Ihre Speisekarte unterschied sich daher in gewissen Bereichen von der des tropischen und subtropischen Ozeaniens.

Die Zubereitung der Nahrung war in ganz Polynesien (das Neuseeland der Maori teilweise ausgenommen) sehr ähnlich. Die Polynesier aßen ihre Speisen in der Regel warm. Sie wurden im sogenannten *Imu,* einem offenen Erdofen, gekocht oder gebraten. Der Bau eines Imu war einfach. Es wurde eine nicht allzu tiefe Grube ausgehoben, mit Brennholz gefüllt, auf das große Steine gelegt wurden. Dann wurde das Feuer entfacht. Das brennende Holz erhitzte die Steine bis zur Glut. Auf ihnen briet man die Speisen, die vorher auf große Blätter gelegt oder in Blätter eingewickelt wurden: Bananen, Süßkartoffeln, Taroknollen und besonders die Früchte des Brotbaums.

In diesem Imu wurde auch die Fleischnahrung zubereitet. Besonders beliebt in der Südsee war Schweinefleisch. Das Schwein wurde ausgenommen, gereinigt, eingesalzen und dann in den Imu gelegt, wobei gewöhnlich nochmals Blätter, heiße Steine und Erde darübergeschichtet wurden. In der Regel wurden auch einige glühende Steine in das Innere des ausgenommenen Schweins gesteckt, so daß es gleichzeitig von außen und innen garen konnte. Hühnerfleisch wurde vor dem Braten in die Blätter der Ti-Pflanze eingewickelt.

Die Fische haben die Polynesier ebenfalls in ihrem Erdofen gebraten. Auf manchen Archipelen, zum Beispiel Hawaii, war der Verzehr roher Fische völlig unbekannt. Auf Tahiti dagegen aß man den Fisch mit Vorliebe roh, mariniert in einer aus Kokosmilch und verschiedenen pikanten Zusätzen zubereiteten Flüssigkeit. Oft wurde er dann in der Sonne gedörrt. Solche einfachen Fischkonserven haben übrigens auch stets die Besat-

zungen der polynesischen Expeditionsboote als Proviant mitge-
führt.

Handwerker und Künstler

Die Entwicklung der landwirtschaftlichen Produktion ermöglichte es einem gewissen Teil der polynesischen Bevölkerung,
sich nach und nach auch anderen Tätigkeiten zu widmen, die
nicht unmittelbar dem Lebensunterhalt dienten. So kam es allmählich zu einer ausgeprägten Arbeitsteilung, die der Entfaltung künstlerischer Fähigkeiten Raum bot. Zeugnisse dieser
materiellen Kultur sind in den Beständen einiger Museen bewahrt.

Es ist auffällig, daß die Polynesier keine Metalle und folglich
auch nicht deren Herstellung bzw. Bearbeitung gekannt haben.
Jene Fertigkeiten waren ihnen in ihrer asiatischen Urheimat
zwar vertraut, da ihre Nachkommen in Ozeanien aber keine Er-
ze vorfanden, ersetzten sie diese durch Materialien, die ihnen
die Inseln lieferten – Steine, Knochen, Holz, Kokosnußschalen
und Schildpatt. Einige ältere Funde in Polynesien, beispielsweise von Keulen auf den Samoa-Inseln, sind zwar aus dort vorkommenden Materialien gefertigt, doch die Art ihrer Bearbeitung erinnert auffällig an altasiatische Metallgegenstände, die
dem gleichen Zweck dienten. So ersetzten die Polynesier Me-
tallwaren durch hölzerne Gegenstände und durch Gefäße aus
Kokosnüssen, gewebte Textilien durch geklopfte Rindenbast-
stoffe.

Aus diesen pflanzlichen und tierischen Materialien stellten
die Polynesier ihre Arbeitsgeräte, ihre täglichen Gebrauchsgegenstände, ihre Behausungen und ihre Kleidung her. Ihr
Hauptwerkzeug war die Axt. Sie hatte eine steinerne vierkanti-
ge Klinge, die an einem knieförmigen Schaft befestigt war.

Die Axt diente auch zum Bau der viereckigen oder ovalen
Hütten, in denen die Polynesier wohnten. Die Dachkonstruk-
tion bestand aus Holzbalken, wobei der Firstbalken in der Regel auf zwei in der Mitte des Baus errichteten Pfosten ruhte.
Auf manchen Inselgruppen, besonders auf den Marquesas, er-

heben sich die prunkvolleren Häuser auf einem steinernen Fundament. Außer den meist einfachen Wohnhütten gibt es auf den meisten polynesischen Archipelen in vielen Dörfern auch stattliche große Gemeinschaftshäuser.

Der Hausbau war in Polynesien ein spezialisiertes Handwerk. Den polynesischen Zimmerleuten, die hauptsächlich mit Holz und anderen pflanzlichen Materialien arbeiteten, wurde eine hohe Wertschätzung entgegengebracht. Das Handwerk des »Hausbauers« wurde gewöhnlich vom Vater auf den Sohn vererbt. In manchen Gebieten schlossen sich diese Handwerker sogar zu einer Zunft zusammen.

Da die polynesische Gesellschaft kein Geld kannte, erhielt der Handwerker seinen Lohn in Naturalien, beispielsweise in Nahrungsmitteln, aber auch in Form von seltenen Muscheln oder Schneckengehäusen.

Der Grundtyp des polynesischen Wohnhauses variierte – allerdings leicht – von Inselgruppe zu Inselgruppe. Das Haus der Tonganer hatte zum Beispiel einen rechteckigen Grundriß mit einer offenen Schmalseite, auf Hawaii wurden längliche Hütten mit einem Gras- oder Blätterdach gebaut, während die nach außen offenen ovalen Hütten, die *Fale*, die auf mehreren Pfosten ein Dach tragen, für die Samoaner charakteristisch waren.

Die Maori verstanden es, den Reichtum und die Qualität der neuseeländischen Hölzer zu nutzen, aus denen sie eine große Zahl von Gebäuden verschiedenen Typs und verschiedener Bestimmung schufen. Eine Art verdient jedoch besondere Aufmerksamkeit, weil sie ein wahres Kleinod der polynesischen Kunst darstellt. Es sind die *Whare Whakairo* – jene charakteristischen großen, mit herrlichen Schnitzereien geschmückten Holzbauten, die in der Regel den Bewohnern eines Dorfes bzw. den führenden Angehörigen eines Maori-Stammes als Versammlungshäuser dienten.

Schon das Wort Whakairo, das in der Sprache der Maori jede Art dekorativer Kunst bezeichnet, deutet an, daß es sich um besonders reich verzierte Bauten handelt. Ja, die Maori waren in der Tat der Meinung, die Schnitzkunst der Schöpfer der Whare Whakairo sei übernatürlichen Ursprungs.

Eine ihrer Sagen erzählt, daß einst der Gott Taaroa selber den

Frontsäule eines neuseeländischen Versammlungshauses,
Pou Tahu genannt.

Ahnherrn der Maori-Schnitzer, einen Mann namens Rua, be-
sucht hat. Dieser älteste Meister der polynesischen Kunst auf
Neuseeland lud den Gott in sein Haus ein, das mit herrlichen
Holzschnitzereien geschmückt war, die Menschen darstellten.
Sie waren so naturgetreu gestaltet, daß Taaroa sie für lebende
Wesen hielt. Er wollte sie daher nach Maori-Art durch Anein-
anderreiben der Nase begrüßen. Und erst als der Gott eine der
Figuren berührt hatte, merkte er, daß sie nicht lebendig, son-
dern aus Holz geschnitzt waren.

Das Whare Whakairo, das Versammlungshaus der Maori,
hat stets einen viereckigen Grundriß. Der Hauptpfosten, *Pou
Tolomanawa* genannt, im Zentrum des Baus, trägt das hohe
Dach. Der Dachfirst ist stets mit einer Holzplastik geschmückt,
die oft einen Maori-Krieger darstellt. Die Außen- und Innen-
wände des Whare Whakairo sind mit hölzernen Reliefs verziert, die die Ahnen des Stammes zeigen. Das Satteldach ragt
über den eigentlichen Versammlungsraum hinaus und bildet
somit eine Art Veranda, in deren Mitte sich eine Säule erhebt,
die den ältesten Vorfahren der Sippe oder des Stammes verkörpert. Diese hölzerne Bildsäule nennen die Maori *Pou Tahu*. Die
Holzplastiken der Maori waren – und das ist in Polynesien die
Ausnahme – nicht nur zur Frontal-, sondern auch zur Seitenan-
sicht bestimmt.

Jenen ältesten Ahnen der Sippe oder des Stammes ist das
ganze Whare Whakairo, dieses Meisterwerk der polynesischen
Architektur und Schnitzkunst, stets geweiht. Mit dem Besuch
dieser Häuser ehren die Polynesier ihre vergöttlichten Vorfahren. Die gleiche Ehrerbietung bringen sie aber auch den Schöpfern jener hölzernen Wunder entgegen: Sie glauben, daß diese
Schnitzkünstler und Bauhandwerker – ebenso wie die hohen
Häuptlinge – mit jener übernatürlichen Kraft begabt sind, die
die Polynesier ja Mana nennen, und daß ein großer Künstler
sogar einem Gott ebenbürtig sein kann, wie jener Rua, in dessen Haus der erhabene Taaroa selber zu Gast weilte. Und eine
größere Ehre als die, von einem Menschen zu glauben, daß er
mit den Göttern vertraut ist, ist einem Polynesier nicht zu erweisen.

Steinerne Zeugen

Neben Holz war Stein das Grundmaterial, das polynesischen Künstlern und Handwerkern für Plastiken, Reliefs und Steinzeichnungen diente.

Steinskulpturen haben vor allem die Bewohner Ostpolynesiens, namentlich die der Marquesas-Inseln und der Insel Raiatea, geschaffen. Dort begegnet der Besucher häufig aus einem einzigen Block gemeißelten Menschengestalten von beeindruckenden Formen, mit runden Augen und breiten Nasen. *Tiki* nennen die Marquesas-Insulaner diese Figuren.

Die berühmtesten Bildhauerwerke Polynesiens sind freilich jene steinernen Giganten der Osterinsel. Sie haben bereits die Aufmerksamkeit des Entdeckers jenes Eilandes, Jacob Roggeveen, und auch James Cooks erregt, der 1774 die Osterinsel besuchte.

Die vielbewunderten, weltberühmten und zugleich so rätselhaften Steinfiguren von Rapa Nui haben bis heute die verschiedensten Deutungen und mitunter geradezu phantastischsten Spekulationen hervorgerufen: Die Erklärungen reichen von jener Vorstellung, daß die Osterinsel nach einer Naturkatastrophe als letzter Rest und Zeuge eines versunkenen Kontinents mit einer hochstehenden Kultur übriggeblieben war, bis zu der Theorie Heyerdahls, der die steinernen Giganten von Rapa Nui mit den Monumentalstatuen der altperuanischen Kultur von Tiahuanaco im Hochland der Anden in Zusammenhang gebracht hat.

Auch heute ist noch nicht eindeutig geklärt, welche Funktion die riesigen Steinskulpturen der Osterinsel hatten. Es ist nicht einmal genau bekannt, wie sie an ihre Standorte befördert und wie sie aufgerichtet worden sind.

Was kann von diesen Steinfiguren, die die Bewohner der Osterinsel *Moai* nennen, mit Bestimmtheit gesagt werden? Zunächst sind alle aus jeweils einem einzigen riesigen Steinblock gehauen, also Monolithen, die meisten aus vulkanischem Tuff, einige aus Basalt. Bis heute ragen auf dem verhältnismäßig kleinen Rapa Nui über siebenhundert dieser Moai empor.

Die Steinplastiken sind verschieden hoch: von 3 bis zu 21

Metern. Zahlreiche Statuen – genau 166 – stehen unmittelbar in den Steinbrüchen an den Hängen des dortigen erloschenen Vulkans Rano Raraku. Weitere 150 erheben sich am Fuße und an den Hängen dieses Berges. Und mehrere hundert schmükken die Sippenheiligtümer der alten Bewohner von Rapa Nui, die *Ahu* genannt werden.

Obwohl die Moai der Osterinsel so zahlreich sind, ähneln sie doch einander auffällig, vor allem in ihrer Ausführung. Die Bildhauer von Rapa Nui haben den einzelnen Körperteilen unterschiedliche Aufmerksamkeit geschenkt. Manche wurden völlig ignoriert, auf andere, zum Beispiel auf die langgezogenen ausgeprägten Ohrläppchen, verwendeten sie sehr viel mehr Mühe. Große Sorgfalt widmeten sie darüber hinaus den Händen, ja jedem einzelnen Finger. Auch die Nasen der Steinköpfe treten scharf hervor, während hingegen die Augen kaum zu sehen sind.

Die unteren Körperpartien der Giganten scheinen deren Schöpfer nicht interessiert zu haben. Die Moai haben keine Beine. Überhaupt sind die Körperteile unterhalb des Gürtels – das einzige Kleidungsstück, das die Steinfiguren tragen – kaum bearbeitet. Die untere Körperhälfte ist nämlich in die Erde eingelassen und daher gar nicht zu sehen.

Die Köpfe der Moai waren einst mit *Pukaos* – großen Hüten oder Turbanen aus rotem Tuff – geschmückt, die aus den Steinbrüchen des erloschenen Vulkans Puna Pau stammten. Die Hüte hatten eine Höhe von 1 bis 2 Metern und einen Durchmesser von 1,5 bis 3 Metern. Ob diese roten Kopfbedeckungen die Haare der Figuren, Perücken, Kronen oder etwas anderes darstellen sollten, ist nicht bekannt. Ebenso ist nicht ganz klar, wen die Figuren darstellen. Die Antworten auf diese zweifellos wichtigen Fragen sind mindestens so zahlreich wie die Forscher, die sie im Laufe der Zeit gestellt haben.

Zwei Tatsachen müssen bei der Lösung dieses Rätsels, auf das es auch heute noch keine völlig eindeutige Antwort gibt, unbedingt in Betracht gezogen werden. Die eine ist der in Ozeanien weitverbreitete Ahnenkult. Alle jene geschnitzten Reliefs beispielsweise, die die hölzernen Versammlungshäuser der neuseeländischen Maori schmücken, sind nichts anderes als Bilder der ältesten Vorfahren der betreffenden Sippe oder des jeweiligen Stammes. Die Moai der Osterinsel aber – die meisten von ihnen – schmücken ebenfalls jene Ahu, jene Heiligtümer der einzelnen Sippen von Rapa Nui, und eigentlich ist es nur logisch: Womit sollte ein der Sippe dienendes Heiligtum geschmückt sein, wenn nicht mit dem Symbol dieser Sippe, mit dem Bild ihres Urahns? Nur daß es im waldreichen Neuseeland aus Holz und auf der Vulkaninsel Rapa Nui aus leichtem und leicht bearbeitbarem schwarzem Lavatuff geschaffen wurde, Material, das die Künstler an den Hängen des Vulkans Rano Raraku im Nordosten der Insel vorfanden.

Dieser Gedanke hat etwas für sich, aber – so stellt sich die Frage – warum sind dann die Steinfiguren der Osterinsel so ungeheuer groß? Auch darauf gibt es eine Antwort. Sie ist sozialpsychologischer Natur: Eine traditionelle Rivalität kann auf Rapa Nui dazu geführt haben, daß die Sippen einander durch die Größe und vor allem durch die Zahl ihrer Ahnenfiguren übertreffen wollten. Das würde sowohl deren abnorm hohe Zahl auf dieser relativ kleinen Insel als auch die riesigen Dimensionen der Standbilder erklären.

Auch über das Alter der Statuen sind die verschiedensten Mutmaßungen geäußert worden. Fest steht, daß die Bewohner von Rapa Nui Ende des 18. Jahrhunderts aufgehört haben, solche Figuren aus dem Vulkangestein ihrer Insel zu meißeln. Einige bringen den Verfall dieser Kunst der Steinbearbeitung und überhaupt den Niedergang der hochstehenden Kultur der Osterinsel mit den blutigen Stammeskriegen zwischen »Langohrigen« und »Kurzohrigen« in Verbindung, die um 1750 auf Rapa Nui geführt wurden. Einige der Steingiganten, denen die berühmte Expedition Thor Heyerdahls nach der Osterinsel besondere Aufmerksamkeit gewidmet hat, stammen vermutlich aus den ältesten Zeiten der Besiedlung durch die Polynesier, die höchstwahrscheinlich im 12. Jahrhundert von den Marquesas-Inseln her erfolgt ist, auf denen man ja ebenfalls steinerne Tikis gefunden hat. Jene ältesten Figuren unterscheiden sich in Form und Bearbeitung etwas von den uniformen Moai der späteren Zeit.

Außer den Fragen nach dem Ursprung der steinernen Zeugen der Vergangenheit und danach, wen diese monumentalen Werke der Bildhauer von Rapa Nui darstellen, weshalb sie so riesig und warum ihrer so viele sind, geben vielen die Moai noch weitere Rätsel auf: Wie wurden diese mehrere Tonnen schweren Steinkolosse transportiert, wie gehoben und auf die Flächen jener Heiligtümer befördert?

Auf die erste Frage, auf welche Weise die steinernen Giganten über größere Entfernungen transportiert worden sind, erhält der Besucher heute auf der Osterinsel oft die Standardantwort, die Moai seien von allein dorthin gelaufen. Diese Antwort klingt zwar absurd, aber es ist ja selten etwas so unsinnig, daß es nicht ein Körnchen Wahrheit enthielte. Vielleicht sind diese steinernen Riesen wirklich so fortbewegt worden, daß sie zur Seite geneigt und dann um ihre eigene Längsachse gedreht, sie also gewissermaßen auf ihren eigenen Füßen vorwärts gerollt wurden?

Was aber das Anheben der Giganten angeht, so behaupten die heutigen Bewohner Rapa Nuis, daß nach und nach Steine unter die Moai geschoben wurden. Mit jeder weiteren Steinschicht sei auf diese Weise das Standbild, das ursprünglich auf der Erde gelegen habe, ein wenig höher gehoben und schließlich aufgerichtet worden. Im Laufe von Jahrhunderten seien so durch die Bewohner der waldlosen Insel mehrere hundert dieser Steingiganten aufgestellt worden.

Es war übrigens wiederum Thor Heyerdahl, der durch die Tat den Beweis erbracht hat, daß die Polynesier in der Lage waren, diese schwierige Aufgabe zu lösen. Zusammen mit 180 Bewohnern der Insel gelang es ihm – ohne moderne technische Hilfsmittel –, steinerne Statuen mit einem Gewicht von 25 Tonnen aufzustellen. Auch wenn die Schlüsse, die er daraus zog, daß nur aus Amerika gekommene »Kulturschöpfer« solche Werke vollbringen konnten, nicht haltbar sind, hat er doch damit neuere Spekulationen widerlegt, nach denen angeblich allein vorgeschichtliche Supermenschen, Astronauten aus dem Kosmos, mit hochentwickelter Technik solche gigantischen Bauten zu errichten vermocht hätten.

Die Moai von Rapa Nui sind ganz zweifellos bedeutende Werke der bildenden Kunst der Polynesier, die nicht nur Stau-

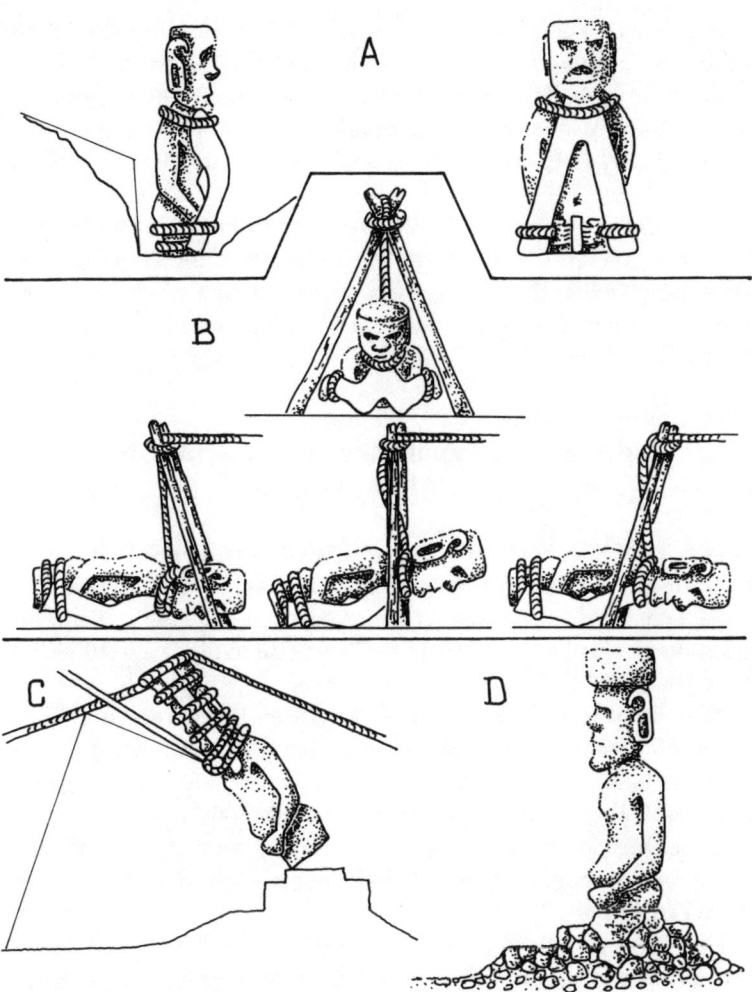

Eines der noch immer nicht eindeutig geklärten Rätsel ist der Transport der riesigen Steinfiguren von Rapa Nui. Die Zeichnung zeigt einen Rekonstruktionsversuch des Archäologen W. Mulloy.

nen, sondern auch Bewunderung vor der großen Begabung der dortigen Bildhauer erregen. Sie zeugen jedoch darüber hinaus davon, daß die Bewohner der Osterinsel auch solche auf den ersten Blick unlösbar erscheinende technische Probleme, wie zum Beispiel den Transport dieser Kolosse, zu lösen vermochten.

Trotz ihrer Ausmaße aber, trotz ihres ungeheuren Gewichts, trotz der Rätsel, die sie aufgeben, und trotz der Legenden fügen sich die Standbilder der Osterinsel in den übergreifenden Zusammenhang der polynesischen Kultur und der polynesischen Kunst ein.

Jadekeulen, Taparöcke, Tatauiermeister und Blütenkränze

Bevor die Osterinsel mit den einzigartigen Moai – diese berühmtesten Werke der polynesischen megalithischen Kunst – verlassen wird, sei daran erinnert, daß die dortigen Künstler auch diese Figuren nur mit Hilfe ihrer einfachen, ausschließlich steinernen Werkzeuge gehauen haben.

Natürlich besaßen die Polynesier neben ihren verschiedenartigen Werkzeugen auch Waffen. In ihrer Rüstkammer fehlt jedoch seltsamerweise eine Waffenart fast völlig, die in vielen anderen Gebieten der Erde einst die wichtigste war – Pfeil und Bogen. Der polynesische Krieger kämpfte statt dessen mit der Keule und – jedoch nicht auf allen Inseln – mit dem Speer oder dem Wurfspieß.

Die Keulen besaßen die verschiedensten Formen. Manche waren kurz und glatt, andere hatten einen kegelförmigen Kopf. Interessant sind die aus Nephrit oder Basalt geschliffenen Keulen der neuseeländischen Maori. Auch die Speere und Spieße waren unterschiedlich geformt. Manche hatten glatte Spitzen, andere waren mit tückischen Widerhaken versehen.

Der deutsche Weltreisende Georg Forster, der James Cook auf dessen zweiter Erdumseglung begleitete und mit ihm die Gesellschaftsinseln, Tonga, Hawaii und die Osterinsel besuchte, hat folgende detaillierte Schilderung polynesischer Waffen hinterlassen: »Sie [die hölzernen Keulen und Streitkolben] waren … zum Teil so schwer, daß wir sie nicht leicht mit einer Hand führen konnten. Der untere Teil oder der eigentliche Kolben war mehrenteils vierseitig und von blattförmiger Gestalt, der Schaft ebenfalls viereckig, jedoch oberhalb gegen den Handgriff zu rund. Andere sahen schaufelförmig, flach und zackigt aus, noch andere hatten lange Griffe und eine flietähnliche Schneide, und wiederum andere waren krumm, knotigt und so weiter. Die mehresten fanden wir über und über nach allerhand felderweise abgeteilten Mustern geschnitzt, welches viel Zeit und eine unglaubliche Geduld erfordern muß, indem ein scharfer Stein, ein Stückchen Koralle oder eine Muschel die einzigen Werkzeuge sind, womit sie dergleichen Arbeit machen können. Die Abteilungen oder Felder dieses Schnitzwerkes kamen an Größe und Ebenmaß auf das genaueste miteinander überein, und die Oberfläche der ungeschnitzten Keulen war so schön geglättet, als man es von den geübtesten und mit dem besten Handwerkszeuge versehenen Künstlern nur hätte erwarten können. Außer den Keulen hatten sie auch Speere von vorgedachter Holzart, die oftmals nur aus langen, zugespitzten Stöcken bestanden, oft aber auch mit dem Schwanz der Stachelrochen als mit einer furchtbaren Spitze versehen waren.«

Zu den Waffen der Polynesier gehörte auch eine Steinschleuder, die aus einem Strick aus Pflanzenfasern und einer Schleuderfläche aus Baststoff bestand. Dieser Rindenbaststoff, Tapa genannt, ist ein weiteres bemerkenswertes Erzeugnis der polynesischen Handwerker. Er zeugt zugleich davon, wie geschickt die Polynesier Rohstoffe, die ihnen ihre Inseln nicht boten, durch andere ersetzt haben. In diesem Fall fehlten geeignete Fasern, um Textilien weben zu können.

Die Tapa ist ein ungewebter papierähnlicher Stoff. Sie wird aus dem Bast des auf den Inseln heimischen Papiermaulbeerbaums und mancherorts auch des Brotfruchtbaums hergestellt. Der polynesische Handwerker – in diesem Fall die Handwerkerin, denn die Tapaherstellung ist in ganz Ozeanien, im Unterschied zu der Anfertigung von Waffen, ausschließlich Frauensache – löst den Bast sorgfältig von der korkigen Rinde ab, säubert ihn von allen Unreinheiten und legt ihn dann längere Zeit in Wasser. Durch das Wässern wird der Bast geschmeidig und weich. Danach wird er mit kurzen Holzschlegeln geklopft, bis die Baststreifen hauchdünn geworden sind. Dann können sie, wiederum durch Klopfen, sogenanntes Zusammenklopfen – die Ränder zweier Tapastreifen werden übereinandergelegt –, zu einem breiteren Stück Stoff verbunden werden. Anderswo werden die dünn geklopften Baststreifen zusammengenäht oder – was häufig vorkommt – zusammengeklebt.

Die polynesischen Tapas sind reich verziert, in der Regel mit geometrischen Ornamenten. Diese sind auf manchen Inseln in die Schlegel eingeschnitzt, die beim Klopfen auf dem Baststoff Musterungen erzeugen, die ein wenig an Wasserzeichen in Papier erinnern. Oft werden die Tapas auch farbig geschmückt, indem die geometrischen Muster entweder mit Pinseln aufgemalt oder mit Hilfe eines Stempels aufgedrückt werden. Mitunter werden auch eingefärbte Matrizen auf die Tapa aufgelegt und die Muster durchgedrückt oder durchgerieben. Die Ornamente sind in gelben, roten oder braunen Farbtönen gehalten.

Aus dem auf diese Weise bearbeiteten Baststoff werden Rökke und andere Kleidungsstücke, aber auch Schlafdecken, Vorhänge und Taschen gefertigt. Mitunter wird auch der Fußboden während der Mahlzeiten mit Tapas oder geflochtenen Matten bedeckt.

Die Tapa war in vielen Gebieten Polynesiens, vor allem auf Tonga, dem klassischen Land dieses Baststoffes, das hauptsächliche Material, aus dem die Inselbewohner ihre Kleidung herstellten. Vieler Kleidungsstücke bedurfte es jedoch infolge des tropischen Klimas, das in den meisten Gebieten Polynesiens herrscht, nicht. Die Männer trugen meist nur einen Lendenschurz, unter der samoanischen Bezeichnung *Lava Lava* bekannt, die Frauen dagegen Röcke bzw. Kleidermatten, ebenfalls meist aus Tapa, mancherorts auch aus Pflanzengeflechten in Form von Fransen oder großen Blättern.

Für manche polynesischen Inselgruppen, zum Beispiel Hawaii, war ein ärmelloser, an den Seiten offener Umhang ein typisches Kleidungsstück, das an den Poncho südamerikanischer Indianer erinnert, aber eine eigenständige Erfindung der Poly-

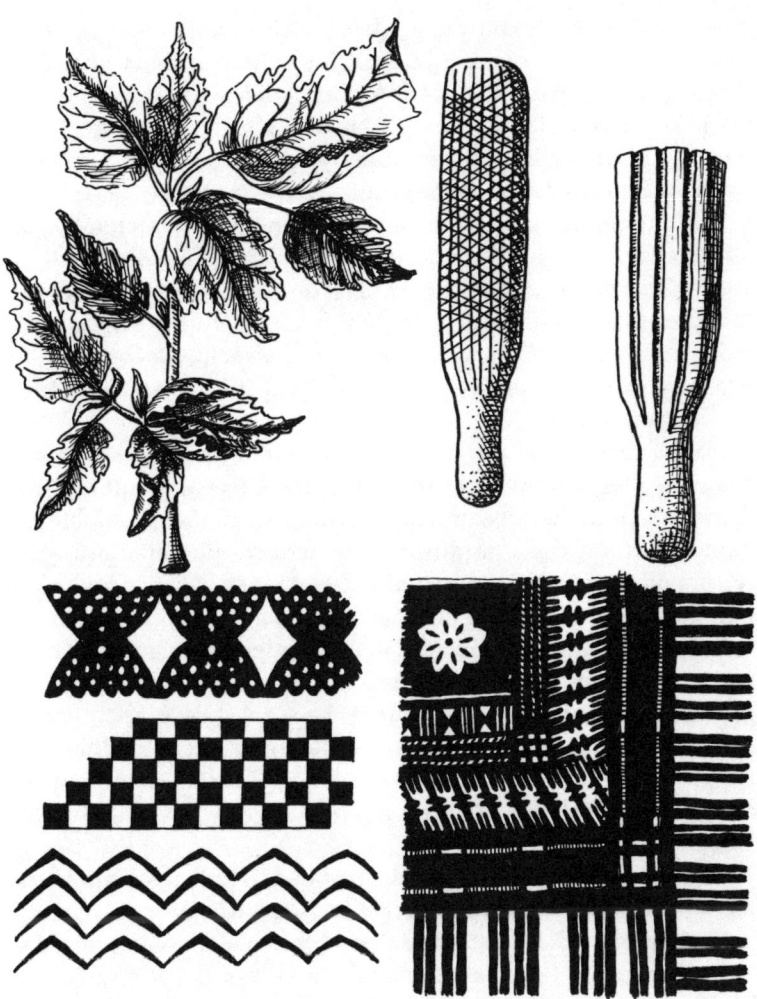

Auch heute noch ist die Herstellung von Rindenbaststoff charakteristisch für Polynesien. Links oben der pazifische Papiermaulbeerbaum, aus dessen Bast der Stoff gefertigt wird. Rechts oben zwei typische Holzschlegel. Links unten sind Ornamente einer solchen Tapa, daneben das Muster eines Baststoffes von den Tonga-Inseln abgebildet.

nesier war. Die Kleidung der Maori wich von der aller anderen Bewohner infolge des kühleren Klimas Neuseelands etwas ab. Zum Schutz gegen Wind und Wetter haben sie sich aus den Fasern des neuseeländischen Flachses lange Mäntel geknüpft oder auch aus Hundefellen und Federn besonders wertvolle Umhänge und Mäntel angefertigt.

Ein unerläßlicher »Ersatz« der Kleidung war in vielen Gebieten Ozeaniens die Tätowierung, eigentlich Tatauierung (das Wort ist polynesischer Herkunft), die bei fast allen Völkerschaften Ozeaniens üblich ist. Ihre höchste Vollendung hat sie jedoch auf den Inseln der Polynesier erreicht. Besonders die Marquesas-Insulaner, die Samoaner und die Maori sind Meister dieser Kunst.

Nach Erreichen der Geschlechtsreife erhielt der junge Mann – oder das junge Mädchen – eine Tatouage, mit der einzelne Körperteile geschmückt wurden. In manchen Gebieten, namentlich auf den Marquesas, war jedoch die Tatauierung so reich und dicht, daß sie beinahe den ganzen Körper bedeckte. Die Tatouage ging folgendermaßen vor sich: Der Ruß der ölhaltigen Lichtnuß wurde mit Wasser oder Kokosnußöl zu einem schwarzen Farbstoff vermischt, in den die Zinken der sogenannten Tatuierharke getaucht wurden. Die Harke wurde dann mit einem Schlegel unter die Haut getrieben (Stichtatauierung). Die eingestochenen kunstvollen Muster schimmerten nun in dunkelblauer Färbung durch die gold- oder hellbraune Haut.

Das Tatauieren galt in Polynesien als ein heiliges Handwerk. Es wurde von Meistern ausgeübt, die ihre Kunst wie die Schnitzer oder die Bootsbauer gewöhnlich vom Vater auf den Sohn vererbten. Jede Tatauierung, die sich in der Regel auf ein bestimmtes wichtiges Ereignis im Leben eines Menschen bezog, zum Beispiel auf das Erreichen der Geschlechtsreife, war mit dem Vollzug der für dieses Ereignis bestimmten religiösen Rituale verbunden. Charakteristisch und äußerst eindrucksvoll war die spiralförmige Tatauierung, besonders des Gesichts, der Maori Neuseelands.

Doch nicht nur durch die Tatouage und die Pflege ihres Körpers suchten sich die Männer und Frauen der Südsee-Inseln zu

Anmutigen Tänzerinnen begegnet der Besucher auf vielen polynesischen Inseln.

Teil eines der wichtigsten Zentren des Religionskultes auf Tahiti –
der Tempel »Arahu Rahu«.

Strandidylle auf Hawaii.

Die Auslegeboote sind auch heute noch Hauptverkehrsmittel der Polynesier.

Die Götter der Polynesier waren furchterregende, unnahbare Gebieter.

Sehr oft werden in Polynesien Nachbildungen alter Skulpturen zum Verkauf angeboten.

Noch heute begegnet der Besucher farbenprächtigem Federschmuck.

Oftmals stehen die polynesischen Häuser am Strand von Lagunen.

An der Westküste der Insel Moorea.

Auslegeboote am Ufer einer Lagune.

Das traditionelle Prinzip der polynesischen Architektur ist auch heute noch
vorherrschend.

Gewaltige Moai-Monolithen sind vor allem an den Hängen des Vulkans Rano Raraku auf der Osterinsel zu sehen.

Versammlungshaus der polynesischen Maori auf Neuseeland.

Geysir auf der Nordinsel von Neuseeland.

Modell eines Maori-Bootes.

Polynesische Musiker.

verschönen, sie haben ihr Ansehen und ihren Rang auch durch allerlei Schmuckgegenstände betont, die sie sich aus pflanzlichen und tierischen Materialien anfertigten oder von Kunsthandwerkern anfertigen ließen, zum Beispiel Halsketten und Brustzierate aus Muscheln, Armreifen aus Schildpatt, Rindengürtel mit eingeschnittenen Mustern, Anhänger aus Jade (auf Neuseeland), Halsschmuck aus Hunde- oder Fischzähnen und Ohrenzierat von mannigfaltigster Form aus den verschiedensten pflanzlichen und tierischen Materialien.

Doch nicht nur sich selbst, auch ihre Gerätschaften, vor allem aber ihre Boote und Ruder, haben die Polynesier mit allerlei Verzierungen geschmückt. Besonders die flächenfüllenden, spiralförmigen Ornamente der Maori sind wahre Meisterwerke der Holzschnitzkunst. Reich verziert wurde auch der Ritualschmuck: Prunkäxte und -keulen, Tanzschilde, Zeremonialschalen und -kellen, ritueller Kopfputz aus Vogelfedern und Baumfarnen, Ziergriffe von Fliegenwedeln, Nackenstützen und zahllose andere Gegenstände.

Ein für Ozeanien typischer Schmuck, für Frauen wie für Männer, waren und sind die *Lei* genannten Blumenkränze. Besonders die Hawaiianer haben in dieser Kunst hohe Meisterschaft erreicht. Die Blumen – Orchideen, Ingwer- und Jasminblüten – werden nach einer jahrhundertealten Tradition zu Kränzen zusammengeflochten. Die Hawaiianer tragen sie auch heute noch bei jeder passenden Gelegenheit, und an großen Festtagen schmücken sich buchstäblich alle mit einem Blütenkranz. Bis heute finden auf den Hawaii-Inseln sogar gesamtnationale Wettbewerbe statt, in denen derjenige ermittelt wird, der den schönsten Lei gestaltet.

Nicht minder berühmt sind die Federarbeiten – die Federmäntel und -umhänge der hawaiischen Könige und Häuptlinge und deren Federstandarten, die *Kahili*, die die hawaiischen Meister dieser Kunst aus farbenprächtigem Gefieder geschaffen haben. Für einen einzigen Federmantel wurden Tausende von gelben, roten und schwarzen Federn in einem feinen Netzwerk befestigt. Von diesen *Ahuula* der althawaiischen Häuptlinge sind nur einige wenige Stücke erhalten, die heute zu den größten Kostbarkeiten völkerkundlicher Museen gehören.

Die polynesische Gesellschaft hat ihre Künstler stets hoch geachtet. Nicht von ungefähr wurden sie mit dem gleichen Namen wie die Priester bedacht – mit *Tahuna* (auf Hawaii mit *Kahuna*, auf Tahiti mit *Taua*). Dieses Wort bedeutet soviel wie »Meister« oder »Maestro«.

Doch nicht nur die polynesischen Kunsthandwerker, Haus- und Schiffsbauer standen auf derselben Stufe wie die Priester, sondern auch die Dichter und Sänger, die Stern- und Heilkundigen, die Tänzer und Musikanten. Sie alle waren hochangesehen und galten als Tahunas – als Menschen, denen eine übernatürliche Kraft und Fähigkeit, jenes Mana innewohnte, das dem damit Begabten die Macht und die Gabe verlieh, etwas zu schaffen, was andere nicht vermochten. Sie standen, nach den Vorstellungen der Polynesier, den Göttern näher als die gewöhnlichen Sterblichen. Sie waren gleichsam Werkzeuge eines höheren Willens, so wie ihre Schöpfungen die geistige Welt der Bewohner der Südsee-Inseln widerspiegeln – die polynesische Kultur.

Der Hula und andere Tänze

Die Tänzer, die zu den Tahunas gerechnet werden, sind freilich nicht irgendwelche Tänzer, sondern die Meister des Hula. Zur polynesischen Kunst gehört – nicht nur in den Augen der Ethnologen oder der Historiker, sondern auch in den Augen der Polynesier – der Tanz als gleichberechtigte Gattung, und zusammen mit ihm auch jene Künste, die aufs engste mit ihm verbunden sind: die Musik und der Gesang.

Die Heimat des Hula sind die Hawaii-Inseln. Und Hawaii ist auch die Heimat der wohl schönsten polynesischen Musik, der polynesischen Lieder, deren einschmeichelnde Melodik selbst noch in ihrer kommerzialisierten Form die Herzen betört.

Doch zunächst zu den polynesischen Tänzen, die schon die Aufmerksamkeit und das Entzücken der ersten europäischen Besucher Polynesiens erregt haben. Ja, nicht selten haben die Bewohner der Südsee-Inseln ihre weißen Gäste mit Tänzen willkommen geheißen. Und diese Tänze, die vollkommen harmonischen, die Sinne erregenden Bewegungen der Tänzerinnen und Tänzer, die die Heiterkeit und Unbeschwertheit jener Naturkinder widerzuspiegeln scheinen, haben zu dem damals entstandenen Bild des Polynesiers als eines kindlich frohen »Bewohners des Paradieses« beigetragen.

Die Polynesier kannten zahllose Tänze. Auch ein kurz nach Ankunft der Europäer auf Tahiti aufgezeichneter Bericht zählt verschiedene Tänze mit unterschiedlicher Thematik auf, die bei einem einzigen Fest vorgeführt wurden. Aus diesen Aufzeichnungen geht auch hervor, daß das beliebteste Begleitinstrument der tahitischen Tänzer bis heute die *Pahu* ist – eine mit Haifischhaut überzogene Trommel.

Die Krone, der Gipfel der polynesischen Tanzkunst ist freilich der Hula. Unter diesem populären Namen stellen sich die meisten Europäer und Amerikaner so etwas wie eine erotische Bewegungsshow vor – eine Art Südsee-Version des orientalischen Bauchtanzes. Doch das genaue Gegenteil ist der Fall. Gewiß, die Bewohner der Südsee-Inseln entsagen nicht der körperlichen Liebe, doch das tun die Menschen anderer Länder auch nicht, nur daß die Polynesier nie einen Hehl daraus gemacht haben und daraus machen, daß sie den Freuden der Liebe zugetan sind. Die Erotik spielte und spielt in ihrem Leben, und also auch in ihrer Tanzkunst, die Ausdruck ihres Lebensgefühls war und ist, eine große, wenn auch oft verzerrt dargestellte Rolle. Ihre Tänze spiegeln aber ihr Lebensgefühl in seiner ganzen Fülle, in seiner ganzen Mannigfaltigkeit wider, in der die Liebe zwar viel, aber nicht alles bedeutet.

Was ist also dieser polynesische Tanz der Tänze, dieser Hula, wenn er mehr als der Cancan der Südsee ist?

Der Hula ist nahezu unbeschreiblich. Er ist in der Tat so faszinierend, Sinne und Gemüt so eigentümlich erregend, daß er nicht von dieser Welt zu stammen scheint. Den ersten Hula überhaupt soll, den Legenden zufolge, auch kein Mensch, sondern eine Göttin getanzt haben – die schöne Schwester der hawaiischen Vulkangöttin Pele. Diese tanzende Göttin Laka war jedoch, nach anderen polynesischen Mythen, nicht nur die Lieblingsschwester Peles, sondern auch die Schwester und Gattin des Fruchtbarkeitsgottes Lono, der von den Hawaiianern besonders geliebten Gottheit. Auf jeden Fall galt Laka als die Schutzgöttin des Hula und aller jener, die ihn tanzten. In den Augen der Hawaiianer war er also ein Geschenk der Götter, und wer einmal einen echten hawaiischen Hula gesehen hat – denn dieser uralte Tanz ist noch heute lebendig –, ist fast geneigt, diesen Glauben zu teilen. Doch nicht nur die legendäre Überlieferung, sondern auch die völkerkundliche Forschung bringt den Hula mit den Göttern, mit den Fruchtbarkeitsritualen der alten Hawaiianer in Verbindung. Mit diesem Tanz sollen sie den Gott Lono (oder auch den Gott Kane) um Fruchtbarkeit für ihre Felder und Frauen angefleht oder sich dafür bei ihm bedankt haben.

Der Hula ist also ursprünglich eine rituelle, eine heilige Handlung gewesen – ein Gebet ohne Worte, bei dem die Bewegungen der Arme und Beine, der bebenden Hüften, der wippenden Brüste, der ganzen biegsamen Körper der Tänzerinnen und Tänzer die menschliche Sprache ersetzten. Auch heute noch verstehen die Künstler dieses eigentümlichen polynesischen Balletts, das zugleich pantomimische Kunst in höchster Vollendung ist, Vorgänge und Gefühle, für die zu schildern ein Schreibender Hunderte von Wörtern benötigt, mit einigen wenigen Gesten und Biegungen ihrer geschmeidigen Körper auszudrücken.

Nicht jeder durfte den Hula tanzen, und es konnte ihn auch nicht jeder tanzen; denn die uralte hohe Kunst des Hula, von Generationen geformt, wollte erlernt sein – in jahrelanger und ehrfürchtiger Übung und Zucht.

Wie alles, was den alten Polynesiern bedeutsam erschien, weil es mit den Göttern in Zusammenhang stand, war auch die Kunst des hawaiischen Hula in feste, ritualisierte Formen eingebettet. Wer den Göttern und den Menschen auf diese Weise dienen wollte, mußte dessen würdig sein und sich auf diesen Dienst ernsthaft und sorgfältig vorbereiten. Er hatte bei einem Meister jener heiligen Kunst, einem Kahuna (Tahuna) also, dessen Titel *Kumu* lautete, in die Lehre zu gehen. Die Tanzlehrer genossen hohes Ansehen und waren stets zugleich Priester des Kultes der Göttin Laka. In Polynesien dienten die Priester in der Regel nur einem Gott oder einer Göttin.

Die Kumu wählten, wohl meist in Absprache mit dem herrschenden Häuptling, unter den jungen Männern und Mädchen solche aus, die ihnen von der Statur und den Anlagen her geeignet erschienen. Die ausgewählten Adepten der Tanzkunst wurden zum Zwecke der Ausbildung in Gruppen, in regelrechten Tanzschulen, *Halau-Hula* oder nur *Halau* genannt, zusammengefaßt.

Schon der Bau einer solchen Tanzschule glich einer heiligen Handlung. Der Kumu zog mit seinen Schülern in die Wälder und suchte geeignete Bäume aus. Dann wurden Kane, dem göttlichen Vater aller Bäume, die geforderten Opfer dargebracht, damit er ihnen nicht zürnte, wenn sie ihm seine Kinder entrissen. War die Halau-Hula dann von den Zimmerleuten mit ihren geheiligten Werkzeugen erbaut, wurde sie in einem feierlichen Ritual der Göttin Laka geweiht. Der Kumu schmückte nun das Innere des hölzernen Musentempels mit den Symbolen seiner Schutzherrin, und erst dann konnte die Ausbildung ihrer auserwählten jungen Dienerinnen und Diener beginnen.

Als erstes wurden diese einer rituellen Reinigung unterzogen, und sie mußten das Gelübde ablegen, die Gebote, die ihnen die Göttin auferlegte, treu einzuhalten. Die Schüler einer Halau waren während ihres Studiums tabu. Keiner, der nicht von dem Kumu geweiht war, durfte eine Hulaschülerin oder einen Hulaschüler berühren. Auch ihre Beziehungen untereinander waren streng geregelt. Obwohl sie jung und schön waren und gewiß aneinander Gefallen fanden, mußten sie absolute Keuschheit bewahren. Auch bestimmte Speisen und Getränke waren für sie tabu, und ihre Tage und Wochen waren mit hartem Tanztraining ausgefüllt.

Ein jeder Studientag begann mit Gebeten, die der Kumu vorsprach. Die Tanzschüler baten die Göttin Laka, in ihre Körper einzugehen und ihnen ihre göttliche Kunst zu schenken. In einer jeden Halau-Hula war Laka gleichsam persönlich anwesend. Auf ihrem Altar lag, in ein gelbes Tapatuch gehüllt, ein Scheit duftenden Holzes, das die Gegenwart der Göttin versinnbildlichte.

In der Regel erhörte Laka die Bitten ihrer Anbeter und lehrte sie mit Hilfe des Kumu, dieses priesterlichen Ballettmeisters, im Laufe des sich über mehrere Jahre erstreckenden Studiums bis zu zweihundert verschiedene Tänze – feierliche und würdevolle, die mit der polynesischen Religion, mit der Verehrung der Götter, verbunden waren. Jeder Bewegungsablauf, jede Schrittfolge, jedes Zurückwerfen des Kopfes, jede Drehung der Hüften, ja selbst das unwillkürliche Wippen der nackten weiblichen Brüste und die scheinbar ungezügelte Ekstase entfesselter Leidenschaft wurden hunderte Male geprobt, um die vom Kumu gewünschte Wirkung zu erzielen.

Wenn der Kumu nach einigen Jahren zu der Überzeugung gelangt war, daß seine Schüler nun die Kunst der Göttin Laka so weit beherrschten, um vor die Öffentlichkeit zu treten, mußten sie eine Art Abschlußexamen ablegen und das erworbene Können unter Beweis stellen. Auf diese Prüfungszeremonie bereiteten sich die Zöglinge der Halau sorgfältig vor, und die ihr vorangehenden Wochen waren sicherlich die schwersten für sie. In dieser Zeit durfte nämlich kein Wort über ihre Lippen kommen, und sie durften die Schule nur verlassen, wenn ihr Gesicht mit einer Art Kapuze verhüllt war.

Wenn dann endlich die Sichel des Mondes am Nachthimmel aufging, zogen sie zusammen mit ihrem Priester und Lehrer um Mitternacht in tiefem andächtigem Schweigen zum Meeresufer. Sie tauchten ihre nackten Körper in die Wellen der Moana, um sich abermals rituell zu reinigen. Dann warteten sie, noch immer schweigend, bis der rote Sonnenball am Horizont aus dem Ozean emporstieg. In diesem Augenblick opferten sie der Göttin ein Ferkel. Sie brieten es in einem Imu, den sie während der Nacht vorbereitet hatten, und jeder der Hulaschüler verzehrte andächtig ein Stück von dem Fleisch. Das Tabu, das den jungen Männern und Mädchen verbot, zu sprechen und gemeinsam zu speisen, hatte der Priester zuvor feierlich aufgehoben. Seelisch geläutert und körperlich gestärkt, erhoben sie sich von dem Opfermahl, das sie mit der Göttin vereint hatte, und sie begannen zu tanzen. Ganz behutsam erst, als fürchteten sie, die Erde zu berühren, fingen sie an, sich in den Hüften zu wiegen, die Arme zu bewegen und die Füße zu setzen, so wie es sie der priesterliche Meister gelehrt hatte. Dann aber warf die Göttin Laka ihren Zauber über sie. Als strömte der göttliche Atem durch ihre Nerven, begannen im Rausch des heiligen Tanzes ihre Körper zu beben, ihre Beine zu wirbeln, ihre Arme zu schweben und ihre Lenden zu zucken. Ihre jahrelang gestaute Lebenslust entlud sich in der Verzückung dieser weihevollen Stunde.

Wenn die jungen Tänzerinnen und Tänzer dann am Ende des heiligen Tanzes keuchend in den Sand des Ufers sanken, wenn sie aus den Armen der schönen Göttin auf den Boden ihre hawaiischen Erde zurückkehrten, erschöpft, aber mit einem glücklichen Lächeln auf den braunen Gesichtern, dann trat der Kumu zu ihnen. Er lobte sie nicht, doch aus den kritischen fachmännischen Bemerkungen, die der Kumu machte, sprach höchstes Lob. Er redete mit ihnen wie mit Künstlern, die vor seinen prüfenden Blicken bestanden hatten.

Hatten sich die Prüflinge nach einer Weile wieder erholt, versammelten sie sich um ihren Meister, und der Kumu erteilte ihnen mit den feststehenden Worten der rituellen Formel die Weihe. Von nun an und für alle Zeit, für ihr ganzes Leben, waren sie Hulatänzer und -tänzerinnen, vollberechtigte junge Mitglieder des ehrenwerten hawaiischen Standes der Diener der Göttin Laka. Von den Tabus ihrer Lehrjahre befreit, war es von diesem Tage an ihr Recht und ihre Pflicht, die Kunst ihrer Musengöttin in Ehren zu halten und die Menschen damit zu beglücken. So sangen sie denn auch alle zusammen mit ihrem priesterlichen Lehrer zum Ruhme der tanzenden Göttin und zum Abschluß dieser Prüfungszeremonie eines der Laka geweihten Lieder. Dann kehrten sie mit ihrem Kumu an der Spitze in ihr Dorf zurück, wo vor der Halau-Hula schon ihre Eltern und Verwandten mit Blumen und Geschenken in den Händen auf sie warteten, um sie zu beglückwünschen...

So oder ähnlich vollzog sich überall auf Hawaii die Weihe der Olapa, der jungen Hulakünstler. Später zerstreuten sich dann die jungen Tänzerinnen und Tänzer über die ganze Inselgruppe, um auf den Festplätzen der Ortschaften, an den Höfen der großen Häuptlinge und später der Könige den Göttern und den Menschen mit ihrer Kunst zu dienen, ihnen jenes Entzücken zu schenken, das allein der Hula gewährt.

Das verborgene Mysterium dieses Tanzes und die völlig ent-
blößten Brüste und Hüften der Hulatänzerinnen haben dann
im 19. Jahrhundert das Mißfallen der puritanischen Missionare
aus Neuengland erregt. Von allen polynesischen Künsten haben sie zuallererst und am meisten die alte polynesische Tradition des Hula zu unterdrücken versucht.

Unter dem hawaiischen König Kalakaua, der die Kulturtradi-
tionen seines Volkes wieder aufleben ließ, kam es dann zur
großen Renaissance des Hula, und in unserem Jahrhundert entdeckte ihn schließlich die Touristikindustrie als Attraktion für die
Hawaii-Reisenden. Seine Frische, seine Formen und seinen Blü-
tenduft hat sich der Hula bewahrt, jenes unbeschreibliche
Fluidum, das allein von ihm, dem König der Tänze, ausgeht.

Die Klänge der Südsee

Die Musik der Polynesier, besonders die der Hawaii-Inseln, gehört, ebenso wie der Hula, zweifellos zu den Elementen ihrer
Kultur, die in der breiten Öffentlichkeit noch am bekanntesten
sind. Die meisten Menschen kennen die polynesische Musik
aber nur in ihrer kommerzialisierten Form, wie sie Rundfunk
und Fernsehen in ihren Sendungen dem Publikum darbieten
und damit nicht unwesentlich zu jenem von pseudoromanti-
schen Vorstellungen verklärten Bild des Südsee-Paradieses beigetragen haben. Gerechterweise muß aber gesagt werden, daß
diese süße Musik der Südsee nicht nur das Produkt der modernen Vergnügungsindustrie ist, sondern auch aus der reichen
musikalischen Folklore der Polynesier schöpft.

Die ursprüngliche Musik der sanges- und tanzfreudigen
Südsee-Insulaner diente freilich ganz anderen Zwecken als die
dem modernen Geschmack angepaßten Imitationen. Aus dem
Kult geboren, war sie dazu bestimmt, die heiligen Handlungen
und vor allem die heiligen Tänze und Gesänge mit Klängen zu
begleiten, bestimmt, das Gemüt der Gläubigen für das Nahen
der Götter empfänglich zu stimmen.

Die altpolynesischen Lieder waren längst nicht so melodiös,
wie es die modernen Südseeschlager sind. Ja, sie klangen fast

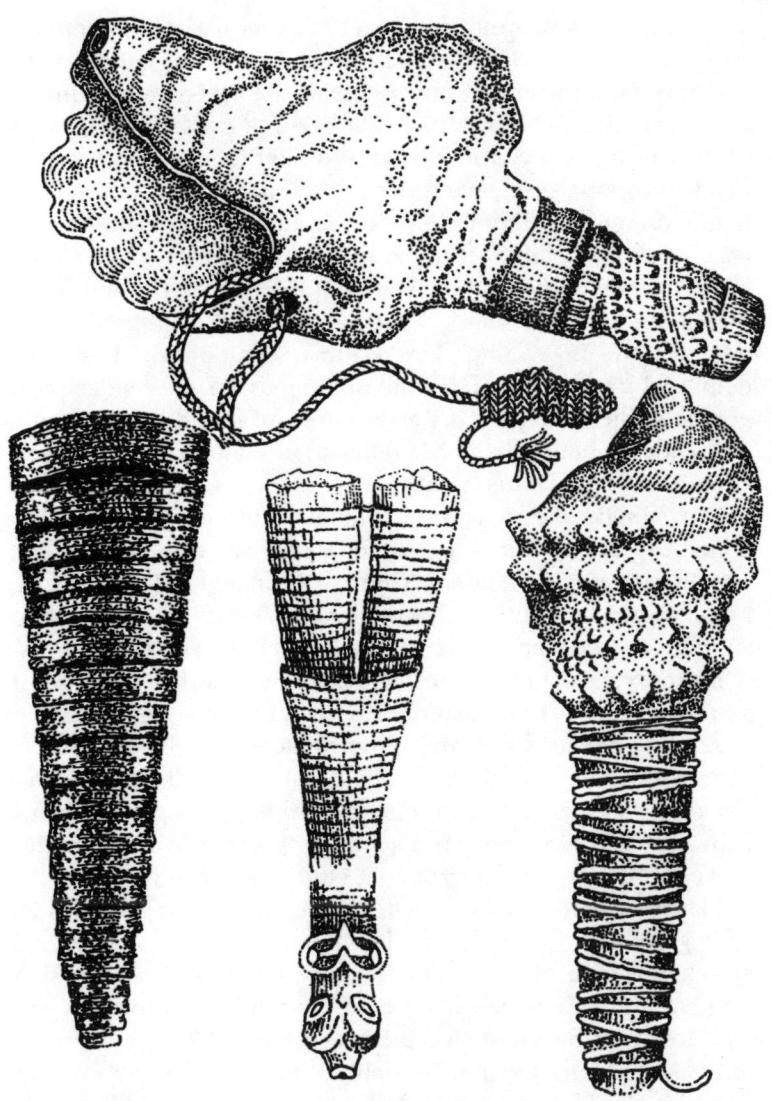

Ihre Blasinstrumente stellten die Polynesier meistens aus Muschelschalen her.

monoton und kamen in der Regel mit drei bis vier Tönen aus. Aber sie müssen sich dennoch ansprechend angehört haben, wie schon die folgenden Impressionen Georg Forsters beim Besuch einer der Gesellschaftsinseln beweisen: »Kaum hatten wir in diesem Hause, von mehr denn hundert Menschen umringt, Platz genommen, als zwei oder drei Frauenzimmer uns mit einem Gesang bewillkommten, der, so einfach die Melodie auch war, doch ganz angenehm und ungleich musikalischer klang als die Lieder der Tahitier. Die Sängerinnen hatten ungemein wohlklingende Stimmen . . . Zu gleicher Zeit schlugen sie mit dem ersten Finger und dem Daumen Knippchen dazu nach dem Takt und hielten indes die übrigen drei Finger jeder Hand gerade in die Höhe. Als die ersten drei aufgehört hatten, fingen drei andere ebendieselbe Melodie an, und endlich ward ein allgemeiner Chor daraus gemacht.«

Die Musik, die den Hula und die anderen polynesischen Tänze begleitete, war schon unvergleichlich reicher, vor allem was ihren faszinierenden Rhythmus angeht. Der Besucher braucht nur die heutigen Trommler von Tahiti zu hören, wenn sie den suggestiven Upa Upa musikalisch untermalen.

Ein polynesisches Orchester bestand nur aus einigen wenigen Musikanten, und auch die Auswahl an Musikinstrumenten war verhältnismäßig klein. Eine wesentliche Rolle spielten Trommeln. Die Hawaiianer haben hauptsächlich die *Ipu* oder *Ipu Hula* benutzt, eine aus einem Kürbis gefertigte Trommel. Mitunter kombinierten sie auch zwei solcher Trommeln miteinander, indem sie der größeren eine kleinere aufsetzten.

Blasinstrumente haben in der altpolynesischen Musik eine weit geringere Rolle als die Trommeln gespielt. Eher Signalzwecken diente die aus dem Gehäuse der großen Trompetenschnecke gefertigte hawaiische *Pu,* die mehrere Kilometer weit zu hören war. Berühmt sind die besonders auf Tonga verbreiteten Nasenflöten, deren »Mundstück« nicht in den Mund, sondern in ein Nasenloch geschoben wird, während die rechte Hand des polynesischen Flötenspielers die ein bis drei Fingerlöcher abwechselnd öffnet und verschließt. Andere Rohrflöten, wie die mit dem Mund geblasene Bambusflöte *Kaekeke,* beginnen die Hawaiianer heute in ihrer Musik wieder zu verwenden.

Von den alten Saiten- bzw. Zupfinstrumenten, die heute für die hawaiische Musik so charakteristisch sind, war im alten Polynesien eigentlich nur der »Singende Bogen« in verschiedenen Varianten verbreitet, der auf Hawaii *Ukeke* genannt wurde. Das an eine Bogenwaffe erinnernde Instrument ist meist aus Palmenholz gefertigt, es hat ein, zwei oder drei Saiten, die in der Regel aus Palmenfasern bestehen. Solche Singenden Bögen gibt es auch auf der Insel Rapa Iti, auf den Atollen der Tuamotu-Gruppe und auf den Marquesas. Der polynesische Musikant hält die Bogenleiste mit dem Mund, während er die Saiten mit den Fingern oder einem Zupfblättchen zum Klingen bringt.

Die heute populärsten Musikinstrumente – die Hawaii-Gitarre und die Ukulele – sind in Wirklichkeit gar nicht polynesischen Ursprungs, sondern der Musikkultur anderer entlehnt. Jene kleine Gitarre, die Ukulele, haben die Hawaiianer von portugiesischen Plantagenarbeitern übernommen, die im vorigen Jahrhundert auf ihre Inseln gekommen waren. Die Klänge, die diese Einwanderer dem Instrument entlockten, das die Hawaiianer an ihre Ukeke erinnerte, entzückten sie so, daß sie begannen, sich dieses hübsche »Spielzeug« selbst anzufertigen. Sie gaben ihm den Namen *Ukulele,* wörtlich »Hüpfender Floh«, entwickelten das Instrument im Laufe der Zeit weiter, und unter seinem hawaiischen Namen ist es heute in aller Welt bekannt.

Vermutlich ebenfalls von portugiesischen Einwanderern haben die Hawaiianer auch die nicht minder berühmte größere Schwester der Ukulele, die von ihnen etwas umgestaltete sechssaitige Hawaii-Gitarre übernommen, deren einschmeichelnde, wehmütig-süße Klänge geradezu zum musikalischen Symbol ihrer Inseln geworden sind.

Die Europäer, die aufgrund einer unermeßlich reichen künstlerischen Tradition manchmal dazu neigen, ein wenig hochmütig auf die kulturellen Leistungen sogenannter Naturvölker herabzublicken, tun, bei allem berechtigten Stolz, gut daran, diesen Hochmut abzulegen und sich auch dem einzigartigen Zauber der polynesischen Kunst in all ihren Ausdrucksformen zu öffnen, sie aus ihren Entstehungsbedingungen und ihrer natürlichen Umwelt heraus zu begreifen und sie als das zu bewundern, was sie war und was jede Kunst ist – geistige Daseinsbewältigung in vorgeprägten oder neuerschaffenen Ausdrucksformen, gleich ob es gemeißelter Stein oder geschnitztes Holz, die Leuchtkraft gebundener Blumen, die Faszination von Dichterworten oder die Zauberklänge musikalischer Schöpfungen sind.

Wenn das begriffen ist, ist auch zu verstehen, warum die Polynesier die Dichter ihrer Lieder, die Schöpfer ihrer Bau- und Bildwerke, die Tänzer des heiligen Hula und die Sänger ihrer überlieferten Lieder – ebenso wie ihre Priester – in tiefer Ehrfurcht vor dem Geheimnis des Schöpferischen *Tahuna*, Meister, genannt haben.

Polynesische Freuden

Die lebensfrohen Bewohner der Südsee-Inseln, die Gesang und Tanz so sehr liebten und lieben, vermochten sich aber nicht nur dem Zauber der Klänge und der Magie der Körpersprache mit Inbrunst hinzugeben – sie scheinen überhaupt intensiver empfunden und gelebt zu haben als die Menschen des 20. Jahrhunderts. Vorzüglich verstanden sie es, Feste zu feiern, womit viele sich oft schwertun – ein Fest um des Festes, um der Freude willen, und das mit einer Intensität und Ausdruckskraft, wie es kaum vorstellbar ist. »Gegen die Lustigkeit, mit der sie [die Kultfeste der Polynesier] vollzogen wurden, könnte die Lustbarkeit eines unserer Maskenbälle für ein Leichenbegräbnis angesehen werden«, schrieb der deutsche Dichter Adelbert von Chamisso, der im Jahre 1813 mit einer russischen Expedition Hawaii und andere Inseln Ozeaniens besucht hat. Ein solches polynesisches Fest zog sich mitunter tage-, ja wochenlang hin. Das Lono, dem Gott des Friedens und der Fruchtbarkeit, geweihte Makahiki beispielsweise hat sich in den alten Zeiten über volle vier Monate erstreckt! Vier Monate lang gaben sich die Menschen auf allen Hawaii-Inseln den freudvollen Seiten des Lebens hin – sie sangen, tanzten, schmausten, liebten sich, mit einem Wort, sie genossen mit vollen Zügen diesen langen Zeitraum.

Und von den Gesellschaftsinseln, von Tahiti, ist sogar eine Art Reglement überliefert, wie ein solches polynesisches Fest überhaupt zu feiern ist...

»Wenn das Jahr zu Ende geht und die Speicher gefüllt sind mit Brotfrüchten, wenn die Götter Abschied nehmen von der Erde, um sich hinter den Wolken in das Reich der Finsternis zurückzuziehen, und ihr die Wiederkehr der Atuas erflehen müßt, dann sollt ihr das Fest des Überflusses feiern. Üppige Gelage sollen sein, Gesang und Tanz, Wettkämpfe und Spiele, Gesang und kein Krieg, keine Arbeit – all das laßt sein! Rüstet allein zum Feste. Die Speisen zubereiten, die Tänze und Spiele proben, nichts darf wichtiger sein...

Tagelang soll der Klang der Trommeln zum Himmel aufsteigen. Ihr dumpfes Gedröhn wird euer Blut erregen wie das der Spieler und Tänzer. Der Gesang der Chöre, die Jubelschreie und Lieder, der Schall der Pfeifen, der Rauch der Feuer und die Fülle der Opfer soll euch in einen Rausch versetzen. Aus allen Himmelsrichtungen sollt ihr zusammenströmen, zahllos wie die Sandkörner am Ufer werdet ihr sein.

Auf diese Weise sollt ihr Abschied nehmen von den Göttern, auf daß sie zurückkehren zu euch. Danach aber ziehen die göttlichen Tänzer und Spieler davon und beweinen den Aufbruch der Atuas ins Reich der Schatten. Ihr aber erfleht ihre Wiederkehr.

Setzt einen Pfahl zum Zeichen, daß euer Fest zu Ende ist, und bekränzt ihn mit altem Zeug, mit zerschlissenen Röcken und klappernden Muschelschalen. ›Potii Ino‹, Bettelarmes Mädchen, sollt ihr ihn nennen. Doch wehe dem, der das Potii Ino verspottet. Es verfolgt ihn, und wo er einkehrt, erntet er Hohn und Schelte statt Speise und Trank.«

In den Tagen und Monaten nach der Ernte haben die Menschen auf diesen Südsee-Inseln vielleicht wirklich wie im Paradies gelebt. Dabei war diese paradiesische Zeit nicht etwa nur ein Vorrecht der Oberschicht. Da jener hawaiische Atua als Gott der einfachen Bauern galt, war auch sein Fest ein Fest des Volkes.

Zu Beginn ging es freilich dabei noch recht ernst und feierlich zu. Die Priester vollzogen die obligatorischen religiösen Rituale zu Ehren des Gottes, und da gerade die Ernte eingebracht worden war – dem Gott dafür zu danken war ja der religiöse Sinn dieses Festes –, war es auch die Zeit, in der das Volk dem König und den Häuptlingen die jährlichen Abgaben zu entrichten hatte, in Naturalien selbstverständlich, in Gestalt von Taro, Brotbaumfrüchten, Kokosnüssen, Schweinen und Hunden, deren Fleisch ebenfalls als Leckerbissen galt. Aber auch Tapastoffe und -matten, gesammelte Federn seltener Vögel oder fertige Federarbeiten und andere handwerkliche Produkte brachten die Bewohner mit, wenn sie sich zum Fest versammelten.

Bei diesen Gelegenheiten haben sich die Polynesier auch zu allerlei Spielen vereint und ihre Kräfte in sportlichen Wettkämpfen gemessen. Sie haben das vermutlich auch sonst, in ihrer »Freizeit«, getan, die bei den Bewohnern der polynesischen Inseln vermutlich weit reichlicher bemessen war als bei den arbeitenden Menschen des 20. Jahrhunderts. Der moderne Begriff der Freizeit war den Inselbewohnern freilich fremd, hatten sie doch zweifellos ein ganz anderes Zeit- und Lebensgefühl als der Mensch von heute, und alles, was sie taten, haben sie mit einer anderen, kaum nachvollziehbaren Gemütsverfassung und immer mit einem Blick auf die Götter getan, sofern ihre Spiele nicht ursprünglich überhaupt dem Kult verpflichtet waren.

Viele dieser Kampfspiele und Geschicklichkeitsübungen ähneln Sportarten, die auch im modernen Europa oder Amerika betrieben werden. Und gerade auf Hawaii sind so viele Spiele und Arten sportlicher Betätigung ersonnen und gepflegt worden wie auf keinem anderen ozeanischen Archipel.

König der hawaiischen Sportarten war das Wellenreiten, *Hee Nalu* genannt, und es war auch der Sport der hawaiischen Könige und Häuptlinge. Das Surfen, aus dem sich später das Brettsegeln oder Windsurfen entwickelt hat, galt aber auch als Lieblingssport des normalen Hawaiianers. Sie haben zwei Arten von Surfbrettern, *Papa Hee Nalu* genannt, benutzt. Mit den einen, den *Alaia*, von 2 bis 3 Meter Länge und 5 bis 10 Kilogramm Gewicht, sind die einfachen Polynesier auf den Wellen der Moana geritten. Die Alaia waren meist aus dem Holz des Brotfruchtbaums oder dem noch härteren des Koa-Baums geschnitten. Die Häuptlinge bedienten sich weit größerer; wahrhaft königlicher Bretter, der *Olos,* die 5 bis 6 Meter lang waren und bis zu einem Doppelzentner wogen, und sollen auf diesen schweren Surf-boards mit einer Geschwindigkeit von bis zu 70 Stundenkilometern auf den Kämmen der schäumenden Wellen dahingejagt sein.

Die Anfertigung eines solchen Olo war keine alltägliche Angelegenheit, sondern wie fast alle bedeutsamen Tätigkeiten der Polynesier von einer Reihe religiöser Rituale begleitet. Zuerst wurde ein geeigneter Baum ausgewählt. Vor dem Fällen wurde dann dem Gott Kane, dem Vater der Bäume, als Gegengabe ein Opfer dargebracht. Wenn der damit beauftragte Handwerker dem Olo oder Alaia die ideale Form gegeben hatte, wurde das Brett durch eine weitere Kulthandlung geweiht. Und erst dann konnte der Hawaiianer sich und sein »hölzernes Roß« den Wellen des Meeres anvertrauen.

Ihre *Papa Hee Nalu* haben die Hawaiianer gehütet wie ihren Augapfel. Und wie Skiläufer ihre Bretter wachsen, so haben die polynesischen Wellenreiter ihre Olo oder Alaia mit dem Harz bestrichen, das sie aus der zerriebenen Rinde des Kukui-Baums gewannen. Aber auch mit einer schützenden schwarzen Farbschicht, die die Wurzeln der Ti-Pflanze lieferte, wurden sie überzogen. Wenn die Hawaiianer von ihrem Wellenritt zurückkehrten, wurden die Surfbretter sorgfältig getrocknet und dann in Bast eingewickelt – wie es ihre Frauen mit den Säuglingen taten.

Auch Wettkämpfe sollen die Hawaiianer in ihrem Lieblingssport ausgetragen haben. In der Regel werden zwei gleich starke Konkurrenten gegeneinander angetreten sein, die zur gleichen Zeit starteten und darin wetteiferten, wer auf dem Rücken einer Welle als erster eine bestimmte Strecke zurücklegte, falls nicht überhaupt einer der Konkurrenten von einer Woge umgerissen und der Wettkampf auf diese Weise schon vorher entschieden wurde.

Mit dem Meer waren die Polynesier weit besser vertraut als die meisten der ausländischen Surfer, die sich heute an den Küsten Hawaiis tummeln. Sie kannten genau die Geschwindigkeit, die Höhe und den Rhythmus des Wellengangs, mit dem das Meer gegen die Ufer ihrer Insel brandete, hatte doch jede

Art von Brandung, ob eine günstige oder gefährliche, bei ihnen einen Namen.

Doch die Polynesier kannten auch andere Wassersportarten. So sollen sie mit ihren Ausleger- und Doppelbooten regelrechte Segelregatten – auch von einer Insel zur anderen – veranstaltet haben, und natürlich waren sie auch vorzügliche Schwimmer.

Jener erste deutsche Besucher der Marquesas-Insulaner von Nuku Hiva, Georg Heinrich von Langsdorff, der keineswegs zu Übertreibungen neigte, vermerkte nach seinem Besuch von 1804: »Ihre Geschicklichkeit im Schwimmen erregt die größte Bewunderung und übertrifft alle Vorstellung. Sie könnte leicht bei irgendeinem Beobachter den Gedanken erregen, wir Menschen wären dazu geboren, um im Wasser zu leben.

Sie verrichteten alle willkürlichen Handlungen im Wasser, blieben beinahe auf einem und demselben Platz in aufrechter Stellung gleichsam stehen und regierten sich mit den Füßen, so daß man nur allein den Kopf und die Schultern sehen konnte. Sie schlugen im Wasser Kokosnüsse auf und verzehrten sie, brachten verschiedene Tauschartikel, an einem hohen Stabe festgebunden, die sie hoch über dem Wasser trugen, um sie dadurch vor der Nässe zu schützen. Oft schwammen sie mit kleinen Kindern auf den Achseln, stürzten sich von hohen steilen Felsen in die See und wollten lieber nach dem gegenüberliegenden Ufer schwimmen, als auf den spitzen Steinen zu Fuß einen Umweg um die Bucht machen. Wir bemerkten einzelne Insulaner, die beinahe den ganzen Tag um das Schiff herumschwammen und nicht im mindesten ermüdet zu sein schienen.«

Bei aller Vielseitigkeit war der Sport doch nie Selbstzweck. Ähnlich wie im antiken Griechenland erstrebten die Polynesier eine »Kalokagathia«, eine vollendete Harmonie körperlicher und geistig sittlicher Bildung.

Die Liebe im Paradies

Seit Adam und Eva verbinden die Menschen mit der Vorstellung des Paradieses auch die Wonnen der Liebe. Eine der verlockendsten Legenden, die sich um die polynesische Inselwelt rankt, ist daher die Legende von der Liebe in diesem letzten Paradies der Erde. Da auf den Hawaii- sowie auf den Gesellschaftsinseln die Quellen der Forschung besonders reich fließen, soll in diesem Kapitel vor allem von der Liebe auf Hawaii und Tahiti die Rede sein – aus jenen Zeiten freilich, da diese Inseln noch den Polynesiern gehörten.

Entstanden ist die Legende von den Zaubern der Liebe, von den ihre Zärtlichkeit verschwenderisch verschenkenden Mädchen der Südsee bereits zu der Zeit, als die ersten Europäer auf die Inseln im Pazifik kamen.

Doch nicht nur die kaum verhüllte Schönheit der Polynesierinnen faszinierte die Besucher aus dem Abendland, wo die Frauen ihre Reize unter knöchellangen Kleidern und ihre Natur hinter geziertem Benehmen verbargen, auch die freimütige ungekünstelte Art der Polynesierinnen, die keine Scham zu kennen schienen und dennoch nicht schamlos, sondern herzerfrischend natürlich wirkten, verwirrte die rauhen Seefahrer, die auf ihren Schiffen monatelang keine Frau zu Gesicht bekommen hatten. Die Vorstellungen von der Liebe und der Sittsamkeit anständiger Frauen, die sie aus dem bigotten Europa und später dem puritanischen Neuengland mitgebracht hatten, galten dort in der Südsee auf einmal nicht mehr. So vermerkte schon James Cook über die Polynesierinnen verwundert in seinem Tagebuch: »Keine Frau auf der Welt, der ich je begegnet bin, war weniger reserviert, weniger zurückhaltend...«

Die englischen, französischen und amerikanischen Missionare jedoch, die nicht lange nach den Entdeckern in die Südsee kamen, haben das freilich alles ein wenig anders gesehen als die rauhen Walfänger und die freisinnigen Künstler. Die scheinbar völlig ungebundenen Sexualbeziehungen der Polynesier riefen ihre tiefste Entrüstung hervor.

Es ist schwer, in diesen Dingen gerecht zu sein. Doch sowohl die eifernden Missionare, die die freie Liebe der Polynesier verdammt, als auch die enthusiastischen Künstler, die sie verherrlicht haben, waren befangen. Beide wurden den Polynesiern nicht gerecht, weil sie von ihren Idealen aus an diese Frage herangingen, weil sie ihre Maßstäbe an die Form der polynesischen Geschlechterbeziehungen gelegt haben, statt diese aus dem historisch entstandenen Fühlen und Denken der Südsee-Bewohner, aus der polynesischen Kultur heraus zu begreifen. Die Liebe der Polynesier war weder fromm, noch war sie frei, sondern sie war – polynesisch.

Die Polynesier haben die Spaltung der Liebe in eine geistige und eine sinnliche, die der Europäer in seiner Liebesbeziehung mehr oder weniger bewußt – und manchmal mühsam – zu vereinen sucht, vor der Bekanntschaft mit dem Christentum überhaupt nicht gekannt. Für sie war die Liebe vor allem der Fortpflanzung dienende körperliche Lust. Natürlich waren auch ihre Geschlechterbeziehungen mit Gefühlen inniger Zuneigung verbunden, aber im allgemeinen war die Liebe nicht in dem Maße wie im Abendland, das den Kult des Individuums auf die Spitze getrieben hat, auf eine einzelne, bestimmte Person fixiert. Der Liebe der Polynesier hat daher möglicherweise jene Spannung zwischen Geist und Trieb gefehlt, die der Liebe des Europäers einerseits ihre sogenannte Tiefe verleiht, andererseits aber – nicht selten – zu Konflikten zwischen Pflicht und Neigung geführt hat, in deren Konsequenz die sexuelle Lust jahrhundertelang entweder tabuisiert, als fleischlich oder gar sündhaft abgestempelt oder mit der geistigen Liebe gerechtfertigt worden ist. Gleitet der Europäer dagegen in reine Sinnlichkeit ab, hat er oft ein schlechtes Gewissen – oder jener geistigseelische Aspekt der Liebe geht ihm ganz verloren. In dem einen wie dem anderen Fall erreicht er nicht jenes Glücksgefühl, jene Unbefangenheit und volle Hingabe an die Freuden der Liebe, die den Polynesiern nachgesagt wird.

In den Quellen ist teils entzückt, teils verwundert davon die Rede, daß die Polynesierinnen jener Zeit keine Scham gekannt und doch nicht den Eindruck erweckt hatten, als ob sie schamlos seien. Das ist wohl nur zum Teil richtig: Sie kannten wohl auch Scham, nur eine andere. Alles, was ihrem Partner Freude und Entzücken bereitete, hielten sie offenbar für völlig natürlich und daher auch für moralisch. Konnten sie jedoch diese Freude und dieses Entzücken nicht schenken, dann haben sie sich – geschämt!

Das alles ist jedoch nur zu ahnen. Wie es in den Herzen der Polynesierinnen und Polynesier wirklich aussah, bevor die Weißen auf ihre Inseln kamen und der Kontakt mit deren Zivilisation auch ihr Fühlen und Denken veränderte, wird wohl nie ganz zu erfahren sein. Doch Aufschlüsse von der Liebe im alten Polynesien geben die tiefsinnigen Mythen, die Erzählungen der Liebeslieder, geben die Tagebücher der Seefahrer, Missionare, Kolonialbeamten und Reisenden aus jener Zeit.

Der mehrfach zitierte Georg Heinrich von Langsdorff stellte fest: »Junge und unverheiratete Mädchen können ungehindert, ungestraft und ohne sich oder ihre Familie zu entehren, dem Hang ihrer Sinnlichkeit nach Wohlgefallen frönen. Sobald sie aber einmal den Stand der Ehe gewählt haben, das heißt die Frau eines einzigen Mannes sind, so hört gesetzmäßig aller freie Umgang mit anderen Mannspersonen auf. Sie wird als Sklavin ihres Mannes für Untreue mit Schlägen bestraft oder weggejagt, der Verführer aber wird nach Willkür des Mannes heimlich, öffentlich oder gar nicht bestraft. Dieses beweist offenbar, daß wirkliche eheliche Verbindung und Eifersucht stattfinden…

Die Ehe dauert so lange, als Einigkeit und wechselseitige Übereinstimmung herrscht. Will ein oder der andere Teil das Band lösen, so steht es ihm frei. Die Kinder finden allenthalben Nahrung und bleiben entweder bei dem Vater oder bei der Mutter, je nachdem die Eltern miteinander übereinkommen; im Ganzen wird, glaube ich, dieser Punkt selten in Anschlag gebracht, weil gänzliche Gleichgültigkeit zwischen Eltern und Kindern herrscht.

Wenn sich die Tochter eines angesehenen Mannes verheiratet, so werden viele Schweine geschlachtet und alle Freunde und Bekannte zum Schmaus eingeladen. Jeder der Hochzeitsgäste hat das Recht, mit Einwilligung der Braut die Freuden der Hochzeitsnacht mit dem Bräutigam zu teilen. Dies dauert gewöhnlich zwei bis drei Tage oder so lange, bis alle geschlachteten Schweine aufgezehrt sind; nach dieser Zeit aber muß die junge Frau allen Umgang mit anderen Männern abbrechen und mit ihrem Mann allein leben, wenigstens darf sie nicht willkürlich ihrer Neigung folgen, es sei denn, daß der Gatte durch Geschenke nachsichtig gemacht wird oder sie sogar gegen ihren Willen an einen andern verkuppelt.

Reiche Männer dürfen nach Wohlgefallen so viele Weiber haben, als sie wollen oder ernähren können; indessen ist doch Monogamie das gewöhnlichste.«

Aus zahlreichen Quellen geht hervor, daß die Polynesier die Paarehe schon lange vor Ankunft der Weißen – ja den Mythen nach seit den ältesten Zeiten – gekannt haben. Aus dem Munde der Polynesier selber ist auf Tahiti sogar eine Sammlung von Geboten überliefert, die die Vorstellungen über eine ideale Ehe und überhaupt über das Verhältnis von Mann und Frau im alten Polynesien anschaulich vor Augen führt:

TANE UND WAHINE, MANN UND WEIB

Als »die zur Wonne Geschmückte« wurde geboren das Weib – so ist ihr Name.

Als »der Starke« wurde geboren der Mann – so ist sein Name.

Du Weib sollst sein die Gefährtin des Mannes, in der Lust und der Arbeit und beim Spiel, nicht die Geknechtete in der Arbeit und der Liebe, nicht Sklavin und nicht Herrin des Hauses.

Beim Schwimmen im kalten Wasser des Flusses aus den Bergen miß deine Kräfte mit dem Mann.

Täglich wasche dein Haar im Fluß, salbe und schmücke es mit Blumen, damit es dufte.

Ihr sollt Freude haben aneinander, an euren Körpern, so wie euch die Früchte und Blumen am Wege erfreuen.

Ein Gebot der Gastfreundschaft lautet, daß du, Mann, dem Freunde dein Weib darbietest.

Findet ihr als Ehegatten keinen Gefallen mehr aneinander, so trennt euch ohne Bitterkeit. Oder teilt das Nachtlager mit einem anderen Weib oder einem anderen Mann und duldet sie neben euch. Eure Seelen aber sollen vereint sein, solange ihr lebt.

»Die zur Wonne Geschmückte«, so lautet dein Name, Weib. Zur Wonne allein bist du erschaffen.

Des Hauses Wonne sollst du sein. Aus Blumen und Blättern sollst du Kränze binden. Aus frischen, duftenden Fasern sollst du die großen Matten flechten, aus dem Bast der Rinden die weißen Tapatücher klopfen und aus den Früchten des Feldes und der Bäume schmackhafte Speisen zubereiten.

Die Wonne der Feste sollst du sein. Mit Blüten sollst du dich schmükken und dich in Düfte hüllen. So sollst du tanzen und dich mit anmutigen, lockenden Gebärden zu den wilden Tänzen der Männer gesellen.

Des Bades Wonne sollst du sein. Im Gezweig der Bäume sollst du dich verstecken und den badenden Männern erquickende Früchte zuwerfen.

Die Wonne der Nächte sollst du sein, wenn die bösen Geister unter den Palmen am Strand heulend umherstreifen.

Soweit der aus vorkolonialen Zeiten stammende und später aufgezeichnete Text von der Insel Tahiti. Die poetischen Zeilen zeigen zugleich, daß die Geschlechterbeziehungen in der Südsee keineswegs so ungezügelt waren, wie es manchen der ersten europäischen Besucher und den christlichen Missionaren erschien. Wie für alle anderen Bereiche des persönlichen und gesellschaftlichen Lebens galten im alten Polynesien auch für das Zusammenleben von Mann und Frau bestimmte Verhaltensnormen, die man durchaus als sittlich bezeichnen kann – nur daß es eben andere Sitten waren. Aus den Geboten des zitierten polynesischen Textes spricht zweifellos mehr Lebensart und Geschmack als aus entsprechenden Schriften des mittelalterlichen Europa.

Neben der Paarehe hat es im alten Polynesien auch noch die *Punalua,* eine Art Gruppenehe gegeben, wobei dieser Terminus den damaligen Gegebenheiten jedoch nicht völlig gerecht wird. Das unterschiedliche Entwicklungsniveau der einzelnen Inselgruppen und isolierten Inseln hat auch in den Beziehungen zu gewissen Variationen geführt. In der Punalua lebten in der Regel mehrere Brüder mit mehreren Frauen zusammen oder umgekehrt mehrere Schwestern mit mehreren Männern.

Diese eigenartige polynesische Institution, die besonders auf Hawaii verbreitet war, haben übrigens auch Karl Marx und Friedrich Engels (dieser vor allem in seinem Werk »Der Ursprung der Familie, des Privateigentums und des Staates«) zur Begründung einiger ihrer Thesen über die frühen Entwicklungsetappen der menschlichen Gesellschaft herangezogen. Interessant sind in diesem Zusammenhang auch gewisse Verwandtschaftsbeziehungen der Hawaiianer. Der Name des Gottes Tane, der auf Hawaii Kane lautete, bedeutete zugleich »Mann«. Und dieses hawaiische Wort Kane konnte sowohl den eigenen Ehegatten als auch den Bruder des Mannes, also den Schwager, bezeichnen. Die Liebe, die die Mitglieder der Punalua mit ihren Partnern verband, war demnach nicht personell eingeengt, sondern umfaßte alle Söhne bzw. Töchter eines bestimmten Vaters. Und umgekehrt fühlten sich die polynesischen Männer und Frauen mit ihren Brüdern und Schwestern, die der Schoß der gleichen Mutter geboren hatte, so eng verbunden, daß es für sie eine Selbstverständlichkeit war, nicht nur alles Hab und Gut, sondern auch die Liebespartner zu teilen. Der einzelne empfand sich nicht in dem Maße als Individuum wie der Europäer, sondern als eingebettet in seine natürliche Umwelt und in sozialer Hinsicht in die überschaubare, überindividuelle Geborgenheit der Familie, der Sippe, der Gruppe, der er angehörte.

Welch große Rolle die Verwandtschaftsbeziehungen im Sexualleben dieser Menschen gespielt haben, geht auch aus der Tatsache hervor, daß in Polynesien, besonders wiederum auf Hawaii, nicht selten der Bruder des Vaters dessen herangewachsene Töchter in die Geheimnisse der Liebe eingeweiht hat, die in der Südsee eigentlich gar keine Geheimnisse waren. Auch die berühmte Geschwisterehe der hawaiischen Häuptlinge ging auf diese Vorstellungen zurück.

Auch ohne den Einfluß des Abendlandes ist aber in Polynesien – wie das Beispiel der schon vor dieser Kontaktaufnahme kulturell besonders weit fortgeschrittenen Gebiete der Südsee, Hawaii oder Tahiti, zeigt – eine Entwicklung auf die monogame Ehe, wie sie bei uns üblich ist, zu konstatieren.

Taaroa aus der Muschel

Einen großen Einfluß auf Kunst und Mythologie bewirkten die religiösen Vorstellungen der Polynesier, die jedoch – wie in jeder anderen Zivilisation – eine bestimmte Entwicklung durchlaufen haben. Über die Anfänge der polynesischen Religion ist so gut wie nichts und über ihre älteren Phasen nur sehr wenig, über die religiösen Vorstellungen dagegen, die zur Zeit der Ankunft der ersten Europäer im pazifischen Dreieck geherrscht haben, verhältnismäßig viel bekannt.

Für die religiöse Gedankenwelt der Polynesier ist jene übergreifende Einheit charakteristisch, die ihre ganze Zivilisation kennzeichnet. Der deutsche Ethnologe Hans Nevermann, der sich mit den Göttern der Südsee eingehend beschäftigt hat, nennt die polynesische Religion, so wie die ersten Besucher Ozeaniens sie kennengelernt haben, eine »Religion der Ariki«. Ariki ist das gesamtpolynesische Wort für Häuptling.

Nevermann hat völlig recht. Das Hauptcharakteristikum der polynesischen Religion liegt in der Tatsache, daß sie die unumschränkte Herrschaft der Häuptlinge über die ganze Gesellschaft ihres Machtbereichs heiligte und begründete. Dabei wurden diese Ariki – die Spitzen der polynesischen Gesellschaft, die Träger der politischen Macht – selber zu Objekten der Verehrung, ja Vergöttlichung.

Der Kult der Häuptlinge hat in den religiösen Vorstellungen der Polynesier eine außerordentlich große Rolle gespielt. Er war unglaublich entwickelt. Der Häuptling war – im Unterschied zu den gewöhnlichen Sterblichen – in den Augen seiner Untertanen mit einer übernatürlichen Kraft, jenem Mana, von dem noch die Rede sein wird, in besonders hohem Maß ausgestattet, er galt als heilig und als unantastbar. Seine Person, sein Körper, seine Kleidung, sein Schmuck, die Gegenstände, die er persönlich benutzte, das Haus, in dem er wohnte – alles, was mit ihm in Verbindung zu bringen war, galt als tabu.

Die Ausnahmestellung des Ariki wurde nach den Jenseitsvorstellungen der Polynesier auch durch den Tod nicht aufgehoben. So glaubten die Tahitier, daß die Seelen der vornehmen Toten in das Sonnenland Rohutu Noanoa eingingen, das –

183

manchen Mythen zufolge – auf den Gipfeln der höchsten Berge der heiligen Insel Raiatea lag. Die Seelen der gewöhnlichen Sterblichen dagegen wanderten in ein düsteres, tief unter der Erde gelegenes Schattenreich.

Die Religion der Polynesier war die Religion einer fortgeschrittenen Gesellschaft, in der jeder – Lebende wie Tote, Einfache wie Vornehme – seinen ihm bestimmten festen Platz innehatte, der eine einen höheren, der andere einen niedrigeren.

Ebenso hierarchisch war die Götterwelt aufgebaut, nachdem sich große Teile der Polynesier von jenem – in den anderen Regionen Ozeaniens weit verbreiteten – animistischen und totemistischen Geisterglauben gelöst hatten. Sie dachten, was ihre religiösen Vorstellungen angeht, in anderen Kategorien (jedenfalls zu der Zeit, als die ersten Europäer auf ihre Inseln kamen). Sie sprachen von Göttern, kannten, wie auch die alten Griechen, neben den Göttern, die für bestimmte Bereiche, Vorstellungen oder Eigenschaften zuständig waren, auch einige große Götter, verehrten aber auch zahlreiche Halbgötter, Heroen, Genien wie jenen Inselfischer Maui. Auf einigen Archipelen war diese Entwicklung so weit fortgeschritten, daß sie sogar zum Monotheismus, zur Anbetung eines einzigen Gottes, tendierte, die wohl als die höchste erreichbare Stufe der Glaubensvorstellung anzusehen ist.

Auf den meisten Inseln aber haben die Polynesier – noch dazu unter denselben Namen – die gleichen vier großen Götter verehrt, was ein weiterer Beweis für die erstaunliche Einheitlichkeit der polynesischen Kultur ist.

Dieses göttliche Viergestirn hatte nichts Weibliches an sich. Alle vier waren Männer, und einer von ihnen trug sogar den Namen »Mann«, nämlich Tane (hawaiisch Kane).

Der höchste dieser vier Götter war zweifellos jener, der sich – wenn durch die Ankunft der Europäer die selbständige Entwicklung der polynesischen Kultur nicht jäh unterbrochen worden wäre – wohl zum alleinigen höchsten Gott – besonders von großen Teilen Zentralpolynesiens – herausgebildet hätte. Sein Name lautet – wie bereits aus den polynesischen Schöpfungsmythen bekannt – Taaroa (auf anderen Archipelen auch Tangaloa oder Tangaroa).

Flache bildliche Darstellung des
Gottes Taaroa (Cook-Inseln).

Für die meisten Polynesier war Taaroa der Gott des großen Meeres. Auf vielen Inseln haben daher die polynesischen Fischer und Seeleute die Gunst Taaroas erfleht.

Nach zahlreichen polynesischen Mythen zu urteilen, war Taaroa-Tangaroa ursprünglich nur ein Naturgott neben anderen. Da aber das Leben der Polynesier durch das Meer so entscheidend geprägt wurde, erlangte er auf manchen Archipelen nach und nach eine Vorrangstellung unter den anderen Atua – namentlich auf den Inseln Zentralpolynesiens, deren Bewohner besonders seetüchtig waren und durch ihre Langfahrten große Teile des Dreiecks besiedelt haben.

Günstige Winde und verheerende Wirbelstürme, hoher oder flacher Wellengang, der den Fischfang erschwerte oder begünstigte, Regenwolken, die ihren Feldern und Bäumen das lebenspendende Naß brachten – beinahe alles Wichtige hing von den Launen des Gottes ab.

Ihr Kosmos waren die Weiten des unendlichen Ozeans und der Himmel, der sich darüber wölbte. So ist der Gott Taaroa auf mehreren Archipelen auch als Weltschöpfer verehrt worden. Seine Anhänger glaubten und lehrten, daß dieser Gott, der Urgrund des Alls, sich in einem Akt der Selbstzeugung erschaffen und danach lange in einer Muschel gelebt habe, die im leeren Raum, im absoluten Nichts schwebte, das vor Anbruch der Schöpfung existiert habe. Die Vorstellung von diesem mit dem Meer verbundenen Urgehäuse wird von einigen Forschern wohl zu Recht als mütterlicher Urleib gedeutet.

In jener Muschel entwickelte Taaroa seine Gedanken, seine Pläne. Und dort erschuf er auch alle anderen Götter, alle Atua, wie die Polynesier sie nennen. Nach einigen Mythen erschuf er zuallererst den Tag, das Licht – denn bis dahin hatte völlige Finsternis und Totenstille geherrscht. Eines Tages sprengte er dann die Muschel, die Schale des Alls: Ihre obere Hälfte bildet seitdem das Himmelsgewölbe und ihre untere die Erde.

Von Taaroa erzählen zahllose Mythen und Gesänge der Polynesier. Die einzelnen Versionen der mythischen Überlieferung unterscheiden sich in manchen Details, aber im Kern kreisen sie alle um den Gedanken des Ursprungs des Alls, um Taaroa als den Schöpfer der Welt.

Taaroa-Tangaroa, der große Gott aus der Muschel, der sich selbst erschaffen hat, schuf dann auch den Himmel und die Erde und alles, was zwischen Himmel und Erde ist. Und zusammen mit Hina, seinem Weibe, hat er auch alle Götter der Polynesier gezeugt.

Von Göttern, Geistern und von Io

In der Zeit vor der Ankunft der ersten Europäer hatten die Priester, namentlich jene des bedeutendsten religiösen Zentrums Polynesiens, der heutigen Insel Raiatea, vor allem den Kult des Gottes Taaroa entwickelt. Der Weltschöpfer Taaroa – wie auch seine göttliche Gemahlin Hina – waren jedoch dem täglichen Leben weit entrückt und haben nach den Auffassungen mancher Forscher keine unmittelbare kultische Verehrung erfahren. Taaroa ist hauptsächlich in den zahllosen Gestalten angebetet worden, in denen er sich verkörperte. Zusammen mit ihm haben die Polynesier jedoch in jener klassischen Epoche, in der Blütezeit ihrer Kultur, auch noch drei andere große Götter verehrt: Tu, Rongo und Tane, die jeweils für bestimmte Lebenssphären zuständig waren.

Tane, nach einigen Mythen der Bruder Taaroas, hat in den religiösen Vorstellungen der Polynesier lange Zeit eine Vorrangstellung eingenommen. Auf manchen Inseln Ozeaniens, zum Beispiel auf Mangaia, war Tane überhaupt der höchste verehrte Gott. Die Mangaianer haben ihm eine ganze Reihe ehrenvoller Beinamen verliehen, so unter anderem »Tane, der Spender unserer Nahrung«; »Tane, der Mächtige«; »Tane, der die Häuptlinge weiht«; »Tane, die Sturmwoge«. So haben die Bewohner der Insel Mangaia vor vierhundert Jahren mit den Anbetern des Gottes Taaroa sogar einen langen blutigen Kampf geführt, der darüber entscheiden sollte, welcher der Götter auf der obersten Stufe des polynesischen Pantheons zu stehen habe.

Dort, auf der Cook-Insel Mangaia, war das Symbol des Gottes Tane die Steinaxt, die die Polynesier auch zum Bau ihrer Langschiffe benutzt haben. Tane galt als der Schutzgott der

Seefahrer und als Beschützer des für die Polynesier so wichtigen Handwerks des Bootsbaus. Er galt überhaupt als Schutzgott der Handwerker, vor allem auch der Holzschnitzer und Hausbauer. Und er war auch der Gott der Wälder und der Vater der Bäume und Nutzpflanzen. Auf Hawaii ist Tane in älteren Zeiten als Schutzherr alles Lebenden verehrt worden, er galt sogar als Vater allen Lebens. Davon zeugt nicht zuletzt die Tatsache, daß man ihn als Herrn und Hüter des Lebenswassers angebetet hat. Tane wurde hier auch zugleich als Sonnengott verehrt. Logischerweise galt dann die Mondgöttin Hina als seine Gemahlin.

Der dritte der vier großen polynesischen Götter war Rongo. Die Polynesier haben ihn vor allem als den Gott des Friedens und der Feldarbeit, überhaupt des Menschenwohls und der Fruchtbarkeit angebetet. Dieser gütige, friedfertige Atua hat daher auch niemals Menschenopfer gefordert, sondern sie eher abgelehnt. Besonders auf Hawaii ist dieser Gott, der dort Lono hieß, hoch verehrt worden, besonders vom einfachen Volk. Ihm zu Ehren wurde auch jenes große Makahiki-Fest auf den Inseln gefeiert.

Keinen Geringeren als James Cook haben die Hawaiianer für jenen Lono angesehen, da ihren Sagen nach jener Gott, den sie sich als hellhäutig und bärtig vorgestellt haben, in mythischer Vorzeit über das Meer entschwunden war, nachdem er versprochen hatte, dereinst wiederzukehren, sie von aller Not zu erlösen und ihnen die irdische Glückseligkeit zu bringen. Dies war ein tragischer Irrtum, den Cook mit seinem Leben und die Hawaiianer schließlich mit dem Verlust der Selbständigkeit bezahlt haben. Als die europäischen Ankömmlinge, deren Schiffe mit den großen weißen Segeln die Eingeborenen für schwimmende Tempel des Gottes Lono hielten, die überschwenglichen Erwartungen der Hawaiianer bitter enttäuschten, erschlug die aufgebrachte Menge bei einem bewaffneten Zusammenstoß den blonden Häuptling der weißen Männer und überzeugte sich so endgültig davon, daß er sterblich war und also nicht der wiedergekehrte Erlöser Lono gewesen sein konnte.

Lono, der Spender von Regen und Fruchtbarkeit, der Schutzherr des Friedens und der Feldarbeit, war jedoch nicht nur der

Gott der Bauern, sondern auch der Schutzpatron der Künste, die nur in Friedenszeiten gedeihen konnten. Besonders den Dichtern und Sängern sowie den Tänzern und Tänzerinnen soll Lono seine Gunst geschenkt haben.

Der letzte der vier großen polynesischen Götter – Tu (hawaiisch Ku) – ist das genaue Gegenstück zu dem friedlichen Lono. Tu war der »Mars des Pazifiks«, der Gott des Krieges und der Schutzherr der polynesischen Krieger. Er soll aus rotem Lehm auch den ersten Krieger geformt und ihm dann Leben eingehaucht haben.

Tu ist vor allem von den kriegerischen Häuptlingen verehrt worden. Einige von ihnen hatten kurz vor Ankunft der Europäer auf manchen Archipelen in blutigen Stammeskriegen die Oberherrschaft an sich gerissen, ihre Macht über ganze Inselgruppen ausgedehnt und sie unter ihrem Zepter vereinigt. So hat beispielsweise auf Hawaii der Vereiniger dieses Archipels, Kamehamcha I., der »Napoleon der Südsee«, eben den Gott Ku und zusammen mit ihm einen weiteren blutrünstigen Atua namens Kaili angebetet. In der religiösen Gedankenwelt Kamehamchas I. verschmolzen diese beiden Götter zu einem einzigen, seinem persönlichen Atua, und so entstand die Vorstellung des Gottes Kukailimoku, der – nachdem der Herrscher die Hawaii-Inseln unter seiner Macht zu einem Königreich vereinigt hatte – eigentlich zur Hauptgottheit des hawaiischen Pantheons, gewissermaßen zum Staatsgott erhoben wurde.

Auf den Gesellschaftsinseln, wo die religiösen Vorstellungen besonders ausgeprägt waren und sich rasch weiterentwickelt hatten – so fanden auf der Insel Raiatea regelmäßig Zusammenkünfte der Priester statt, auf denen die Teilnehmer über die wahre Gestalt und das Wesen der Götter diskutierten –, hatte sich die Vorstellung des Gottes Oro herausgebildet, dem ebenso wie Tu Menschenopfer dargeboten wurden.

Neben den vier großen Göttern haben die Polynesier noch zahlreiche andere Atua verehrt. Manche von ihnen sind – ähnlich wie jener Oro der Tahitier – nur in einigen Gebieten des Dreiecks angebetet worden. So hat zum Beispiel auf der Osterinsel der anderswo völlig unbekannte Gott Make Make eine große Rolle gespielt.

Ihre Götter haben sich die Polynesier nicht – wie etwa die Bewohner Melanesiens – als Geister, sondern – ähnlich wie die alten Griechen, Römer, Germanen und Slawen – als lebende Wesen vorgestellt. Die Herausbildung dieser Göttervorstellungen dürfte eine bewegte Geschichte hinter sich haben, und sie ist wohl auch mit erbitterten Kämpfen verbunden gewesen. Die Götter der Polynesier bildeten keineswegs ein einträchtiges Kollektiv, herrschten zwischen ihnen doch, den Mythen nach zu urteilen, vielfältige Spannungen und zum Teil sogar offene Feindseligkeiten.

Hinter diesen mythischen Götterfehden werden in Wirklichkeit handfeste, blutige Auseinandersetzungen der großen Häuptlinge und der den Häuptlingsfamilien entstammenden Priester gestanden haben, denn religiöse Macht war in Polynesien in der Regel gleichbedeutend mit politischer Macht. Je größer und mächtiger der betreffende Gott war, desto größer und weitreichender war auch die Macht der polynesischen Oberhäuptlinge, Könige und Priester, die ihn zu ihrem Hauptgott erwählt hatten.

So haben sich aus den zahlreichen ursprünglichen Naturgöttern, den Stammes- und Lokalgottheiten im Laufe der Zeit einige große Götter herausgehoben. Neben diesen verehrten die Polynesier noch unzählige niedere Atua. Ihr Pantheon war hierarchisch aufgebaut wie ihre Gesellschaft, die in Vornehme, in Gemeinfreie und nicht selten auch in Sklaven gegliedert war. Und so wie der obere Teil dieser sozialen Pyramide, die Schicht des Adels, wiederum in sich differenziert war – mit dem Oberhäuptling oder dem König als krönender Spitze, dem die Angehörigen seiner Sippe, die übrigen Häuptlinge und die aus deren Geschlechtern hervorgegangenen Priester, Weisen und die anderen Tahunas folgten –, so war auch die polynesische Götterwelt vielfältig in sich abgestuft. Jedem der niederen Götter war dabei in der Regel die Macht über einen bestimmten Lebensbereich übertragen, und je wichtiger jener Lebensbereich für die Bewohner der betreffenden Insel war, desto mehr mußten sie darauf bedacht sein, sich des Schutzes oder der Gunst der zuständigen Atua zu versichern.

Die Zahl der niederen Götter ist Legion. Es wäre ein hoffnungsloses Unterfangen, sie alle aufzuzählen, zumal ihre Namen und ihre Bedeutung von Archipel zu Archipel, ja mitunter von Insel zu Insel, variierten. Aus diesem Grunde erscheint es besser, die Polynesier selber zu Wort kommen zu lassen. Der nachfolgende aufgezeichnete Text aus Zentralpolynesien vermittelt einen lebendigen Eindruck von dieser niederen, den Menschen näherstehenden Schicht der polynesischen Götterwelt.

»*Atua Maho, Götter der Haie, die ihr uns schützt bei der Fahrt übers Meer, seid uns gnädig, wenn ein Doppelboot unseren Weg kreuzt und der Westwind Toerau bläst.*

Atua Peho, Götter der Täler, laßt Brotfrüchte wachsen, wilde Bananen, Papayas und Orangen an den Hängen der Berge, damit wir beladen mit ihnen auf den Felsenpfaden zur Küste zurückkehren, beladen mit reicher Last, die unseren Schultern nicht schwer wird.

Atua No Te Ravaoi, ihr Götter, die ihr uns beisteht beim Fischfang, trübt den Blick des gierigen Vielfraßes, daß unsere Angelhaken von Perlmutt ihn täuschen wie fliegende Fische. Laßt unsere hölzernen Speere nicht zersplittern, wenn die Woge sie zurückschleudert gegen ein Riff. Laßt unser Netz aus Fasern und Blättern nicht reißen, wenn sich die Fische darin umherwerfen, während die große Trommel dröhnt nach dem Fang. Laßt die Palmfeuer auf unseren Booten nicht verlöschen, wenn die Korallenfische sich im Schein des Lichtes tummeln.

Atua Raau Pau Mai, ihr Götter der Heilkraft, erbarmt euch unser, wenn Krankheit einkehrt in unserer Hütte, ihr, die ihr heilet das geschwollene Bein, den Biß des giftigen Fisches Noou und die braunen Flecken, die auf unserer Haut brennen – befreit uns von Siechtum. Laßt uns die Heilpflanzen erkennen, gebt uns das Wissen, damit die Blätter des Tibaums und die Kawawurzel sicher wirken.

Atua No Papa, bewahrt uns vor bösem Zauber und dem Fluch des Zauberers. Empfangt unsere Opfergaben, seht die Spanferkel, das pralle weiße Fleisch.

O Fanou, deine Hilfe erflehen wir bei Not und Plage. Deine Blicke ruhen auf unseren gebeugten Rücken, wenn wir uns schinden auf den Feldern. Laß den Bach durch unsere Taro-Pflanzung fließen und kräftige die Wurzeln der Yams. Denn es gibt nur wenig Früchte in den Bergen.

O Tanei Te Haa, die ihr dem Starken helft, die Balken für sein Haus zurechtzuhauen, und ihr, Mania und Papa, die ihr die Blätter des Pandanus-Baumes und die der Palme trocknet, mit denen wir die Hütten decken, und ihr, Matanini, die ihr die Finger lenkt beim Knüpfen der Netze – gütige Götter, laßt nie vergeblich uns um Beistand bitten, wenn wir euer bedürfen.

    Atua No Te Upaupa, euch anzurufen stimmt unsere Herzen froh. Seht hier die Nahrung dieser Tage, zubereitet in grünen Blättern auf dem heißen Stein – ein Teil davon soll euer sein. Ihr, die ihr den langsamen Tanz beflügelt, haucht dem Vortänzer und dem Vorsänger den Atem der Begeisterung ein. Gebt den Trommlern die Kraft, daß die Trommeln so laut dröhnen, daß die Töne zum Himmel emporfliegen wie weiße Vögel. Macht die trägen Glieder gelenkig, beschwingt die Beine und Körper der Mädchen, daß sie sich biegen wie Gerten. Den göttlichen Rausch gießt über uns aus, der uns tiefer beglückt als der Taumel durch Palmenwein und den bitteren Kawatrank. Allein wenn der göttliche Rausch uns umfängt, der von euch kommt, o Atua No Te Upaupa, sind wir selig...«

Neben den hohen und den unzähligen niederen Göttern, zu denen noch einige Göttinnen gezählt werden müssen, haben die Polynesier auch die vergöttlichten Urahnen ihrer großen Häuptlinge und einige Halbgötter verehrt, wie jenen Lieblingshelden der polynesischen Sagen, den halbgöttlichen Inselfischer Maui, der den Menschen das Feuer und vieles andere geschenkt und schließlich sogar sein eigenes Leben geopfert hat, um für seine Polynesier das ewige Leben zu erringen.

    Um all diese Götter und Halbgötter ranken sich zahllose Mythen und Legenden, die mit den geschichtlichen Traditionen der Polynesier und den Genealogien der Häuptlingsgeschlechter verbunden waren. Von jenen reichen Überlieferungen stammt in erster Linie die Kenntnis über die polynesische Mythologie.

    Doch während die eigentlichen Theogonien und Kosmogonien eher Angelegenheit der Oberschicht, vor allem der Priester waren, sind die halbgöttlichen Heroen der polynesischen Sagen zu wahren Volkshelden der Polynesier geworden, von denen sie noch heute ihren Kindern erzählen. Sie haben diese Sagengestalten mit zahlreichen menschlichen Charaktereigenschaften – Vorzügen, aber auch kleinen Schwächen – ausgestattet, und daher waren sie ihrem Fühlen und Denken nah und vertraut.

Solche vertraulichen Sympathiegefühle haben die Polynesier gegenüber den meisten Göttern wohl kaum empfunden, verlangten diese doch nicht nach inniger Zuwendung und andächtiger Anbetung, sondern forderten Opfer und unbedingte Unterwerfung unter ihren Willen. Sie waren keine gütigen Väter, sondern unnahbare Gebieter, so wie ihre Häuptlinge erhabene unantastbare Herrscher waren. Davon zeugen schon die Bilder, die sich die Polynesier von ihren Göttern aus Stein, Holz und Federn gemacht haben: furchterregende, herrische Atua mit hochmütig-starren, unmenschlichen, ja grausamen Zügen, die nicht Liebe, sondern Angst einflößten. Die meisten jener Götter waren den gewöhnlichen Sterblichen unendlich fern, und zwischen ihnen und den Menschen standen die Priester – als Vermittler zwischen der jenseitigen und der diesseitigen Welt.

So ist es eigentlich kein Wunder, daß im Aberglauben der Polynesier auch vielfältige Geistervorstellungen als Nachklang älterer Glaubensformen nachgewirkt haben, die in der offiziellen Religion, zumindest auf den kulturell höher entwickelten Inseln, längst überwunden waren. Von jenen Geistern fühlten sie sich weit unmittelbarer umgeben als von den fernen, strafenden oder rettenden Göttern, mit denen sie eigentlich nur mit Hilfe der Priester in Verbindung treten konnten.

Von Geistern ist in den Mythen und Märchen der Südsee oft die Rede, und dem erwähnten Konsul Moerenhout, der in der ersten Hälfte des 19. Jahrhunderts auf Tahiti wirkte und sich große Verdienste um die Sammlung des polynesischen Sagengutes erworben hat, ist auch die Aufzeichnung des folgenden Textes, der sogar ein »Gebet an die Geister« enthält, zu verdanken.

»Über den Menschen wachen in seinem Haus friedliche Geister, Oromatuas. Die Götter sind stets schreckenerregend und oft zornig über die Bitten der Menschen. Diese Geister aber sind friedfertig und dem Menschen wohlgesinnt.

O Vatua Taata, Seelen der Verstorbenen, die ihr nach Po fliegt, in das Land der Finsternis, sagt uns, wie die Götter euch den Leibern entrissen haben. Schwenkt ein Licht, wenn es gewaltsam geschah, schwenkt eine rote Feder, wenn eure Nahrung vergiftet war.

Ihr, Eriorio, und ihr, Pouara, Seelen der Kinder, die ihr bei der Geburt gestorben seid oder die der Tod in frühem Alter ereilte, sprecht zu uns durch den Gesang der Zikaden. Wir möchten mit euch reden. Wenn ihr aber schweigt, ängstigen wir uns.

Geliebte blinde Seelen, die ihr um das Haus schwebt, sprecht zu uns, damit Sorgen und Streit schweigen. Ihr seid es, die im Haus gebieten.«

Selbst im Paradies der Polynesier hat es jedoch nicht nur gute, sondern auch böse Geister gegeben. Tupapaus wurden sie auf den Gesellschaftsinseln genannt.

»Hütet euch vor der Rache der Toten.

Die Seelen der Krieger, die auf dem Schlachtfeld geblieben sind, deren Leiber nicht begraben wurden, wie auch die Seelen der Menschen, die durch ein Unglück oder durch Gewalt umgekommen sind – alle diese Seelen nehmen in dem Augenblick, da sie den Leib verlassen, die Gestalt einer Staubwolke an, die ihrer sterblichen Hülle gleicht. Selbst ihre Wundmale sind mitunter noch zu sehen. Manchmal begnügen sie sich auch damit, sich in einen Schatten zu verwandeln, in eine Flamme oder eine Fackel einzugehen, in den Körper eines Vogels oder in die Augen eines umherstreifenden wilden Tieres, in das Geäst eines dunklen Baumes oder in einen Lichtschein in finsterer Nacht.

Wenn dir schaudert bis in die Tiefen der Seele, wenn dir das Blut in den Adern gerinnt und dem spät heimkehrenden Mann vor Entsetzen die Haare zu Berge stehen – dann sind sie nahe, die Tupapaus.

In Raiatea geht einer um, der sich des Nachts auf die Schlafenden wirft, sie an der Kehle packt und sie erdrosselt. Andere reißen dir mit einem Ruck die Haare aus. Wieder andere fassen dich im Nacken und schleudern dich zu Boden. Und manche winseln und klagen, daß es dir durch Mark und Bein dringt. In Topua (Opoa) sind winzige Tupapaus bekannt, die ins Boot schnellen, sich der Paddel bemächtigen und es von seinem Kurs abbringen.

Auf der Insel Tubuai schweift ein weiblicher Tupapau umher, der die Männer im Schlaf schändet. Er ist mit Blumen geschmückt wie die Frauen. Hüte dich, eine davon zu pflücken: Wehe dir, wenn er dich da-

bei ertappt. Meide die Begräbnisplätze, halte dich des Nachts fern von
den Wällen der heiligen Tempelbezirke, lege dich niemals im Schatten
hohler Bäume nieder. Fürchte die Tupapaus. Hüte dich, auch nur ihren
Namen auszusprechen; nicht einmal flüstern darfst du ihn.«

Mit all diesen Dämonen und Geistern, die den Polynesier fast
ständig umschwirrten, mußte der einzelne selbst zurechtkom-
men, mußte sich vor ihnen schützen oder sich ihrer Gunst versichern. Von jenen religiösen Schutzvorkehrungen sprechen
nicht wenige Zeugnisse aus dem Munde der Polynesier, wie
auch der folgende überlieferte Text.

»Also sprachen die Ahnen zum Menschen:
  Um den Schutz der Götter zu erlangen, wähle dir eins unter den Tie-
ren, das deinen Geist verkörpern soll. Nimm aber kein Tier deines Hau-
ses, keinen Hund und kein Schwein. Wähle den Hai, dessen Flosse um
dein Boot kreist, oder den weißen Vogel, der immer wieder auf den
Baum vor deiner Hütte zurückkehrt, den Wurm, der unter dem Stein
vor deiner Tür wohnt. Solche Tiere sollst du verehren, nicht die anderen.
Ihnen vertraue deine Ängste und deine Absichten an. Der göttliche
Geist wird sich in dem Tier niederlassen.
  Wenn du erkrankst, wird es vor deinen Augen erscheinen; es wird dir
deinen Tod ankündigen. Nach deinem Tod wird es an den Orten umge-
hen, die du geliebt hast, und deine Mutter wird all ihre Zärtlichkeit dem
Wesen schenken, in dem dein Geist wohnt.
  Allen Lebewesen und allen unbelebten Dingen der Erde wohnt eine
göttliche Kraft, ein überirdischer Geist inne: Er wohnt im Felsen, im
Sand, in den Gewächsen, an den Grenzen der Erde und des Meeres, des
Tages und der Nacht, in Ebbe und Flut und auch in den geheimen Re-
gungen deines Herzens.
  An der Grenze des Tempelbezirks sollst du einen behauenen Stein für
ihn setzen. Nenne ihn Tii, auf daß er heilig sei für deinen Nachbarn und
für dich...«

Außerordentlich interessant ist die Entwicklung der religiösen
Vorstellungen bei den Maori Neuseelands verlaufen. Einerseits
haben sie jene vier gesamtpolynesischen großen Götter angebetet, zu denen sich dann noch zwei weitere – Tawhirimatea

und Haumiatikotika – gesellten. Diese sechs Götter waren in den Vorstellungen der Maori die ersten der insgesamt siebzig Götterkinder des Schöpferpaares Rangi und Papa. Daneben ist in der Glaubenswelt der neuseeländischen Maori jedoch noch von einem einzigen, obersten immateriellen Gott Io als höchstem Wesen die Rede, dessen Kult jedoch nur in einem engen Kreis auserwählter Priester gepflegt wurde.

Io, so meinten diese esoterischen Denker der Maori, ist das Wesen an sich. Er herrscht allein. Er hat sich selbst erschaffen, ist der Herr der Welt und des Weltalls und regiert ohne die Hilfe der zahlreichen anderen Götter.

Io ist nur von den Spitzen der Priesterschaft der Maori angebetet worden. Die ihm zu Ehren vollzogenen Rituale fanden auch nicht öffentlich statt. Die einfachen Angehörigen der neuseeländischen Gesellschaft wußten überhaupt nichts von dieser abstrakten Gottheit.

Der Io-Kult wurde nur von einer höchsten, selbständigen Gruppe der Maori-Priester, den sogenannten Tohunga Ahureva, gepflegt. Sie versammelten sich zu ihren Zeremonien in abgeschlossenen Häusern, den Pflegestätten dieser Geheimlehre, in deren Mittelpunkt die Verehrung des allmächtigen, körperlosen alleinzigen Io stand.

Eine Sage der Maori erzählt, einst habe der große Gott Tane, als er noch über die Erde und das Weltall herrschte und den Gang der irdischen Dinge lenkte, den Priestern, die ihm dienten und die nach der Erkenntnis der »vollen, höchsten Wahrheit« dürsteten, drei Körbe angeboten, von denen sie einen wählen sollten. Der erste Korb Tanes enthielt die »Lehre vom Guten«, der zweite die »Lehre vom Bösen«, und in dem dritten war die »Lehre von den Ritualen« niedergelegt.

Die Priester – ihr Denken kam dem der griechischen Philosophen sehr nahe – entschieden sich für den ersten Korb. Als sie ihn öffneten, fanden sie darin die »tiefste Wahrheit«. Sie lautete: Alle vier großen Götter – Tangaroa, Tane, Tu und Rongo – sind wahrhaft groß und der Anbetung absolut würdig. Aber sie alle sind nur Sinnbilder der höchsten göttlichen Idee des Io.

Tanes Korb sagte von jenem Io: Er ist der Quell aller Weisheit, der Ursprung von allem, was existiert. Er ist der Gott, in dem alle anderen Götter vereint sind.

Im 19. Jahrhundert sind dann auch einige Aussprüche weiser Maori aufgezeichnet worden, die Teilnehmer jener geheimen Rituale und Anhänger der esoterischen Lehre des Io waren. Diese Maori-Philosophen sagten unter anderem über ihn:

»Io matua – Io ist der Vater aller Dinge, der Naturerscheinungen, der Pflanzen, der Tiere, der Menschen und auch der Götter.
Io matua kore – Io hat keine Eltern, er hat sich selbst erschaffen.
Io te punonga – Io ist der Quell alles Wissens.
Io te pukenga – Io ist der Quell alles Denkens, aller Überlegungen und Vorsätze.
Io mato ngaro – Ios Antlitz ist verhüllt und unsichtbar.
Io te waioroa – Io ist der Quell des Lebens.«

In der philosophischen Idee des Io gipfelt zweifellos die Entwicklung der religiösen Vorstellungen der Polynesier. Weiter kann religiöses Denken wohl kaum gelangen. Die Lehre von Io zeugt jedoch nicht nur von der Gedankentiefe und der persönlichen Intelligenz derer, die sie entworfen haben – sie zeugt ebensosehr von der Reife jener Kultur, die eine Vorstellung von so hohem Abstraktionsniveau hervorzubringen vermochte.

Tabu und Mana

Aus der religiösen Vorstellungswelt der Polynesier stammen zwei charakteristische Begriffe – *Tabu* und *Mana*. Der Ausdruck Tabu ist sogar in den Wortschatz der meisten europäischen Sprachen eingegangen. Das Wort ist polynesischer Herkunft. Es war James Cook, der es nach Europa gebracht hat...

Weitaus weniger ist das Wort Mana bekannt. Was ist dieses Mana, von dem auch in diesem Buch bereits mehrfach die Rede war? Im religiösen Glauben der Polynesier gilt das Mana als eine eigentümliche Kraft übernatürlichen Ursprungs, die Göttern, manchen Menschen und mitunter auch unbelebten Dingen innewohnt. Das Mana ist unpersönlich und körperlos – eine immaterielle Substanz, eine Art Fluidum, das sich der sinnlichen Wahrnehmung entzieht. Dabei galt es jedoch als eine außerordentlich starke Kraft, als eine Macht in der ursprünglichen Bedeutung des Wortes, die etwas vermag, etwas Außergewöhnliches bewirkt, ja, das Wort selbst bedeutet eigentlich das Wirkende, das Wirksame. Das Mana wirkt freilich nicht von allein, sondern es muß durch die Menschen verwirklicht werden, um seine Macht ausüben zu können.

Nach der Lehre des polynesischen Weisen und Gelehrten Paiore von den Tuamotu-Inseln ist das Mana gleichsam über die ganze Welt verstreut. Jeder, alles, was auf der Erde lebt, begegnet dieser immateriellen Kraft. Nicht jedem Menschen aber wird sie in gleichem Maße zuteil. Der eine hat mehr, der andere weniger davon. Sehr viel Mana besaßen die Häuptlinge. Auch die Priester, die Künstler und die talentierten Handwerker waren, wie bereits gesagt, reich mit Mana begabt. Den unfreien, rechtlosen Mitgliedern der polynesischen Gesellschaft dagegen – in den Teilen der Südsee, wo es solche Sklaven gab – fehlte diese übernatürliche Kraft völlig.

Der deutsche Völkerkundler Helmut Uhlig bezeichnet sie daher als »eine Art Exklusiveigenschaft der aristokratischen Gesellschaft der Ariki«. »War doch Mana letzten Endes«, schreibt er, »jene geheimnisvolle Verbindung von Macht, Stärke, Mut und Glück, die den Vorrang des Adels vor den Gemeinen schicksalhaft bestimmen sollte.«

Viel Mana zu haben bedeutete bei den Polynesiern, viel zu können, besondere Fähigkeiten zu besitzen. Der Begriff ist manchmal mit »Geistes- oder Seelenkraft« zu übersetzen, doch in den Vorstellungen der Polynesier umfaßte er weit mehr. Das Mana, das man den Häuptlingen, den Priestern und Künstlern zusprach, verlieh ihnen nicht nur Macht und Ansehen, sondern befähigte sie auch, das Gedeihen von Pflanzen und Tieren, den Erfolg praktischen Handelns und das Schicksal der Menschen entscheidend zu beeinflussen und – wie im Falle der schöpferisch Tätigen – bewundernswerte Werke hervorzubringen. Die Tatsache, daß den Häuptlingen das meiste Mana innewohnte, gab ihnen das Recht, über die anderen Menschen zu herrschen, über die Schicksale einer ganzen Sippe, eines ganzen Stammes oder einer ganzen Insel zu entscheiden.

Ein mit Mana begabter Mensch strahlt diese Kraft gleichsam auf seine Umgebung aus. Moderne Forscher haben das polynesische Mana mit elektrischer Energie verglichen, die ihr Träger freisetzt. Wenn jedoch ein einzelner mit allzuviel Mana geladen war, konnte er, wie die Polynesier glaubten, mit dieser von ihm ausgehenden Kraft sogar einen anderen Menschen töten.

Ein Mensch konnte sein Mana auch einbüßen. Das Mana zu verlieren bedeutete, seinen Wert zu verlieren. So waren beispielsweise Häuptlinge und Priester stets darauf bedacht, ihr Mana zu schützen und zu bewahren. Ein Verhalten, das eines vornehmen Mannes unwürdig war, führte zur Abnahme, mitunter auch zum völligen Verlust dieser heiligen Kraft. Wenn zum Beispiel beim Verkehr der einfachen Mitglieder des Stammes mit dem Häuptling die Etikette verletzt wurde, wenn sich der Ariki zu familiär zu den einfachen Leuten verhielt, dann büßte er an Mana ein. Noch größer war der Verlust, wenn er im Kampf Feigheit erkennen ließ. Ein Priester verlor Mana, wenn er sich – entgegen dem polynesischen Brauch – in dem Teil einer Hütte niederließ, den die Frauen bewohnten.

Das Mana, jenes geheimnisvolle Fluidum, befand sich nach altpolynesischen Vorstellungen beinahe überall, aber in ganz unterschiedlichem Maß. Diese übernatürliche Kraft wurde dabei nicht nur lebenden Menschen zugesprochen, sie konnte auch dem Körper eines Toten innewohnen. Ebenso konnten eine Blume, ein Baum oder ein Stein Mana ausstrahlen.

Es fällt einem Europäer sicher schwer, das Wesen des Mana wirklich zu verstehen. Auch wenn er Erklärungen begreifen sollte, so wird dies doch nur ein theoretisches Verständnis sein. Was es heißt, mit dieser Vorstellung zu leben, sich im täglichen Handeln nach ihr zu richten, kann er innerlich wohl nicht nachvollziehen. Wenn konstatiert wird, daß das Mana in der polynesischen Kultur eine äußerst wichtige Rolle gespielt hat, so kann nur erahnt werden, was sich hinter dieser nüchternen Feststellung an Lebenswirklichkeit verbirgt.

Ähnlich verhält es sich mit dem anderen zentralen Begriff, der Denken und Handeln der Polynesier entscheidend geprägt hat – dem Tabu (oder Tapu, auf Hawaii Kapu) und dem ganzen meist ebenso genannten System von Geboten und Verboten, das auf den religiösen Vorstellungen beruhte und eng mit dem Mana verbunden war.

Die Ursprünge dieser engen Verbindung von Mana und Tabu sind in den ältesten Glaubensformen der Polynesier zu suchen. Sie glaubten, daß alle Dinge, alle Tatsachen und auch alle Menschen, alles, was auf Erden existiert, in zwei große Gruppen zerfällt: in *Moa* – heilige Dinge und Wesen – und in *Noa* – profane Dinge und Wesen. Allem, was Moa, also heilig war, wohnte Mana inne. Daher war es auch göttlich. Und alles, was den Göttern gehörte, mußte vor Entweihung geschützt werden. Diese Schutzfunktion erfüllte jenes System von Geboten und Verboten, die man Tabu nennt.

Das polynesische Wort Tabu ist eigentlich ein Adjektiv bzw. ein Adverb und bedeutet soviel wie unverletzlich, unantastbar (eigentlich verboten), weil geheiligt. Oft wird es überhaupt mit »heilig« übersetzt, doch das ist nur dann richtig, wenn es zugleich die Bedeutung des Verbotenen einschließt. Was tabu war, durfte nicht angetastet, nicht entweiht werden. Ein solches heiliges Verbot konnte sich auf Menschen und Tiere, aber auch auf Pflanzen und unbelebte Gegenstände, auf Orte, Zeiten, Handlungen, Wörter, Speisen usw. beziehen. Wer einen tabuisierten Menschen oder Gegenstand berührte oder ein Tabu in anderer Weise verletzte, wurde aufs strengste bestraft.

Als unantastbar galt ein Mensch oder ein Gegenstand vor allem deshalb, wenn ihm ein hohes Maß an Mana innewohnte. Doch nicht alle Tabus waren magisch-religiös begründet; viele dienten handfesten praktischen Zwecken und waren eigentlich ungeschriebene Gesetze, die das bestehende gesellschaftliche Zusammenleben regelten. Mitunter wurden auch bestimmte Personen, Dinge, Tiere oder Pflanzen für tabu erklärt, die in der Tat gefährlich waren, die das Gemeinwohl oder Leben und Gesundheit jedes einzelnen gefährdeten. Daher wurden sie von den Häuptlingen mit einem Tabu belegt, geächtet, für gesetzwidrig erklärt. Auf vielen Inseln sind lebenswichtige Früchte der Felder und Bäume oder auch Schweine zeitweise oder für bestimmte Menschengruppen tabuisiert worden, um für große

Den Giebel eines polynesischen Versammlungshauses zierte immer
eine Ahnenfigur.

Feste, gemeinnützige Bauten, bei denen viele Arbeitskräfte zu versorgen waren, oder für Zeiten des Mangels bis zur Ernte genügend Nahrungsmittel zu speichern.

Das System der Tabus hat also nicht nur das religiöse, sondern auch das wirtschaftliche und soziale Leben der Polynesier entscheidend geprägt. Helmut Uhlig bemerkt zu Recht, daß es zum grundlegenden gesellschaftlichen und damit auch staatlichen Ordnungsprinzip in Polynesien geworden ist. Die soziale Funktion der Tabus bestand weitgehend darin, die Privilegien und die Unantastbarkeit der Häuptlinge und Priester, zum Teil aber auch die Vorrechte anderer sozialer Gruppen – wie die der Männer gegenüber den Frauen – zu sichern. Und jenes System hat zweifellos gut funktioniert. Das Wesen der Tabus erschöpft sich freilich nicht in dieser sozialen Funktion, sondern greift weiter und tiefer. Vor allem reicht es nicht aus, die Wirksamkeit der heiligen Verbote zu erklären. Die unbedingte Anerkennung und Respektierung der Tabus ist nur von den damit verbundenen religiösen Vorstellungen her zu verstehen. Weil diese Vorstellungen, weil die Ehrfurcht und auch einfach die Angst vor den Göttern und den gottgleichen Häuptlingen so tief und fest in den Seelen der Polynesier verwurzelt waren, sind die Tabus von ihnen beinahe automatisch, unbewußt eingehalten worden, und eben deshalb konnte das System der Tabus zum tragfähigen Ordnungsprinzip der polynesischen Gesellschaft werden.

Dabei wäre es gewiß verfehlt, die Tabus allein als ein System von Abschreckungen zu deuten. Sie waren ebensosehr auch positives Recht – nicht nur heilige Verbote, sondern auch heilige freiwillig eingehaltene Gebote.

Tabus hat es in Polynesien seit Menschengedenken gegeben – möglicherweise waren sie bereits in Südostasien bekannt. Doch im Laufe der Zeit sind auf den einzelnen polynesischen Inseln immer mehr dazugekommen. Denn jeder polynesische Häuptling konnte in seinem Gebiet Tabus aussprechen. Das Tabu konnte sich auf eine Person, eine Sache oder eine Tätigkeit beziehen. Und da nur solche Menschen tabuisieren konnten, die reich mit Mana begabt waren, galt ein Tabu zugleich als ein von den Göttern geheiligtes Verbot.

Diese heiligen Verbote erstreckten sich auf nahezu alle Bereiche des gesellschaftlichen wie des persönlichen Lebens. Bestimmte Tabus galten für alle, manche nur für die Frauen, andere nur für die Vornehmen und wieder andere allein für die Angehörigen des einfachen Volkes oder für die Sklaven. Die wichtigsten, deren Verletzung am strengsten geahndet wurde, standen freilich mit der Unantastbarkeit der Häuptlinge, der Priester und der polynesischen Heiligtümer in Zusammenhang. Auch die mit den religiösen Ritualen, mit Geburt, Initiationsriten, Krankheit und Tod verbundenen Tabus waren über ganz Polynesien verbreitet. Sie haben auch noch zu der Zeit eine Rolle gespielt, als bereits die Weißen Fuß gefaßt und begonnen hatten, ihre Kolonialherrschaft zu errichten.

Auf Hawaii zum Beispiel hat der damals dort herrschende König die Rinder für tabu erklärt, die er von den ersten britischen Besuchern seines Landes als Geschenk erhalten hatte. Die Tiere, die keiner antasten durfte, verwilderten und vermehrten sich derart, daß sie schließlich die Existenz der Menschen auf dieser Hawaii-Insel gefährdeten. Das Tabu wurde daher wieder aufgehoben.

Die Aufhebung eines anderen auf Hawaii geltenden Tabus, das vornehmen Männern verbot, ihre Nahrung gemeinsam mit Frauen einzunehmen, führte dagegen zur grundlegenden Änderung der dortigen soziokulturellen Struktur.

Diese beiden völlig verschiedenen Beispiele von einem einzigen Archipel zeigen, welch grundlegende Bedeutung dem System der Tabus im Leben der polynesischen Gesellschaft zukam. Das kann auch den christlichen Missionaren nicht entgangen sein, aber den wahren Sinn des Begriffs Tabu haben zumindest jene unter ihnen nicht völlig verstanden, die dieses polynesische Wort mit »heilig« übersetzt haben. So kam es, daß sie den Sonntag als den »Tabu-Tag« und die Heilige Schrift als das »Tabu-Buch« bezeichneten. Die überhaupt erste Bibelübersetzung in die Sprache der Tonganer, die im Jahre 1884 in London gedruckt wurde, erschien unter dem Titel »Koe Tohi tabu Ratoa«, was wörtlich bedeutet: »Das vollständige Buch der Tabus« – und das war wohl gerade nicht gemeint.

Recht und Weisheit, Mythen
und Märchen

Die Tabus gehören zwar in erster Linie in die Sphäre der polynesischen Religion, doch das System der auf den einzelnen Inselgruppen geltenden Verbote bildete im Grunde zugleich das Gesetz, die Gesetzessammlung des betreffenden Landes. Aus der vorkolonialen Geschichte Ozeaniens ist aber auch ein Versuch bekannt, das gesamte polynesische Recht zu kodifizieren. Tetunae hieß jener »Hammurapi der Südsee«. Er war Oberhäuptling von Tahiti. Seine Gesetzessammlung, die sowohl zivil- und strafrechtliche Bestimmungen als auch Sippen- und Kultrecht umfaßte, ließ er durch die Priester in ganz Tahiti verbreiten.

Dieser »Te Ture na Tetunae« genannte polynesische Rechts- und Moralkodex ist teilweise erhalten geblieben. Er schreibt zum Beispiel vor, wie sich Kinder ihren Eltern gegenüber verhalten sollen: »Ihr sollt das Blut eurer Eltern in Ehren halten. Wachet darüber, daß ihr nicht gegen diese Satzung verstoßt. Bleibt euren Eltern treu ergeben.« Und das Gebot für Geschwister lautet wie folgt: »Ihr sollt die Angehörigen eurer Familie niemals im Stich lassen, besonders dann nicht, wenn sie im Elend sind.«

Tetunaes Gebote betonen auch unmißverständlich die führende Rolle und die Vorrangstellung der Häuptlinge in der polynesischen Gesellschaft: »Alle haben dem großen Häuptling und seinen Kindern Ehre zu erweisen.« – »Der Herrscher ist ein Nachkomme der Götter.« – »Der Kopf des großen Häuptlings ist der heiligste Teil seines Körpers. Seinem Haupt müßt ihr besondere Ehre bezeugen.« Das Gesetz unterstreicht auch die privilegierte Stellung der Priester in der Gesellschaft, besonders die des Oberpriesters: »Alle haben dem Oberpriester zu gehorchen. Ihr müßt ihm die Hütte bauen und für seine Kleidung sorgen.«

In den Fragmenten des »strafrechtlichen« Teils von Tetunaes Gesetzbuch herrscht der Grundsatz des Alten Testaments vor: »Auge um Auge, Zahn um Zahn.« Das polynesische Gesetz sagt wörtlich: »Blut um Blut.«

Jene Satzungen Tetunaes deuten darauf hin, daß es in Polynesien eine durch die Ariki oder deren Bevollmächtigte ausgeübte Gerichtsbarkeit gegeben hat. Ohne auf diese Fragen näher einzugehen, ist zu konstatieren, daß neben dem System der Tabus auch noch bestimmte Formen eines weltlichen Gewohnheitsrechts und überhaupt moralische Normen des Zusammenlebens existiert haben. Auch durch sie sind die Beziehungen der Menschen in der polynesischen Gesellschaft reguliert und damit kultiviert worden. Das unterstreichen auch die folgenden Sätze Georg Forsters.

»Unter den Bemerkungen, welche wir auf dieser Reise zu machen Gelegenheit hatten, ist das wirklich eine der angenehmsten, daß wir die Bewohner dieser Inseln nicht so ganz in Sinnlichkeit versunken fanden, wie sie von anderen Reisenden fälschlich dargestellt worden, sondern daß wir vielmehr Gesinnungen bei ihnen wahrgenommen haben, die der Menschheit Ehre machen. Lasterhafte Gemütsarten gibt's unter allen Völkern, aber einem Bösewicht in diesen Inseln könnten wir in England und anderen zivilisierten Ländern fünfzig gegenüberstellen.«

Der Rechtskodex suchte jedoch nicht nur, das öffentliche Leben der tahitischen Gesellschaft zu regeln. Die Gebote Tetunaes enthielten auch Weisungen für ein rechtes und glückliches, den Göttern gefälliges Leben, also ethische Maximen. Sie galten freilich vor allem für das Leben der herrschenden Gesellschaftsschicht.

Die absolute Geltung der Gebote der polynesischen Häuptlinge war – abgesehen von den meist damit verbundenen Tabus – durch die geheiligte Tradition und die heilige Autorität der Herrscher und Priester gesichert. Aus ihrem Munde sprachen die Götter selber. Nahezu alle Elemente der geistigen Kultur der Polynesier – auch das Recht sowie die Ethik und Philosophie – waren in ihrer Religion verwurzelt, sofern sie nicht überhaupt mit ihr verschmolzen waren. In zahlreichen, später von Europäern aufgezeichneten Texten taucht der Begriff des »göttlichen Geistes« auf, der gleichsam die Begründung für diesen Zusammenhang liefert. Offenbar ist er als Sprache gewordener Ausdruck jenes Mana anzusehen, von dem im vorangegangenen Kapitel die Rede war. Dieser Begriff liefert gleichsam die philosophische Begründung für den Zusammenhang von Recht, Weisheit und Religion, wie das nachfolgende, von Tahiti stammende Zeugnis polynesischen Denkens beweist.

»Erbebt ein Mensch an seinem ganzen Körper, läuft ein Schauer über seine Haut, daß seine Glieder zucken und seine Augen sich weiten – dann ist der göttliche Geist in ihn gefahren.

Sein Blick sprüht Feuer, und ein blütenweißes Tapatuch ist um seinen linken Arm gewickelt, zum Zeichen, daß der Gott in ihn eingekehrt ist.

Wo er erscheint, wagt keiner zu sprechen. Ehrfürchtiges Schweigen umgibt ihn. Seine Stimme aber tönt machtvoll und gebieterisch. Feierlich klingt seine Sprache, ein jedes Wort hat Gewicht und überzeugt; denn aus ihm spricht der Gott.

Lauscht mit Andacht seinen Worten, Ehre gebührt dem göttlichen Geist!

Eilt, ihn mit Opfergaben zu erfreuen. Die Frauen aber, auch wenn sie von hoher Herkunft sind, sollen sich selber ihm darbieten und ihm die Lust ihrer bebenden Körper schenken; denn wen seine Arme umfangen, den umfängt ein Gott.

Wenn aber der göttliche Geist, dessen Sprache gewaltig und dessen Tun gewandt und klug ist, wieder ausfährt aus dem Menschen, dann gleicht dieser wieder den anderen.

So herrscht der Weise Tino, der in seinem Reich den Namen Taramea trägt, über Tahiti: Seine Gebote sind heilig und unumstößlich; denn aus ihnen spricht der göttliche Geist.«

Jenen göttlichen Geist haben die Polynesier als Ausstrahlung des den Menschen entrückten Weltschöpfers, vor allem jenes Taaroa aufgefaßt. Diese Vorstellungen von einer den Kosmos durchwaltenden übernatürlichen Schöpfer- und Zeugungskraft nannten sie auf vielen Inseln *Tii* oder *Tiki* – wie die steinernen oder hölzernen Idole, die sie als symbolische Gestalten dieser männlichen Urenergie verehrten.

Die in ihrer Religion verwurzelte Philosophie der Polynesier hat nicht nur die Vorstellung eines göttlichen Geistes und seiner Inkarnationen, sondern sie hat auch den Begriff der Seele und ihrer Unsterblichkeit gekannt…

»An dem Tage, da Taaroa das Weib Hina begattete, die Göttin des Erdinnern, zeugten sie, was unter der Erde ist und was auf der Erde ist, und dazu den Mann, den Starken, und das Weib, die zur Wonne Geschmückte. Seit diesem Tag wohnt in allem, was lebt und stirbt, der Geist Taaroas.

Das Irdische, das vergeht, gehört Te Fatu; das Irdische, das dauert, gehört Hina. Es ist die Seele.

Du fühlst ihre Gegenwart in deinem Innern. Sie ist es, die in dir erbebt, wenn dich Angst oder Freude ergreifen. Sie wird dich verlassen, wenn du stirbst, um dorthin zurückzukehren, woher sie stammt, in das Reich der großen Finsternis, wo die Geister hausen.

Aber der Weg dorthin ist weit, und die Seele sieht am Anfang nichts und stolpert vorwärts. Dabei wird sie an einen der beiden Steine stoßen, die am Eingang von Tahaa stehen. Der rechte ist der Stein des Lebens und der linke der Stein des Todes. Stößt sie an den zur Rechten, kann sie ihren Weg fortsetzen, und der Tod kann ihr nichts anhaben. Stößt sie aber an den zur Linken, so hast du gefrevelt im Leben, und deine Seele muß erst gereinigt werden von den Sünden.

Dann wehe dir, der Zorn der Götter wird dich treffen. Ruhelos wird deine Seele umherirren und sich auf eine lange Wanderung begeben.

Weit und steil ist der Weg bis zum Gebirge Rotui auf der Insel Moorea und bis zum Gebirge Temehani auf der Insel Raiatea. Dort versammeln sich auf dem Berg des Lichtes die Seelen der ruhmreichen Krieger. Die Seelen der anderen aber versammeln sich auf dem Berg der Finsternis, und dann bewegen sie sich in einem langen Zug in das Land der Schatten, der ewigen Nacht, das weit entfernt ist und tief unter der Erde liegt.

Wehe den Seelen der Frevler, die an den Stein des Todes stoßen. Darum eile, wenn du ein Tabu verletzt, wider die Götter und Tempel gefrevelt, die Rituale oder die Opfer versäumt hast, die Atua wieder zu versöhnen mit Hilfe der Priester, die sich deiner erbarmen und deine Gaben nicht abweisen werden, wenn sie reichlich sind.

Tust du das aber nicht, so wird Krankheit über dich kommen, die Atuas werden dir die Seele aus dem Leib reißen, und du wirst wehklagen und die Priester um Hilfe anrufen; denn sie allein haben die Macht, dich zu retten. Gib ihnen alles, was du hast und was deine ganze Familie hat, damit deine Seele den Ort der ewigen Glückseligkeit erreiche. ›Rohutu-noa-noa‹, ›Heiliges Land der Wohlgerüche‹, so ist sein Name.

Ewig duften dort die weißen Blütensterne der Gardenien, ewig leuch-
ten die purpurnen Hibiskusblüten. Die Papayas, die Orangen und die
Mangos reifen dort das ganze Jahr hindurch, und um köstliche süße
Früchte zu essen, brauchst du nicht in Berge zu gehen. Blutjunge, schöne
Mädchen werden dir allezeit zu Diensten sein, ohne daß du dich um ih-
re Gunst bemühen mußt. Sie werden dir gebratenen Fisch bringen und
Bananenbrei, und ihre Tänze und Lieder werden die Langeweile vertrei-
ben.

In dieses Paradies werden die Götter deine Seele geleiten, wenn du
ein Häuptling oder ein Priester gewesen bist und ein Freund des
Häuptlings oder wenn du den Göttern und den Priestern stets deine Op-
fergaben dargebracht hast, so daß sie dir gnädig sind.

Von Rohutu-noa-noa kann deine Seele wiederkehren, sooft es dir ge-
fällt, und in der Nähe der Wesen weilen, die dir lieb sind.«

All das überlieferte Wissen um die letzten Dinge und um die
Kräfte, die den Kosmos durchwalten, die Lehren der religiös
fundierten polynesischen Philosophie haben sich deren Jünger
in eigens dafür bestimmten Schulen angeeignet. Diese polynesischen Weisen und Gelehrten gehörten in der Regel dem Priesterstand an, und jene geistige Elite wurde sorgfältig ausgewählt und ausgebildet.

So sind auch die Stätten bekannt, an denen die polynesischen Bildungsgüter auf Neuseeland gepflegt und vermittelt
wurden. *Whare Wananga,* »Häuser des Wissens«, hießen sie
dort. Die Lehrer an diesen Schulen, meist Priester des örtlichen
Heiligtums, wurden *Whatu* genannt. Die Maori hatten ihre Bildung in zwei Stufen, eine höhere und eine elementare, gegliedert. Die höhere nannten sie bildhaft *Kauwae Runga,* »Oberkiefer«, während die andere, die die zur Befriedigung der unmittelbaren Lebensbedürfnisse erforderlichen Kenntnisse umfaßte, bei ihnen *Kauwae Raro,* »Unterkiefer«, hieß. Beide Teile der
Bildung hielten die Maori für gleichermaßen notwendig. Sie
gehörten zusammen, weil die Menschen, um die »Nuß des Lebens« knacken zu können, dazu sowohl den Unterkiefer als
auch den Oberkiefer brauchen.

In den Häusern des Wissens wurden Vorlesungen zur Theologie, Kosmogonie, Genealogie und Astronomie gehalten, die

Methodik der Zeitmessung und die Arten ihrer Aufzeichnung gelehrt.

Das Studium der etwa zwanzig bis dreißig Schüler erstreckte sich in der Regel über vier bis fünf Jahre. Die Vorlesungen fanden in den Wintermonaten April bis Oktober statt, während im vorlesungsfreien Sommer die Studenten sozusagen ihr Praktikum absolvierten.

Da die Polynesier glaubten, die Zeit, in der die Sonne am Firmament steigt, sei zum Lernen am besten geeignet, begann der Unterricht in den Maori-Schulen stets mit dem Sonnenaufgang, und er endete, wenn das Taggestirn im Zenit stand. Nach erfolgreichem mehrjährigem Studium in einem polynesischen Haus des Wissens legten die Absolventen in der Regel eine Abschlußprüfung ab.

Die allgemeine Grundlage der polynesischen Wissenschaft – freilich nicht in unserem Sinn, sondern verstanden als Sammelbegriff des tradierten und durch die Praxis ergänzten Wissens – bildete die Philosophie der Polynesier, die wiederum eng mit den religiösen Vorstellungen zusammenhing.

Eine ausgesprochen philosophische Neigung, die Fähigkeit, in sehr abstrakten Begriffen zu denken, spricht besonders aus den Schöpfungsgeschichten der Maori. Ihre kosmogonischen Mythen kennen und unterscheiden unter anderem Kategorien wie einerseits den Gedanken, *Te Hinangaro,* und andererseits das Denken, *Te Mahara.*

Am engsten sind jene kosmogonischen Mythen, also die Sagen von der Entstehung der Welt, mit der Religion verbunden. Es gibt zweierlei Typen von ihnen: Die einen, die sogenannten genealogischen, erzählen, daß am Anfang der Zeiten überall grenzenloses Chaos oder unendliche Leere geherrscht hat. Dann kam Bewegung in dieses gestaltlose Nichts, und die ersten Klänge durchbrachen das finstere Schweigen. Aus diesen ersten Anzeichen von Leben bildeten sich schließlich die Urelemente, die Urkräfte des Männlichen und Weiblichen, verkörpert durch Himmel und Erde, mitunter auch konkret gefaßt als die Ureltern Rangi (männlich) und Papa (weiblich), deren Liebe zueinander, deren körperliche Vereinigung alles Lebende gebar – Menschen, Tiere und Pflanzen, vor allem aber die Götter.

Nach den Schöpfungsmythen hingegen ist die Welt das Werk eines einzigen Demiurgen, eines göttlichen Urwesens, das am Anfang der Zeiten ganz allein im unendlichen Nichts lebte. Den meisten Sagen zufolge ist dieser polynesische Weltschöpfer jener »Gott aus der Muschel«, Taaroa (Tangaroa, Kanaloa). Auf anderen Inseln galt der große Tane oder die Inkarnation Tanes oder Taaroas, Tiki, als der Schöpfer des Alls. In Tiki, den die polynesischen Bildhauer und Holzschnitzer so oft in ihren Werken dargestellt haben, verkörpert sich der Geist der Götter.

Neben den kosmogonischen Mythen, den religionsgeschichtlich wichtigsten, haben die Polynesier noch eine Reihe weiterer Sagen gekannt, die von den Göttern und Halbgöttern der Südsee, von großen Häuptlingen, von deren Taten und ruhmreichen Seefahrten erzählen.

Diese Mythen sind nicht minder wichtig, haben sie doch die Erinnerung an zahlreiche Ereignisse bewahrt, die sich in der Geschichte Ozeaniens wirklich zugetragen haben. So sind sie zugleich außerordentlich wertvolle Geschichtsquellen, nicht selten die einzigen, die die Wissenschaftler haben. Das gilt besonders für die eigentlichen historischen Sagen der Polynesier, die – sowohl hinsichtlich ihres literarischen Ranges als auch ihrer Bedeutung für die Erkenntnis der Vergangenheit – ohne weiteres mit den isländischen Sagen verglichen werden können.

In der polynesischen Mythologie spielen zahlreiche, oft über ihr ganzes Dreieck verbreitete Sagenzyklen eine große Rolle. Der bekannteste von ihnen, der sich sogar über die Grenzen Polynesiens ausbreitete, ist der Sagenkreis, der von den Taten jenes Diebes der Unsterblichkeit, des Halbgottes Maui, berichtet.

Doch nicht nur die Götter der Polynesier und die Ahnherren der Häuptlinge, sondern auch die Göttinnen und Häuptlingstöchter sind von zahlreichen Sagen und Märchen umwoben. Die meisten der weiblichen mythischen Gestalten spielen in diesem Südsee-Paradies der Männer zwar nur als Gattinnen oder Geliebte der Götter oder der Arikis eine Rolle, aber einige erlangten auch eine selbständige Bedeutung – wie die rothaari-

ge hawaiische Pele (anderswo Pere), die männerverschlingende
Göttin des Vulkanfeuers, oder die Göttin der Finsternis der
neuseeländischen Maori, Hina Nu te Poo, die bei ihnen zugleich als die Urmutter allen Lebens galt, in deren Armen der
tapfere Maui bei dem Versuch, ihr das Geheimnis der Unsterblichkeit zu entreißen, den Tod fand. Diese Herrin des Schatten-
reiches war dort, im fernen Südwesten Polynesiens, gleichsam
an die Stelle Hinas, der Gemahlin Taaroas, getreten, der die
Mythen verschiedene Namen und göttliche Ämter zusprechen
(Göttin des Mondes, des äußeren Meeres, des Erdinnern oder
der Luft). In all ihren Funktionen war sie jedoch, wie der
Schöpfergott Taaroa selber, den Menschen entrückt und genoß
in der Regel keine unmittelbare kultische Verehrung, wie auch
die anderen weiblichen Gottheiten mehr als Schutzherrinnen
bestimmter Künste oder spezieller weiblicher Tätigkeiten und
Belange eine positive Rolle gespielt haben.

Andere Sagen sind wohl eher als Volksmärchen zu bezeichnen und erzählen von irdischen Dingen: von den Freuden und
Leiden der Sterblichen, von Liebe und Haß, von Bewährung
und Unterliegen, vom Kampf mit der Natur und von glückli-
cher Errettung aus Gefahren. Auch in diesen einfachen Erzählungen voll bildhafter Poesie, die ihrer Entstehungszeit nach
wohl die jüngste Gruppe des polynesischen Sagengutes bilden,
greifen die Mächte des Himmels oder der Unterwelt, gute und
böse Geister rettend oder rächend in die Schicksale der Menschen ein. Im Unterschied zu den meisten europäischen Märchen nehmen die polynesischen jedoch keineswegs immer ein
glückliches Ende, und nicht selten spricht aus ihnen eine eigenartige unergründliche Traurigkeit, gemildert durch demütige
Ergebenheit in den Willen der Götter.

Es gibt aber auch eine Reihe polynesischer Erzählungen, die
ganz dem Erdendasein verhaftet sind und in denen das Geschehen allein aus den Regungen des menschlichen Herzens fließt,
aus den Leidenschaften oder dem Edelmut der handelnden Personen.

Die Göttergesänge und Heldenlieder, die Mythen und Märchen der Polynesier haben schon die Aufmerksamkeit der ersten europäischen Besucher ihrer Inseln erregt. Der allererste,

der Sagen der Südsee aufgezeichnet hat, hieß Joseph Banks, war eigentlich Naturforscher und gehörte der Expedition Cooks an. Er hat zahlreiche Nachfolger gefunden. Nach ihm haben englische, französische, deutsche und amerikanische Missionare, Diplomaten, Kolonialbeamte und Gelehrte – teils aus Liebhaberei, teils aus wissenschaftlichem Interesse – die Mythen und Märchen der Südsee-Völker gesammelt, um ihre bilderreiche Poesie für die Weltliteratur zu erschließen.

Einige mag vielleicht ein unbewußtes Schuldgefühl dazu bewogen haben – waren diese von der Volksdichtung Ozeaniens angetanen Menschen doch Angehörige jener Völker, die ihre Kolonialherrschaft auf den Südsee-Inseln errichtet und deren Zivilisationsbemühungen auf nicht wenigen Inselgruppen die Wurzeln der polynesischen Kultur zerstört hatten.

Zum Teil haben die Polynesier jedoch selber ihre Mythen aufgezeichnet, um so den ursprünglichen Gehalt der Legenden und Mythen zu bewahren; so geschehen auf den Gesellschaftsinseln durch die Witwe des letzten Königs von Tahiti, deren Texte von ihrer Tochter, der Prinzessin Takau Pomare, dann ins Französische übersetzt wurden; so geschehen durch einen der letzten hawaiischen Könige, Kalakaua, der – auf Anregung des deutschen Ethnologen Bastian – die Mythen seines Archipels hat aufzeichnen und veröffentlichen lassen; so geschehen durch den einheimischen Priester Te Matorohanga, der die Maori-Sagen von der Ostküste der Nordinsel Neuseelands im 19. Jahrhundert gesammelt hat – und eben diese Mythensammlung gilt als eine der wertvollsten Quellen hinsichtlich der philosophischen und religiösen Vorstellungswelt der Polynesier.

Der Zauber der Dichtung

In den mündlich überlieferten Mythen der Polynesier vereinigen sich Philosophie und Religion. Doch die klassische Dreiteilung in lyrische, epische und dramatische Dichtung ist auf sie nur bedingt anwendbar. Die polynesische Überlieferung kennt zwar vielfältige lyrisch-epische Mischformen, doch fehlt eine eigentliche dramatische Dichtkunst. Die rituellen Tänze und verwandte pantomimische Formen haben den Polynesiern das Schauspiel voll und ganz ersetzt.

Am ehesten lassen sich die überlieferten Texte in verschiedene epische und lyrische Gattungen gliedern. Die Grenzen zwischen ungebundener und gebundener Rede sind dabei jedoch nicht immer klar zu ziehen. Zu den epischen Formen gehören vor allem die Mythen, die Götter- und Heldensagen, Legenden, Märchen, Tierfabeln, aber auch die Genealogien der Häuptlingsgeschlechter, die polynesischen Stammbaumgesänge. Verhältnismäßig reich entwickelt war besonders die lyrische Dichtung, deren Genres vom feierlichen religiösen Hymnus bis zum einfachen Liebes- und Folklorelied reichen. Doch auch die polynesischen Sprichwörter und Rätsel oder Formen, die die moderne Literatur nicht mehr kennt, wie Zaubersprüche und Beschwörungsformeln, waren von hohem poetischem Gehalt und sind daher ebenfalls der Dichtkunst zuzurechnen.

Was die Zahl der Genres angeht, war die Literatur der Bewohner des Paradieses also außerordentlich reich. Wer in der langen Tradition der europäischen Kultur erzogen ist, wird freilich vor allem die Lyrik der Polynesier als wahre Richtung anerkennen – um so mehr, als davon (obwohl sie ebenfalls nur mündlich tradiert wurde) zahlreiche Texte vor allem von Hawaii und von den Gesellschaftsinseln überliefert sind.

Die Aufzeichnungen dieser poetischen Schöpfungen, die von ihren Autoren niemals zu Papier gebracht worden sind, wurden vor allem dadurch erleichtert, daß die polynesische Tradition eine getreue Überlieferung der Urtexte verlangte. Jedes Gedicht wurde in dem Wortlaut vorgetragen, den ihm dessen Schöpfer einst gegeben hatte – ohne jede Veränderung. Abraham Fornander, ein Kenner der polynesischen Volksdichtung, erinnert sich, daß er im 19. Jahrhundert polynesische Rezitatoren erlebt hat, die sechs Stunden lang ununterbrochen Texte im Sprechgesang vortrugen – sechs Stunden lang aus dem Gedächtnis, und das ohne den geringsten Fehler, ohne sich zu versprechen oder ins Stocken zu geraten.

Die polynesische Lyrik war überaus klangvoll und vor allem reich an Metaphern, an Bildern. Die Gedichte, zumindest die, die auf Hawaii aufgezeichnet wurden, mußten nach den ungeschriebenen Regeln dieser Dichtkunst der Südsee mindestens in vierfacher Hinsicht bedeutsam sein. Eine poetische Schöpfung hatte erstens einen konkreten, den gewissermaßen an der Oberfläche des Textes liegenden Sinn auszudrücken. Zweitens mußte der poetische Text zugleich ein wenig doppelsinnig sein; hinter den Worten sollte gleichsam eine unausgesprochene symbolische oder auch magische Bedeutung mitschwingen. Drittens sollte das Gedicht möglichst einen tieferen mythologisch-historischen Gehalt haben. Und viertens sollte es sozusagen als innersten Kern einen philosophischen Sinn erhalten, den manche polynesischen Gruppen *Kauna* genannt haben. Mit anderen Worten: Eine dichterische Schöpfung mußte nach dem Kanon der polynesischen Poetik bildhaft, symbolisch, bedeutsam und gedankentief sein.

Die polynesische Poesie, besonders die der Hawaiianer, war eng mit den anderen Künsten, vor allem mit der Musik, verbunden. Ein jedes Gedicht wurde – ähnlich wie bei den Azteken Altamerikas – eigentlich gesungen oder zumindest im Sprechgesang vorgetragen. Und um die Symbiose der Künste vollkommen zu machen, haben die Polynesier zu diesen Gesängen häufig auch noch getanzt, auf Hawaii natürlich Hula.

Die ältesten Dichtungsformen waren auch die ehrwürdigsten: die aus dem Mythos und dem Kult hervorgegangenen religiösen Gesänge und Götterhymnen. Sie sind als geheiligtes Erbe über Jahrhunderte hinweg bewahrt, aber wohl auch noch in späteren Zeiten durch Neuschöpfungen ergänzt worden.

Von den weltlichen Genres (obwohl diese in Polynesien von der heiligen Poesie oft kaum zu trennen sind) seien an erster Stelle die berühmten Kriegs- und Siegesgesänge genannt, auf Hawaii als *Mele Kaua* bezeichnet, sowie die Ruhmesoden für Krieger, die sich im Kampf besonders ausgezeichnet hatten. Bedeutsamer – als historische Quellen – sind die *Mele Koihunua*, die die großen Häuptlinge, ihre vergöttlichten Vorfahren, die Halbgötter und legendären Seehelden besingen. Eine dritte Gruppe bilden die *Mele Kuo*, die Preis- und Festlieder. Besonders charakteristisch für Polynesien sind die *Mele Inca*, die Namensgesänge, die zu Ehren angesehener Mitglieder der polynesischen Gesellschaft verfaßt wurden.

Aber nicht nur Kriegs- und Ruhmestaten spiegelt die Dichtung der Polynesier wider, sondern auch andere, intimere Bereiche ihres Lebens. So sind die *Mele Oli Oli* der Hawaiianer ausgesprochen lyrische, stimmungsvolle Gedichte. Ähnliche, oft nur aus wenigen Versen bestehende poetische Formen, die mitunter an die romantische Lyrik europäischer Völker erinnern, kannten auch die Bewohner der Gesellschaftsinseln.

Beliebt waren zweifellos auch längere Liebes- und Hochzeitsgesänge (auf Hawaii *Mele Ipo* genannt). Neben der empfindsamen Liebeslyrik hat dieser Zweig der polynesischen Dichtung allerdings auch Verse derb erotischen, ja manchmal ausgesprochen obszönen Inhalts, *Mele Paeaoa* genannt, hervorgebracht. Den Gegenpol zu diesen frivolen Scherzgedichten bilden die Feierlichkeit und die religiöse Inbrunst der *Pule*, gesungener Gebete, und der feierliche Ernst der *Mele Kanikau*, Gesänge zum Andenken Verstorbener und Totenklagen...

> *Von des Lebens Durst und Glut,*
> *wo die Seele niemals ruht,*
> *sollst du wandern*
> *nach den andern*
> *zu Gott Kanes kühlem Quell,*
> *zu den Wassern rein und hell.*
>
> *Alle Qualen, alle Gier*
> *fallen ewig ab von dir.*
> *Nehmt ihn auf, den edlen Toten.*
> *Kommet, o ihr Götterboten,*
> *Götter der Berge und Götter der Ferne,*
> *Götter der Inseln und Götter der Sterne,*
> *Götter der Winde und Götter der Sonnen –*
> *geleitet ihn sicher zu Kanes Wonnen...*

Die nur wenig bekannte Lyrik der Südsee umfaßt die ganze Spannweite menschlichen Empfindens und Erlebens – von überschäumender Lebensfreude bis zur klagenden Trauer, von verinnerlichter Liebessehnsucht bis zu ungezügelter Kundgabe erotischer Lust, von enthusiastischer Verherrlichung und tiefer

Ehrfurcht bis zu der stillen Andacht oder der Verzweiflung eines aus der Not geborenen religiösen Bittgebetes.

Die meisten der Gefühle, die aus jener Lyrik sprechen, sind auch uns Europäern vertraut – die geistige Vorstellungswelt dagegen, in die sie eingebettet sind, die Metaphern und Bilder, deren sich der polynesische Dichter bedient, erscheinen dagegen weitgehend fremd, zum Teil völlig unverständlich. Das gilt vor allem für den Wort- und Klangzauber der ebenfalls gesungenen polynesischen Beschwörungen und Weissagungen (auf Hawaii *Wanana* genannt), die aufgrund ihres Bilderreichtums und ihrer Sprachgewalt ebenfalls als eine – für einen Europäer des 20. Jahrhunderts freilich ungewöhnliche – Form der Dichtung anzusehen sind. Bei den Beschwörungen zum Beispiel handelte es sich nicht etwa um kurze Zaubersprüche oder -formeln, wie sie aus der Volksüberlieferung europäischer Länder bekannt sind, sondern meist um lange wort- und klangreiche Ritualtexte.

Bei alldem ist zu bedenken, daß die Dichtung der Polynesier aus ihrer Religion hervorgegangen ist, daß die Bilder und Assoziationen vorwiegend aus ihrer religiösen Vorstellungswelt erwachsen sind. Daher war auch die Funktion dieser Dichtung eine wesentlich andere als etwa die Funktion der europäischen Literatur seit der Renaissance, geschweige denn der modernen Literatur. Die polynesische Dichtung diente ursprünglich nicht in erster Linie ästhetischen Bedürfnissen, sie diente nicht der Unterhaltung, dem geistigen Genuß und schon gar nicht der Auseinandersetzung mit gesellschaftlichen Zuständen, sondern sie war in einem weit elementareren Sinn unmittelbare, aus religiösen Quellen gespeiste Daseinsbewältigung. Daß sich diese Daseinsbewältigung im Rahmen der vom Häuptlingskult geprägten Gesellschaft vollzog und auf deren Erhaltung gerichtet war, hängt dagegen ausschließlich mit der sozialen Funktion der polynesischen Dichtung zusammen.

Dem gesprochenen Wort – und gerade dem von den Vätern und Vorvätern überlieferten Dichterwort – schrieben die Polynesier eine magische Bedeutung zu. Worte waren für sie – in einem geradezu ursprünglichen Sinn – lebendige, in die Zukunft hineinragende Wirklichkeit, die bewirkte, was durch das

Aussprechen der Worte herbeigerufen, beschworen worden war. Das ist bekanntlich eine der Grundvoraussetzungen des magischen Denkens überhaupt, von dem das Bewußtsein dieser Menschen geprägt war. Die ganze sie umgebende Welt, die Naturerscheinungen wie die Geschicke menschlichen Lebens, hatte für sie über die konkrete, sinnlich wahrnehmbare Erfahrung hinaus eine zweite, hintergründige, magische Bedeutsamkeit.

Daher galten ihnen auch die Worte, die aus dem Mund eines reich mit Mana begabten Menschen kamen, aus dem gleichsam die Götter selber sprechen, als heilig. Das ist auch der Grund, warum die Sänger und die Dichter den Tahunas, den Priestern, gleichgestellt wurden – sofern sie nicht überhaupt mit diesen identisch waren, die sich ja bei den Kulthandlungen, bei den Opferritualen, den Beschwörungen oder den Weissagungen ebenfalls bestimmter dichterischer Formen bedienten. Die »Meister des Gesanges«, die *Kaku Mele*, wie sie auf Hawaii genannt wurden, waren Weise wie die Priester, da sie in besonderem Maße der Sprache mächtig waren und durch das Wort magische Kraft ausübten. Sie wußten mehr von der Macht und Wirkung der Worte, und daher waren sie auch so peinlich darauf bedacht, kein einziges Wort zu verfälschen und zu verdrehen, sondern die heiligen Texte genau in dem Wortlaut zu sprechen bzw. zu singen, den ihnen deren Schöpfer gegeben hatte. Ja, ein solcher polynesischer Rezitator durfte nicht ein einziges Mal ins Stocken geraten oder sich versprechen. Das hätte den Zorn der Götter auslösen und aufgrund der magischen Wirkung der Worte die schlimmsten Folgen haben können – nicht nur für den betreffenden Sänger und Dichter, sondern auch für seine Zuhörer.

Der Vortrag eines überlieferten Textes war keine einfache Sache. Erst recht galt das für die Schöpfung eines neuen Gesangs. Einen *Mele* zu dichten war eine hohe Kunst, der strenge Regeln zugrunde lagen, denen Wort für Wort und Vers für Vers zu entsprechen hatte. Mit sicherem Stilgefühl hatte der polynesische Dichter die Wörter zu wählen und an die richtige Stelle zu setzen, damit seine Verse jene Sinn- und Klangfülle erreichten, die seine Zuhörer zu begeistern vermochte. Daher sind die polynesischen Texte – und das ist eine ihrer auffälligsten Besonderheiten – so reich an Eigennamen von Menschen, Göttern oder Orten. Das erschwert mitunter das Verständnis der Texte, jedoch waren alle diese Namen den Zuhörern wohlbekannt. Die Namen lösten ganz bestimmte gefühlsbetonte Vorstellungen oder die Erinnerung an mythische Themen aus.

Doch nicht nur mit Bildern, Metaphern und Symbolen, die so charakteristisch für die polynesische Poesie sind, schmückte der Dichter der Südsee seine Verse, sondern auch mit Halb- und Stabreimen. Dabei waren die Melodik und Klangfülle seiner stark rhythmisierten Sprache an strenge Regeln der Metrik gebunden, die die Philologen bisher noch gar nicht im einzelnen erforscht haben. Fest steht aber, daß der Wohlklang der polynesischen Dichtung auch auf dem kunstvollen Wechsel von Tonstärken und Tonhöhen beruht.

Ebensogut wie die überlieferten Gesetze des Versbaus mußte der Dichter auch die kulturellen und historischen Traditionen seiner Inselheimat kennen. Darüber hinaus wurde von ihm erwartet, auch das gesamte Natur- und Geisteswissen der Gesellschaft, der er angehörte, zu beherrschen – von der Theologie und Mythologie über die Astronomie und Meteorologie bis zur Meeres- und Erdkunde. Besonders seine nähere und weitere natürliche Umwelt mußte er genauestens kennen, wimmelt es doch in den Texten nicht nur von mythologischen und legendären Namen und Begriffen, sondern auch von Orts- und Pflanzennamen und von geographischen Bezeichnungen. Bäume, Berge, Buchten, Höhlen, Wasserläufe, Seen – alles das wurde konkret benannt. Vor allem aber mußte er die Kunst jenes *Kauna*, des Doppelsinns der Wörter, ihrer hintergründigen, magischen Bedeutung meisterhaft beherrschen, damit seine Schöpfung den Kriterien standhielt, die die Zuhörenden an die Dichtkunst stellten.

Der von der Insel Tahiti stammende »Kriegsgesang des Opuhara« bietet nicht nur ein sprechendes Beispiel für dieses einst weitverbreitete Genre der polynesischen Dichtung. Er erscheint auch besonders geeignet, das Gesagte zu veranschaulichen, da der Text trotz seiner Symbolsprache auch dem Nichteingeweihten einigermaßen verständlich ist...

Auf, Männer Tahitis, vorwärts zur Rache!
Ergreift die Lanze von Paumariorio,
des göttlichen Hauses mächtigen Speer.
Tahiti, auf zum Schutz der heil'gen Sache,
Land ans Licht gehoben aus dem Meer
durch des großen Taaroa Willen.
Auf, Tahitis Rachedurst zu stillen,
seine Heiligkeit zu wahren,
laßt die Boote feindwärts fahren!

Sende aus, Faina, das Boot
mit dem dunklen Namen »Tod«.

Das Netz »Rapeamataono«, wirf es aus
über die acht Marken der Teva, über jedes Haus!

Die Teva, sie erheben sich, sie kommen,
die Teva, die Kühnen und die Frommen.

Morgen bricht an des Hirohito Nacht
nach der Götter Willen,
der große Fisch taucht auf, erwacht!
Er wird die Netze füllen.

Torea, Vogel, mit den scharfen Blicken,
nach dessen Ruf die Sonne steigt,
nach dessen Schrei der Abend schweigt,
behüte uns vor allen Tücken,
den achtarmigen Tintenfisch bewache
und schütz uns vor des Hundes »Hatetumu« Rache.

Wirf das Netz, Faina, über die Tevas aus,
daß sie sich erheben zum Krieg,
daß sie verlassen Weib und Haus,
zu erkämpfen unsern Sieg!

Groß ist des Faina heiliger Zorn,
der Baum Malewu streckt die Zweige nach vorn.

Die große Trommel von Farerea dröhne:
Auf, in den Kampf, Tahitis Söhne!
Die Lanzen schärft, die Äxte sollen blitzen,
die Würde unsres Oberpriesters schützen.

Ich, Opuhara, bin der heil'ge Baum,
der biegsame Stamm vom Berge Tamaiti,
des Tevarua Temeharo Sohn,
des großen Häuptlings von Tahiti.

Der Tag bricht an, und von des Himmels Rand,
steigt strahlend auf die Sonne überm Land.

Doch Bangigkeit erfüllet mein Gemüt,
in dem die Liebe zu Tahiti glüht.

Laß, Faina, die Krieger sich wie eine Hand erheben,
zu schützen unser Land mit ihrem Leben,
die Teva der vier innern Marken,
die Teva der vier äußern Marken,
ihr, meine kühnen Söhne alle, ihr die Starken.

Dieser »Kriegsgesang des Opuhara« ist nicht nur ein poetisches, sondern auch ein historisches Dokument, das von den Machtkämpfen der großen Häuptlinge um die Vorherrschaft auf Tahiti und den benachbarten Inseln zeugt.

Der Schöpfer des Gedichts, entweder der Häuptling Opuhara selber oder sein Meister des Gesangs, hat sich dabei zahlreicher Metaphern in Form mythischer und historischer Sinnbilder bedient, die für die polynesische Dichtung ebenso charakteristisch waren wie die in den Text eingestreuten Orts-, Tier- und Pflanzennamen mit gleichfalls symbolischer Bedeutung. So wird Opuhara, der letzte Oberhäuptling der Teva, die ihre Herrschaft über das ganze Land Papara auf der Insel Tahiti ausgedehnt hatten, in dem Text als »heiliger Baum«, als der »biegsame Stamm vom Berge Tamaiti« bezeichnet; mit dem »göttlichen Haus Paumariorio« ist der heilige Tempel der Ahnen Opuharas gemeint; »Faina« ist der Name des Kriegsrates, der zum Kampf aufgerufen hat; das Boot mit dem dunklen Namen »Tod« bezieht sich auf die gesamte Flotte und das Netz »Rapeamataono« auf den Kriegsbefehl, der an die acht Marken, die acht Gebiete der Teva erging; die »Nacht des Hirohito«, ein von dem tahitischen Gott Hiro abgeleiteter mythischer Begriff, bezeichnet die Nacht, in der die »großen Fische« aufzutauchen pflegten, worunter hier wohl die Kriegshäuptlinge zu verstehen sind; der »achtarmige Tintenfisch« ist die Insel Moorea, deren Bewohner mit dem Feind verbündet waren, der mythische »Hund Hatetumu« versinnbildlicht die Krieger von Raiatea.

Doch nicht nur die Lyrik, auch die Prosa der Polynesier war höchst poetisch, reich an Bildern und Symbolen, und ihre Sprache, gleichfalls stark rhythmisiert, geht mitunter in gebundene Rede über. Die Märchen und Tierfabeln, die Legenden und mythischen Erzählungen der Südsee-Bewohner variieren zwar – je nach ihrem Entstehungsgebiet – in ihrer Thematik, was sie jedoch vereint, ist die Art, wie sie die Menschen- und Götterwelt schildern. Auch bestimmte Götternamen und mythische Motive kehren in fast allen Varianten wieder.

Während die Mythen und Märchen der Polynesier zu einem beträchtlichen Teil erhalten geblieben sind, kann sich der Interessierte von einer anderen Ausdrucksform sprachlicher Kunst nur noch anhand zeitgenössischer Schilderungen aus früheren Jahren ein Bild machen – von der Kunst der Rede, der Rhetorik, die nicht nur ein wichtiges Element des gesellschaftlichen, um nicht zu sagen politischen Lebens, sondern auch eine bemerkenswerte Erscheinungsform der polynesischen Kultur war. In den zeremoniellen Reden, die stets den Höhepunkt einer Männer- oder Kriegerversammlung bildeten, hat die Sprache durch Bilderreichtum und Rhythmisierung eine solche Eindringlichkeit und Aussagekraft erreicht, daß sie in die Nähe der Dichtersprache rückt.

Südsee-Reisende haben geschildert, wie in diesen Reden die Geladenen empfangen wurden, wie der Redner ihnen die gebührende Ehre erwies, ihrer Würde huldigte, den Ruhm ihrer Ahnen und ihre eigenen Tugenden pries und dabei auch ein wenig die allen bekannte Wirklichkeit beschönigte, um nur ja keinen der Versammelten zu kränken. »Man bediente sich dazu einer Phantasiesprache«, schreibt der französische Autor Jean Guiart, »in der die Eigennamen oft durch Tiersymbole und dem Clan zugehörige Ortsnamen ersetzt« und dadurch poetisch überhöht wurden.

Die zündende Sprachgewalt der polynesischen Redner, noch gesteigert durch das göttliche Mana, das dem Orator, in der Regel dem Häuptling, innewohnte, war ein wesentlicher Faktor seiner Macht und seines Ansehens. Auf manchen Inseln beauftragte der Herrscher auch seinen wortgewaltigen Atua, die Reden zu halten. Diese bedienten sich während ihres Vortrags – zur Unterstützung des gesprochenen Wortes – gern eines sogenannten Rednerstabes, von dem noch einige – meist mit kunstvollen Schnitzereien verziert – erhalten sind.

Doch gleich, ob es sich um das Wort des Redners, des Dichters oder des Priesters gehandelt hat – immer war der gestalteten Sprache eine magische Wirkung eigen.

Die Sprechenden Tafeln

Die Literatur der Polynesier ist nur mündlich von Generation zu Generation überliefert worden – abgesehen von der Osterinsel, wo sich eine Schrift entwickelt hat. Dies ist schon deshalb bemerkenswert, weil die Existenz einer Schrift von den Ethnologen und Archäologen zu Recht als eines der Hauptmerkmale für den Reifegrad einer Kultur angesehen wird.

Die auf einer einzigen Insel des Pazifiks erhaltenen Reste einer eigenständigen polynesischen Schrift verdienen daher höchstes Interesse. Sehr interessant ist dabei die Tatsache, daß jene Schrift – diese von polynesischer Hand in einer eigenen polynesischen Schrift geschriebenen Texte – gerade von der Osterinsel stammt, einer der kleinsten polynesischen Inseln, darüber hinaus das am meisten isolierte und zugleich von der Urheimat der Polynesier am weitesten entfernte Eiland des pazifischen Dreiecks.

Diese polynesischen Texte sind mit Hilfe eines Haifischzahns oder mit einem anderen ähnlich scharfen Gerät tierischer Herkunft in eigenartige Holztafeln eingeritzt.

Bis zum heutigen Tag sind kaum mehr als zwanzig solcher Tafeln entdeckt worden, wovon einige sogar nur als Bruchstükke erhalten sind, also lediglich Textfragmente liefern.

Die Schrift der Osterinsel muß als Bilderschrift bezeichnet werden, erinnern doch die Zeichen auf den »Sprechenden Tafeln«, den *Kohau Rongo Rongo,* an Gegenstände, Tiere und Pflanzen, die in Ozeanien vorkommen. Das bedeutet aber keineswegs, daß ein Bildzeichen, das einen Stern darstellt, nun auch mit dem Wort Stern zu übersetzen ist.

Der erste, der die Texte zu dechiffrieren versuchte, war Tepano Jaussen, Bischof von Tahiti. Doch wieviel Mühe und Fleiß er auch darauf verwandte – es gelang ihm nicht, die polynesischen Inschriften oder auch nur einzelne Zeichen zu entziffern, so daß sie im Zusammenhang einen Sinn ergaben. Die Sprechenden Tafeln blieben für ihn stumm.

Immerhin stellte Jaussen dank seiner polynesischen Informatoren fest, daß die Textzeilen abwechselnd von links nach rechts und dann wieder von rechts nach links zu lesen waren. Diese wechselnde Schreib- und Lesart wird in der Fachliteratur Bustrophedon genannt. Der Ausdruck stammt aus dem Altgriechischen und bedeutet soviel wie der »wendende Stier«. Genau wie das Ochsengespann beim Pflügen am Ende jeder Furche wendet, so muß auch das Auge des Lesers über solche Texte wandern.

Der unermüdliche Bischof bekam auch heraus, wer die polynesischen Inschriften einst auf die Holztafeln eingeritzt hatte. Die Bewohner der Osterinsel hatten die Erinnerung an jene Männer bewahrt und nannten sie *Tangata Rongo Rongo,* »Meister der Sprechenden Tafeln«.

Die Forschungen des Linguisten Thomas Barthel aus Tübingen haben über diesen so wichtigen Bestandteil der polynesischen Kultur eine Feststellung von grundlegender Bedeutung gebracht. Auf den Kohau Rongo Rongo sind, wie Barthel angibt, rund sechshundert Grundzeichen verwendet worden, durch deren Kombination etwa zweitausend zusammengesetzte Zeichen gebildet werden konnten. Die Zeichen haben in der Regel ihre exakte Bedeutung, und manche Glyphen drücken sogar abstrakte Begriffe aus. Mitunter ist der Ausdruck durch ein Symbol oder eine Metapher ersetzt. So wurde für das Wort Frau das Zeichen *Pua,* Blume, gebraucht.

Seine Untersuchungen haben bewiesen, daß die Texte auf den Sprechenden Tafeln der Osterinsel, die für frühere Forscher ein unlösbares Rätsel waren, tatsächlich in einer polynesischen Sprache geschrieben sind. Und der Tübinger Linguist hat auch eine weitere grundlegende Frage beantwortet – nämlich welchen Inhalt diese Texte haben. Die meisten enthalten Vorschriften zur Einhaltung religiöser Rituale.

Die partielle Entzifferung der Sprechenden Tafeln hat zugleich ergeben, daß zu der Zeit, da sie angefertigt wurden, die wichtigste Gottheit der Bewohner der Osterinsel der gesamtpolynesische Gott Tane gewesen ist, also nicht der Lokalgott Make Make, der zur Zeit der Ankunft der ersten Europäer auf Rapa Nui so verehrt wurde.

Die Analyse der bisher entzifferten Textteile hat ferner ergeben, daß darin von Dingen, zum Beispiel von Pflanzen, die Rede ist, die nur in den tropischen Breiten Ozeaniens vorkommen. So weisen die Sprechenden Tafeln auch darauf hin, wo die Urheimat der Bewohner Rapa Nuis zu suchen ist. Die Textfragmente scheinen überhaupt anzudeuten, daß früher auch in anderen Teilen Polynesiens eine Schrift existiert hat.

Vieles ist freilich noch ungeklärt. Warum ist diese Schrift nur auf der isolierten Osterinsel erhalten geblieben? Sind diese oder ähnliche Schriftzeichen in älteren Zeiten auch auf anderen polynesischen Inseln in Gebrauch gewesen? Ist nur der allzu vergängliche Schriftträger Holz der Grund für die geringe Zahl der heute noch existierenden Texte? Aber warum haben dann nicht die Polynesier ein beständigeres Material gewählt? Ist diese Schrift erst verhältnismäßig spät von anderen polynesischen Inseln, zum Beispiel von der heiligen Insel Raiatea, auf die Osterinsel gelangt und daher dort erhalten geblieben? Aber warum ist sie dann anderswo wieder aufgegeben worden? Ist die Kultur der Osterinsel also nicht nur eine Randerscheinung der gesamtpolynesischen Kultur? Sind die Kohau Rongo Rongo eine eigene Erfindung der Bewohner Rapa Nuis, zumal auch die Moai, die gigantischen Steinfiguren, in diesen Ausmaßen nur dort vorkommen? Wird uns die völlige Entzifferung der

	Zeichen	Aussprache	Bedeutung
A. Einzelne Zeichen		toki	Beil
		vai	Wasser
		tangata	Mensch
B. Kombinierte Zeichen		rutu te pahu kohau	Die Trommel rühren
		rongorongo	Sprechende Tafel
C. Eigenschaften bezeichnete Zeichen		koti	durchgeschnitten
		moe	schlafend, tot
		tea	weiß
D. Metaphorische Ausdrücke		pua	1. Blume 2. Frau
		rei kura	1. Wertvolles Ornament 2. Erstgeborener Sohn
E. Beispiele der Bilderschrift		pure	1. Auster 2. Gebet
		rapa	1. Tanzendes Ruder 2. Herrlichkeit
		tapa	1. Rindenstoff 2. zählen

Beispiele der polynesischen Schriftzeichen und ihre wahrscheinliche Bedeutung.

Texte der Osterinsel weitere Aufschlüsse liefern? Fragen über Fragen – Rätsel, die offensichtlich nur durch die kontinuierliche Arbeit der Forscher eines Tages vielleicht keine mehr sind.

Hüter der Heiligtümer

Die Priester, die hochgeachteten Wächter der Weisheit und des Wissens der Südsee-Völker, nahmen in der polynesischen Gesellschaft eine führende Stellung ein. *Tahuna* wurden sie genannt, ebenso wie die Künstler und die hochqualifizierten Handwerker. Das Wort Tahuna – auf manchen Inselgruppen Kahuna, Tohunga – bedeutet soviel wie »Meister«.

Auf einigen Inseln – so auch auf Neuseeland – wurde diesem Titel noch das Wort *Pare* hinzugefügt, das mit »Verehrung«, »Anbetung« zu übersetzen ist. Die Tohunga Pare der neuseeländischen Maori galten also als »Meister der Anbetung« – womit die Anbetung der Götter gemeint war. Den Priestern in Polynesien oblag es, den Kult all der großen und kleinen Atuas zu pflegen. Sie waren die Mittler zwischen der Menschenwelt und der Welt ihrer Schöpfer und Beschützer. Die Priester vollzogen die zahlreichen vorgeschriebenen Zeremonien, sie sprachen bzw. sangen die Gebete und sehr oft auch die eigenartigen Beschwörungen, *Karakia* genannt, die dem Nichteingeweihten in der Regel kaum verständlich sind.

So lautet zum Beispiel eine Beschwörung zur Wiederbelebung eines Ertrunkenen:

> *Das ist der Eimer, der Eimer,*
> *das große Wasser, das hohe Wasser,*
> *das wogende Wasser,*
> *das Nuku holen wollte,*
> *das Rangi holen wollte,*
> *um es zu entschlammen.*
> *O halte es fest, vereint euch.*
>
> *Umschließe die Kraft,*
> *die mit der Flut kommt.*

Umschließe die Kraft,
die mit dem Wallen, dem Wollen kommt.
Hier ist der Gürtel.
Er wird halten, er ist fest.
Der heilige Gürtel des Tane.
Gib ihn, den Gürtel, o Tane,
binde ihn fest,
daß er hält.
Rinde vom Baum sei dir gegeben:
Ziehe sie, zerre sie!

Die Karakia mußten völlig fehlerlos rezitiert werden! Der Priester durfte dabei nicht ein einziges Mal ins Stocken geraten oder sich versprechen, denn nur das geringste Versehen beim Aufsagen hätte die Beschwörung nicht nur unwirksam gemacht, sondern auch die schlimmsten Folgen für Leib und Leben des Hilfebedürftigen haben können.

Ihre geradezu ungeheure Verantwortung hinsichtlich des Wohles der Allgemeinheit erklärt unter anderem das hohe Ansehen, das die Tahunas in ihrer Gesellschaft genossen. Da für die Südsee-Bewohner feststand, sie seien besonders reich mit Mana begabt, galten für die Meister der Anbetung auch zahlreiche Tabus. So durfte ein Priester keine fremde Hütte betreten – denn mit dem starken Mana, das ihm innewohnte, hätte er dieses Haus tabuisiert. In der Regel durfte ein Priester aus ähnlichen Gründen auch keine gekochte Nahrung zu sich nehmen, ja, er durfte nicht einmal seine eigenen Haare berühren! Für die Haarpflege standen deshalb auserwählte Diener bereit.

Den polynesischen Meistern der Anbetung war eine ganze Reihe von Hilfspriestern unterstellt. Manche Angehörige des Priesterstandes waren auch nicht auf den Vollzug der religiösen Zeremonien, sondern auf Weissagungen, die Heilung von Kranken und dergleichen spezialisiert.

Grundsätzlich konnte nur ein Mann Priester werden. Der junge Anwärter auf geistliche Würden mußte sich in besonderen Seminaren lange Zeit auf sein Amt vorbereiten. *Whare Kura,* Rote Häuser, hießen diese Priesterschulen auf Neuseeland. Außer polynesischer Theologie studierten die jungen Männer dort auch Astronomie, Mythologie und Geschichte; daneben erwarben sie sich Kenntnisse auf den Gebieten der Astrologie und der Heilkunde.

Die Priester unterschieden sich von den übrigen Mitgliedern der polynesischen Gesellschaft schon äußerlich durch ein bestimmtes Kleidungsstück. So trugen sie auf Tahiti eine Matte aus weißer Tapa um die Lenden und auf Hawaii einen weißen Rock aus dem gleichen Material. Auch auf den Marquesas waren die Diener der Götter mit langen weißen Gewändern aus Baststoff bekleidet.

Die Priesterschaft war in Polynesien, zumindest in späteren Zeiten, hochspezialisiert. Jedem der großen Götter (und auch den Atua, die für die betreffende Insel wichtig waren) diente eine selbständige Gruppe, sozusagen ein Orden von Geistlichen.

Die Kulthandlungen waren sehr zahlreich. Um die Götter zu ehren, sie gnädig zu stimmen oder ihren Beistand zu erlangen, wurden mannigfache Zeremonien vollzogen, die von Opferhandlungen begleitet waren. Und dies geschah sehr oft, denn bei allem, was den Polynesiern wichtig erschien, wurden die Götter angerufen: beim Bau eines neuen Schiffes, eines Tempels, eines Hauses, bei der Geburt eines Kindes, bei der Aufnahme der herangewachsenen jungen Menschen in die Gemeinschaft der Erwachsenen, bei Hochzeit, Krankheit, Tod und Bestattung. Und je bedeutsamer das Ereignis für das Leben der Gesellschaft war, desto vielfältiger und feierlicher waren die Zeremonien, desto reicher die Opfer. So bildeten die Krönung eines neuen Ariki, ein Sieg über die Feinde und vor allem die regelmäßigen Jahres- und Erntefeste Höhepunkte im Leben der polynesischen Gesellschaft.

Von den Gesellschaftsinseln sind eine Reihe mündlich tradierter und später aufgezeichneter Texte erhalten, die die Regeln vor Augen führen, die für ein solches polynesisches Fest galten – zum Beispiel für das »Fest des Meeres«...

»Wenn die Rücken der Thunfische von den Felsenriffen bis zum Saum des Meeres helle Bogen zeichnen, dann ist die Zeit für das Fest herangerückt. Dann soll ein Boot vom Ufer abstoßen, sein Fang aber werde den Göttern geopfert – denn dieser erste Tag des Fischfangs ist tabu.

Wer sich an diesem Tag der Küste nähert, wer ein Feuer entfacht, wer Speisen zubereitet oder zum Munde führt, bevor die Sonne im Meer versinkt – der ist ein Frevler; denn er bricht das heilige Gebot.

Die Priester sollen in den Tempeln beten und den Altar vorbereiten, auf dem man die Opfergaben niederlegen wird.

Wenn die Sonne untergeht, wird das Boot zurückkehren. Die Priester schreiten, die Gebete sprechend, zum Ufer des Meeres. Sie selber tragen die Fische zum Altar.

Der erste Fang gebührt den Göttern, der zweite gehört den Häuptlingen, und am dritten Tag darfst du für dich selber fischen.«

Was für die Nahrung aus dem Meer galt, war auch für die Gaben der Erde, für die landwirtschaftlichen Erzeugnisse der Polynesier, unumstößliches Gebot...

»Wenn die Zeit der Regen vorüber und die Erde befruchtet ist, dann sind die Tage des Überflusses nicht mehr fern. Daher bringet zu dieser Zeit die Opfer dar. Wer den Göttern das beste und das meiste opfert, dem werden sie die reichste Ernte schenken.«

Waren dann diese Tage des Überflusses gekommen, so mußten den Göttern natürlich wiederum Dankopfer dargebracht werden...

»Bündel von Bananen, die Früchte der Brotbäume und der Felder, Kokosnüsse, Matten aus Pandanusblättern, feine weiße Tapatücher und fette Schweine, Hunde und wohlgenährte Hühner – von allen Gaben des Jahres sollt ihr den Göttern das Erste und Beste opfern und zu dem dafür bestimmten Platz im heiligen Tempel, zu den Priestern und Häuptlingen, tragen. Dann werden die Priester mit entblößtem Oberkörper zum Altar schreiten und das Opfer darbringen. Der Rest der Göttergaben aber ist für euch bestimmt; denn die Atuas wollen, daß auch die Menschen satt werden.«

Aber nicht nur der Vollzug der rituellen Opferhandlungen oblag den Priestern. In bestimmten, besonders dringlichen Fällen, wenn es galt, den Zorn der Atua zu beschwichtigen und vor allem die Gunst, namentlich des Kriegsgottes, für ein militärisches Unternehmen zu gewinnen, wurden von den Priestern auch Menschen geopfert, wenn auch bei weitem nicht in dem Ausmaß wie etwa bei den Azteken Altamerikas.

Von den Gesellschaftsinseln ist ein Text überliefert, der diese religiöse Opferhandlung aus der Sicht der Polynesier schildert...

»Der Oberpriester wacht die ganze Nacht lang im heiligsten Bezirk der Tempelstätte. Er ruft den Gott Oro an; denn es droht ein Krieg. Wenn die Sonne aufgeht, tut ihm Oro seinen Willen kund.

Hat der Oberpriester den Willen des Gottes vernommen, bricht er in Wehklagen aus. Er bläst in ein langes Bambusrohr mit einer hohlen Muschel am Ende, und die anderen Priester schlagen zu den langgezogenen dumpfen Klagetönen die heilige Trommel.

Alles Volk, das diese Klänge hört, ist tief betrübt. Denn der Gott Oro fordert Menschenopfer, wenn ein Krieg bevorsteht: mindestens sieben an der Zahl.

Die Wahl falle zuerst auf die Alten, da ihre Tage gezählt sind; sodann auf die Feinde des Häuptlings. Sind es noch immer nicht genug, so bestimme man Kranke zum Opfer...

O weh, dir hat der Bote des Oberpriesters den schwarzen Stein gebracht. Und du gibst ihm zur Antwort: Ich bin bereit! Denn du weißt, daß dein blutender Leib den großen Atua gnädig stimmt. Man wird die Augen ausreißen und sie den Lippen des Häuptlings darbieten, doch sie werden den Sieg nicht miterleben, den wir von Oro erflehen.«

Die polynesischen Priester waren nicht nur die Bewahrer der heiligen Überlieferung und die Vollzieher der heiligen Handlungen und Opfer – sie waren auch die Hüter der heiligen Stätten, der Tempel. Es gehörte zu ihren vornehmsten Pflichten, über die Orte zu wachen, an denen sie ihren Göttern dienten, sie vor allem Frevel zu schützen. Dabei mußten sie sich aber auch um profanere Dinge kümmern: Sie hatten zugleich für die Werterhaltung der Tempelanlagen und für ihr eigenes leibliches Wohl zu sorgen, wobei ihnen jedoch die zum Tempel gehörenden Familien Unterstützung in Form von Arbeitsleistungen und Opfergaben gewährten.

Die Zugehörigkeit zum Priesterstand erlegte den Dienern

der polynesischen Götter außer ihren Pflichten auch eine Reihe
von Beschränkungen auf, die mit den heiligen Verboten zusam-
menhingen: Die Priester waren ja aufgrund des starken Mana,
das ihnen innewohnte, absolut tabu. Der deutsche Völkerkundler Hans Nevermann beschreibt die strengen Verhaltensregeln,
denen zum Beispiel die Tohunga, die Priester der Maori auf
Neuseeland, unterworfen waren: »Der Ruhm, Tohunga zu sein,
war zwar groß, aber das Priestertabu brachte für diesen auch
bedeutsame Eingriffe in sein Leben mit sich, die es recht
schwierig gestalteten. So wurden alle Häuser, die er betrat, tabu, und deshalb durfte er nie das Versammlungshaus betreten,
sondern mit Rücksicht auf seine Stammesgenossen nur davor
sitzen. Nicht nur im Wharekura, sondern auch im Wohnhause
des Tohunga war gekochte Nahrung tabu, und er durfte weder
irgend etwas kochen noch etwas, das ihm gebracht wurde, mit
den Händen berühren. Infolgedessen mußte er alle Nahrung
im Freien zu sich nehmen und sie sich, auf Farnkrautblattstäb-
chen gespießt, in den Mund schieben lassen. Besonders wichtig war es, daß er vermied, seinen Schatten jemals auf einen
Lebensmittelspeicher fallen zu lassen, denn sonst wurde dessen Inhalt tabu und mußte mit dem Hause vernichtet werden.
Mit den Ariki gemeinschaftlich unterlag er dem Verbot, seine
Haare berühren zu lassen – es sei denn, daß besonders tabui-
sierte Gehilfen ihm die Haare schnitten –, und seine
abgeschnittenen Fingernägel und Körperausscheidungen mußten auf das sorgfältigste verborgen werden. Aber es gab auch
schon für den gemeinen Mann das Tabu, sein Haar von keinem
weiblichen Wesen berühren zu lassen, auch nicht von der eigenen Frau.«

Den Priestern brachte ihr heiliges Amt jedoch auch zahlreiche Vorteile und Vorrechte. Das ist nicht weiter verwunderlich,
waren sie doch eine der Hauptsäulen, die die soziale Pyramide
der polynesischen Gesellschaft stützten, deren Spitze der
Häuptling bildete.

Aus dem Munde der Polynesier selber ist vom Tahiti der
vorkolonialen Zeit eine Sammlung von Geboten überliefert, die
die privilegierte Stellung und das hohe Ansehen, das die polynesischen Priester genossen, eindringlich darstellt…

»Nähere dich ihnen nur in Demut und Ehrfurcht; denn die Priester sind von göttlicher Art. Ein Wort, eine Gebärde, die ihr Mißfallen erregt, kann deinen Tod bedeuten; denn die Priester wählen die Opfer aus, die die Atua fordern.

Krieg, Frieden, Trauer, Zeremonien, Ernte- und Neujahrsfeste – nichts geschieht ohne die Priester. Der Willen der Götter ist ihnen vertraut, und sie blicken ins Innere der Menschen, auch wenn diese ihre Gedanken verbergen.

Sie beherrschen das geheime Wissen: die Worte der Gebete, der Beschwörungen und der Weissagungen. Sie kennen die Vorzeichen von Künftigem und den verborgenen Sinn der Dinge, in dem sich die Atua offenbaren. Sie allein verstehen die Kunst, die Altäre zu schmücken, die Bilder der Götter zu ehren und zu salben, die Opfer zu vollziehen, die Toten zu balsamieren und in der geweihten Erde zu bestatten.

Sei nicht verwundert und neidisch, daß ein Priester zwölf Frauen hat, auch wenn die Häuptlinge nur deren zwei haben.

Bringe ihnen stets das Beste dar, was du hast: deine fettesten Schweine, deine größten Bananen, deine schmackhaftesten Wurzelknollen. Verweigere ihnen weder Frau noch Tochter, wenn sie ihrer begehren.

Was du den Priestern spendest, opferst du den Göttern...«

In alten Tempeln

Die heiligen Stätten, über die die Priester zu wachen hatten, jene offenen Tempel Ozeaniens, waren nicht nur die wichtigsten Zentren des religiösen und sogar des gesellschaftlichen Lebens, sondern sie galten zugleich als die bedeutendsten Bauwerke der polynesischen Steinarchitektur.

Marae hießen jene offenen Tempelstätten in den meisten Gebieten des pazifischen Dreiecks. Nur die Hawaiianer nannten sie *Heiau,* und auf der Osterinsel hat das polynesische Wort für den wichtigsten Teil des heiligen Bezirks, den Altar, der in der Regel *Ahu* heißt, dem ganzen Heiligtum den Namen gegeben.

Die Marae der Polynesier waren heilige Kult-, Versammlungs- und Opferplätze, die in der Regel mit Steinen gepflastert und von einer Steinmauer umgeben waren. Mitunter stiegen sie terrassenartig an. Ihren Mittelpunkt bildete jener große stei-

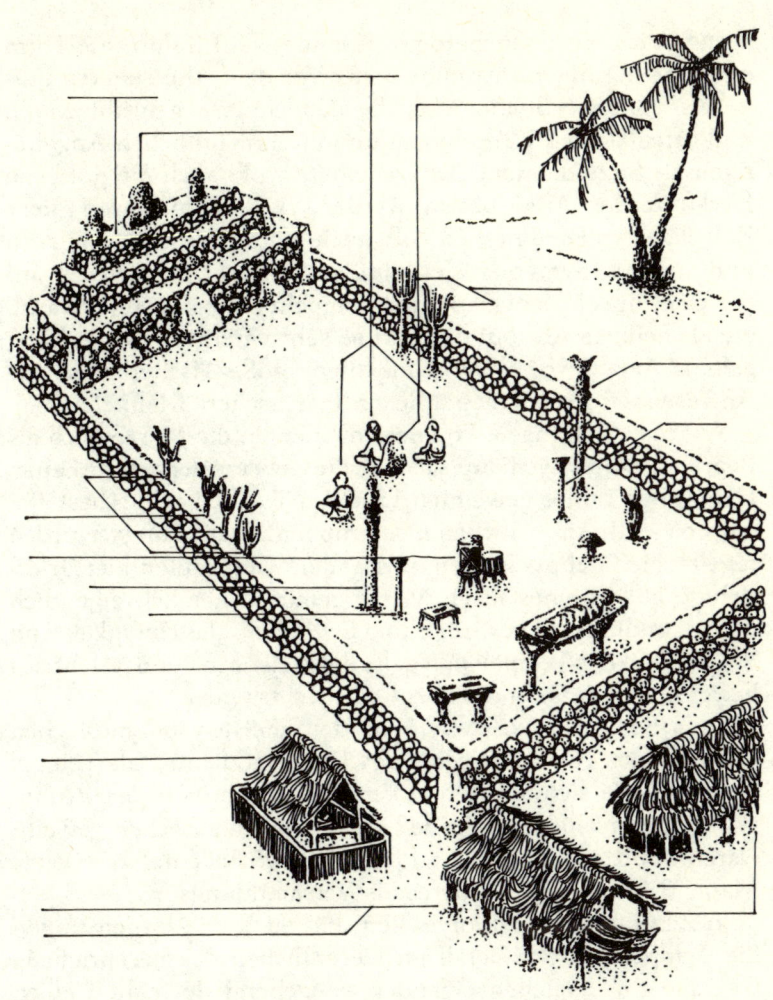

Der Tempel »Arahu Rojo« auf Tahiti.

nerne Altar, der mancherorts, besonders auf Tahiti, die Form einer mehrstufigen Pyramide hatte. Vor dem Ahu standen mitunter behauene Steinblöcke, die den Göttern geweiht waren und offenbar den Häuptlingen und ihren männlichen Angehörigen als Sitze dienten. Dadurch sollte wohl auch die göttliche Herkunft der Ariki betont werden. Außerdem waren diese Kultplätze mit steinernen, oft auch hölzernen Götterbildern und anderen Symbolen der Atua geschmückt. So wurden auf der Cook-Insel Mangaia in den Tempeln Steinäxte aufbewahrt, die als heiliges Attribut des dort so sehr verehrten Gottes Tane galten. Anderswo versinnbildlichten große Fischerhaken die Anwesenheit jenes halbgöttlichen Inselfischers Maui.

· Auf manchen Inseln Polynesiens dienten die Marae auch als Begräbnisplätze, wo hauptsächlich die Gebeine der verstorbenen Häuptlinge in der geweihten Erde des Tempelbezirks bestattet worden sind. Auf manchen Inselgruppen, so auf Tonga, wurden regelrechte Grabpyramiden oder andere Grabbauten hierfür errichtet. Die polynesischen Marae gehörten nämlich eigentlich den Häuptlingen. Die Größe und Schönheit, die Heiligkeit und Wichtigkeit des Tempels spiegelte die Bedeutung und Macht des betreffenden Ariki und seines Geschlechts wider.

So sahen also die Marae in den meisten polynesischen Ländern aus. Nur im Westen des Dreiecks dienten als Tempel Gebäude, die sich auf den ersten Blick kaum von den Wohnstätten unterschieden, nur daß sie religiösen Zwecken geweiht waren. Und auf Samoa und Neuseeland bedeutet das Wort Marae (Malae) nichts anderes als Versammlungsort.

In Zentral- und Ostpolynesien und auch im Norden tragen die Tempel jedoch überall im wesentlichen das beschriebene Gepräge und gleichen einander weitgehend. Je mehr freilich Macht und Prestige der Häuptlinge wuchsen, desto größer und ansehnlicher wurden auch die Tempelanlagen.

Die zweifellos bemerkenswertesten Marae sind im 17. und 18. Jahrhundert auf den Gesellschaftsinseln, vor allem auf Tahiti, entstanden. Einige davon, so das bekannte Arahu Rahu, sind rekonstruiert worden. Und vor allem haben die Archäologen und Völkerkundler, besonders Jose Garanger und Kenneth Emory, die alten Tempelstätten sorgfältig untersucht.

Dank der Forschungen jener Wissenschaftler ist das Wissen über die polynesischen Marae verhältnismäßig groß. So ist bekannt, daß es dort verschiedene Arten von Kultstätten gab. An erster Stelle sind die Sippenheiligtümer zu nennen. Auf manchen Inseln legte sich jede Sippe einen solchen von einer Steinmauer umgebenen kleinen Marae an, der auch als Begräbnisplatz diente. Er war dem ältesten männlichen Vorfahren geweiht, von dem die betreffende Sippe ihre Herkunft ableitete.

Auf der aus Steinen erbauten erhöhten Plattform des heiligen Ortes stand eine hölzerne oder steinerne Totenbahre, *Fata Tupapau* genannt, auf der der Leichnam eines verstorbenen Familienmitgliedes einige Tage aufgebahrt wurde, bevor er nach mannigfachen Zeremonien in der geweihten Erde des Marae bestattet wurde. Jedes dieser Sippenheiligtümer war außerdem durch ein strenges Tabu geschützt, und selbst sein Name war tabu und wurde geheimgehalten. Nur die Angehörigen der Sippe, der die Kultstätte gehörte, kannten ihn.

Neben den Sippenheiligtümern haben auch Kultstätten existiert, die sich einzelne Berufsgruppen erbaut hatten. In manchen Teilen Polynesiens besaßen die Bootsbauer, Fischer oder Hausbauer jeweils eigene Tempel, die ihrem speziellen Schutzgott geweiht waren.

Außer den kleineren Marae, die einer einzelnen Sippe, einer einzelnen Handwerkerzunft oder Künstlergilde gehörten, gab es in Polynesien auch große Stammesheiligtümer. Die Archäologen nennen sie oft »Königsmarae«, weil ihr Bau und ihre Funktion eng mit dem Oberhäuptling verbunden war, der über das betreffende Gebiet herrschte. Die Königsmarae wurden in der Regel am Meeresufer errichtet. Die Polynesier schrieben ja der Moana, dem Meer, eine reinigende Wirkung zu. Außerdem erschwerten die Wasser des Ozeans Unbefugten den Zugang. Ein solcher Königsmarae, der dem Herrschergeschlecht der Pomare gehörte, erhebt sich zum Beispiel in der tahitischen Ortschaft Arue.

Der Hauptbau eines jeden Tempelbezirkes war der Ahu, der aus sorgfältig behauenen Steinen errichtete Altar, der besonders in Tahiti die Gestalt einer mehrstufigen Pyramide hatte. Auf dieser allerheiligsten Stätte des Tempels ließen sich die

Götter nieder, wenn sie für kurze Zeit, bei einem großen Kultfest zum Beispiel, den Marae besuchten. Die Atua wohnten nämlich nicht ständig in den polynesischen Heiligtümern. Diese waren nur der Ort, an dem die Götter und die Menschen einander begegneten – die Stätte, an der der Mensch mit Hilfe der Kulthandlungen, die die Priester vollzogen, von den übernatürlichen Mächten Wohlergehen, Glück für sein Leben und das Leben seiner Gruppe erflehte.

Auch die im Marae aufgestellten Bildsäulen niederer Atua dienten dem Zweck, die hohen Götter herbeizurufen und sich zu den versammelten Gläubigen zu gesellen. Die Polynesier glaubten, die Atua seien in den Statuen gegenwärtig.

Auf Hawaii wurden diese holzgeschnitzten Götterfiguren, die *Akua Kii,* wie sie dort hießen, mit Hilfe komplizierter, lang andauernder Rituale regelrecht in leibhaftige Götter verwandelt. Wenn der Ohia-Baum, aus dessen Stamm das Porträt des Gottes geschnitzt werden sollte, gefällt, die dazu gehörige Opferhandlung vollzogen war und der Schnitzer das Bildnis des Akua vollendet hatte, wurde es feierlich in den Tempelbezirk getragen. Dort wurde eine Grube ausgehoben, in die die Bildsäule eingesetzt werden sollte, zuvor aber wurde dem betreffenden Gott ein Menschenopfer dargebracht. Die Gebeine wurden an der Stelle bestattet, an der die Bildsäule in die Erde eingelassen wurde. Die Priester banden sodann einen Gürtel aus Kokosfasern um den Leib des aufgerichteten hölzernen Gottes. Nun wurde abermals geopfert: Schweine, Kokosnüsse und einen bestimmten roten Fisch. Dann zerschnitt der oberste Priester die symbolische Nabelschnur aus Kokosfasern, und wenn das abschließende Gebet gesprochen war, hatte sich das hölzerne Bildwerk des Schnitzers in einen wirklichen Gott, einen *Akua Maoli* verwandelt, von dem die Polynesier glaubten, ihm wohne jene Mana genannte übernatürliche Kraft inne. Daher wurden vor diesen Götterbildern mit den grotesk anmutenden, grausamen und hochmütigen Mienen die verschiedensten Rituale vollzogen: Sie wurden mit Nußöl gesalbt, mit Blumen und Blättern geschmückt und mit den verschiedensten Opfern – in Gestalt von Nahrungsmitteln, Tieren und manchmal auch Menschen – bedacht.

In den alten Zeiten waren die furchteinflößenden Bildnisse dieser Götter häufig noch mit einem hohen Kopfputz aus farbenprächtigen Vogelfedern versehen. Auf Hawaii begegnet der Besucher (freilich nur noch im Bishop Museum von Honolulu) sogar regelrechten Federgöttern – Götterbildern, die vorwiegend nur aus langgezogenen Köpfen bestehen, die über und über mit kostbaren Federn seltener, zum Teil ausgestorbener Vögel geschmückt sind, wie ja überhaupt die Hawaiianer Meister in der Kunst von Federarbeiten waren. Manche dieser hawaiischen Federgötter wurden außerdem mit Menschenhaaren am Kopf und an den buschigen Brauen verziert, die sich über ihren starr blickenden großen Augen wölbten. In den Ober- und Unterkiefer wurden oft auch Hundezähne eingesetzt, was ihr schreckenerregendes Aussehen noch unterstützte.

Die polynesischen Marae waren auf manchen Inseln nicht nur mit Götterfiguren, Tiki, sondern noch mit zahlreichen *Unu,* hölzernen oder steinernen Tischen bzw. Ständern ausgestattet, auf denen die Opfer dargebracht wurden. Das Allerheiligste, der Altar selbst, war absolut tabu, und seine Plattform, auf der sich die hohen Götter niederließen, durften bei besonderen Anlässen allein der Häuptling oder der Oberpriester betreten. Daher wurden die Gaben nicht auf, sondern vor dem Ahu auf diesen Opfersteinen und -tischen niedergelegt.

In der Nähe des eigentlichen Heiligtums stand das *Fare va a te Atua* genannte Haus, in dem Zeremonialgegenstände und vor allem das heilige Boot aufbewahrt wurden, in dem die Seele des vornehmen Toten nach kurzem Aufenthalt in seinem Marae gleichsam die Reise ins Jenseits antrat.

Unweit des Allerheiligsten befand sich eine Hütte, in der der oberste Priester und die anderen Hüter des Tempels wohnten. Zu dem Priesterhaus gehörte stets auch eine Art Schatzkammer, in der die Insignien des großen Häuptlings, die prächtigen Kultgewänder der Priester und der aus gelben oder roten Vogelfedern gefertigte heilige Gürtel – das *Maro Ura,* das ehrwürdige »Zeichen des göttlichen Feuers«, wie es auf Tahiti genannt wurde, dessen Träger als unverletzlich galt – aufbewahrt wurden.

Einweihung eines Marae

Etwa seit Ende des 17. Jahrhunderts setzte auf Tahiti und den benachbarten Inseln eine wahre Flut von großen Tempelbauten mit hohen pyramidenförmigen Altären ein. Der Bau und die Einweihung dieser Königsmarae war nun bereits Angelegenheit des ganzen Stammes, des ganzen Volkes. Den Anstoß zum Bau eines großen Tempels gab – ebenso wie den zum Bau eines großen Expeditionsschiffes – der Oberhäuptling, der Ariki, persönlich. Ferner bestimmte er, an welchem Ort seines Herrschaftsgebietes der Marae errichtet werden sollte. Die Kunde von der Errichtung eines neuen Tempels ließ er durch Boten in allen Dörfern seines Herrschaftsbereiches verbreiten. Zugleich wurde allen mitgeteilt, welche Arten von Speisen von nun an tabu waren. Die auf diese Weise eingesparten Nahrungsmittel sollten dann den Erbauern des Tempels, die sich auf Befehl des Ariki zur Verfügung stellen mußten, zugute kommen.

Dagegen mußten die Bewohner der Gegend, in der der Tempel errichtet werden sollte, ihren Grund und Boden verlassen – er gehörte von nun an allein den Göttern.

Aber nicht nur die Menschen wurden vertrieben. Da eines der Hauptgebote des polynesischen Gewohnheitsrechtes lautete, daß ein Marae in völliger, absoluter Stille zu erbauen war, wurden auch alle Tiere aus der Umgegend verscheucht. Selbst in einem geräumten Dorf durfte kein einziges Huhn zurückbleiben. Die Fischer durften von nun an in dem Meer, an dem der künftige heilige Bezirk lag, keine Fische mehr fangen. Ein strenges Tabu verbot auch, dort Feuer anzufachen.

Wenn der auserwählte Ort von allen Regungen niederen Lebens gereinigt war, legten die Priester in einer vorher bestimmten Nacht, wenn der silberne Mond voll am Himmel leuchtete, den Grundstein zu dem heiligen Bau. Dieser Grundstein mußte stets – so gebot es die polynesische Tradition – aus einem anderen, älteren Tempel des Stammes herbeigeholt werden. Und damit die Götter dem Werk auch wirklich gnädig waren, mußte ihnen zugleich ein Mensch geopfert werden. Der Unglückliche ahnte in der Regel nicht, welches Schicksal ihm der Häuptling und die Priester zugedacht hatten. Er wurde aus dem Hinterhalt überfallen, auf der Stelle getötet und sein Leichnam unter jenem Grundstein des Tempels begraben.

Wenn dann das Fundament gelegt, rings die Steinmauern des Tempels emporgewachsen waren und der Bau den letzten Schliff erhalten hatte, kam der feierliche Tag der Einweihung. Die Priester vollzogen die vorgeschriebenen Zeremonien, die darin gipfelten, daß der große Häuptling oder der König selber die Stufen des Ahu emporstieg. Und dann wurde die Vollendung des Baus gefeiert. Der Herold rief die Namen und Titel der versammelten Würdenträger aus, und jeder der vornehmen Gäste konnte nun an dem vorbereiteten Festmahl teilnehmen.

In der Umgebung des Tempels wurde nach dessen Einweihung noch lange gefeiert. Die Polynesier schmausten und tranken Kawa, sie sangen und tanzten und gaben sich mit Begeisterung ihren Spielen hin. Zugleich wurden die Tabus aufgehoben, die über den Bauplatz verhängt gewesen waren – die Menschen und Tiere durften wieder in die Umgebung der geheiligten Stätte zurückkehren, Hundegebell, Hahnengeschrei und menschliche Stimmen erschollen wieder...

Tempel des Krieges und des Friedens

Die offenen Tempel der Polynesier, die Marae, haben eine zentrale Rolle in ihrem Leben gespielt. Sie waren die Zentren ihrer Religion, und weil in Polynesien beinahe alles von der Religion durchdrungen, mit Ritualen, Opfern und Tabus verbunden war, bildeten sie auch die Mittelpunkte des gesellschaftlichen wie des persönlichen Lebens jedes einzelnen, das in diese Religion und in diese Gesellschaft eingebettet war. Im Marae begann eigentlich der Lebensweg eines jeden Polynesiers, alle wichtigen Ereignisse seines Erdendaseins führten ihn zu dem heiligen Ort, und dort endete es in der Regel auch.

Die Tempel waren gleichsam der Schnittpunkt der individuellen und kollektiven Belange. Alles, was für das Wohl und Wehe des einzelnen wie der gesamten Gesellschaft Bedeutsamkeit besaß, war mit Kulthandlungen im Marae verbunden: Geburt und Tod, die Einsetzung eines neuen Häuptlings, der Bau eines neuen Schiffes, die rituellen Handlungen und Opfer um Fruchtbarkeit und die großen Jahresfeste der Ernte und des Dankes an die Götter.

Doch nicht nur die Feste des Friedens und der friedlichen Arbeit, sondern auch die Feiern des Krieges und der Siege über die Feinde waren mit den Tempeln der Polynesier verknüpft. Denn keineswegs haben immer Friede und Eintracht geherrscht, sondern ebensooft Not, Hader und Krieg. Und jeder dieser Kriege war von größter Bedeutung für das Leben der davon betroffenen Gesellschaft. Die Polynesier haben die Kriege als unvermeidliches, von den Göttern verhängtes Schicksal angesehen. Um deren Beistand zu erflehen, um das Kriegsglück zu ihren Gunsten zu wenden und um nach einem militärischen Triumph den Göttern zu danken, begann und endete daher eigentlich jeder Krieg der Polynesier in ihren Marae. Daher waren diese heiligen Orte der Andacht und der Opfer nicht selten zugleich Tempel des Todes.

Ein auf Tahiti aufgezeichneter Text zählt folgende Ursachen eines solchen angeblich gottgewollten Krieges auf.

Krieg um den Besitz des besten Landes,
Krieg um die Früchte, die uns die Nahrung spenden,
Krieg um die Frau, die man raubte,
Krieg, weil ihn der große Geist geboten hat,
Krieg, weil die Götter ihn wollten.

Ein weiteres einzigartiges Dokument beginnt mit der Mahnung:

»Stets halte deine Waffen bereit; denn oft rufen die Ariki zum Krieg. Rasch zu handeln ist dann das Gebot der Stunde — wer überraschend angreift, und sei er der Schwächere, ist im Vorteil...

Der Bote des Häuptlings hat den Mirozweig von Haus zu Haus getragen. Unsere Verbündeten haben eingewilligt in den Krieg und stehen bereit. Überzeugend war die Rede des Arii.«

Dann versammelten sich der Häuptling, der Priester und die vornehmen Krieger im Marae, und der Sänger stimmte einen

Kriegsgesang an, dessen feierliche Klänge durch die Stille der geheiligten Stätte hallten.

Hatte der Häuptling eines benachbarten Gebietes seinen militärischen Beistand zugesichert, wurde auch er in den Marae geleitet...

»Ein Menschenopfer sei das Unterpfand für sein Versprechen. Das Boot des [verbündeten] Kriegshäuptlings hat es gebracht. Sein Boot ist beladen außerdem mit roten Federn, toten Schweinen und grünen Blättern, wie es die Sitte gebietet. Die Ankömmlinge tragen das Bild des Gottes Oro aus roten Federn auf dunklem Holz an Land. Auf ihren Schultern tragen sie das heilige Boot zum Marae. Empfangt die Fremden wie Freunde, sie sind Verbündete.«

Wenn dann alle Zeremonien vollzogen, die Menschenopfer dargebracht, die Götter gnädig gestimmt und die Orakel der Priester verkündet worden waren, stand dem Krieg nichts mehr im Wege.

Bei diesen »Wikingern der Südsee« war das Schlachtfeld nicht selten das Meer. Der polynesische Text schildert malerisch den Verlauf eines solchen Seekrieges...

»Geschart um ihre Banner und ihre Anführer, bewaffnet mit Speeren, Keulen und Steinschleudern, den Kopf dreifach umwunden, bedecken die Krieger die Küste, so weit das Auge reicht.

Auf den heiligen Booten ragen die Götterbilder empor – das ganze Land ist zum Kampf bereit.

Schulter an Schulter wachen die Krieger in der Nacht; ihre Waffen sind geschärft. Keiner darf sprechen, keiner außer den Rauti. Sie gehen, wilde Schreie ausstoßend, mit glühenden Augen durch die Reihen der Krieger. Sie haben das Kriegsfeuer in den Herzen anzufachen und den Kampfesmut zu stärken. Ihre Stimmen gellen Tag und Nacht, sie rufen die Götter an und die Menschen, sie bitten um Zeichen des Himmels, sie verhöhnen die Schwäche und Arglist der Feinde, sie stacheln den Zorn der Männer an, fordern die Gegner heraus, wecken den Durst nach ihrem Blut und den Rausch, der die Kämpfer blendet.

Und siehe da: Über der kampfbereiten Schar der Männer schwebt die heilige Wolke.«

Nach dieser erneuten Aufmunterung konnte der Kampf beginnen...

»Der Tag vertreibt die Nacht. Und aus den Wogen des Ozeans taucht rauschend der Gott Oro auf. Die Schlacht beginnt. Auf dem Meer, im Schutze der Klippen, schaukeln die Kriegsboote, in drei Reihen gestaffelt. Ihre hohen Steven recken sich wie Schnabel und Hals kämpfender Vögel der Flotte des Feindes entgegen. Schon nähert sie sich der Bucht. Auf dem Vorschiff schwingen die Krieger ihre Lanzen. In Zweierreihen folgen die Kanus. Auf dem Schiff des Häuptlings, neben dem Götterbild, steht hochaufgerichtet der oberste Priester. Der hohe Federschmuck seines Hauptes überragt die feindlichen Boote. Im Rhythmus der Ruder kommen sie näher und näher wie auf hundert Flügeln. Allen voran die Aito, die furchtlosen Helden. Am Bug jedes Bootes sitzt einer von ihnen und hält das Tau bereit zum Entern.

Dann prasseln sie aufeinander. Das Meer wogt, die Luft ist erfüllt vom Getöse der Schlacht. Speere pfeifen durch die Luft, krachend splittern die Lanzen, der Lärm der Waffen und das Gebrüll der Krieger hallt weit übers Meer. Boot an Boot gefesselt, schaukeln sie auf den schäumenden Wogen. Das Blut strömt über Bord, die Wasser der Bucht färben sich rot, und Waffen, Federn, Ruder und zerschmetterte Bootsschnäbel treiben auf den Wellen.

Schwimmend fliehen die Feigen. Sie haben das Götterbild geraubt. Sie flüchten damit in ihr befestigtes Dorf in den Bergen, um dem Atua Opfer darzubringen und ihn anzuflehen, uns zu vernichten. Aber der Gott wird ihre Arglist mit Verachtung strafen, denn zuvor hat er unsere Priester und unsere Bitten erhört.«

Und wenn der Gott diesem frommen Wunsch tatsächlich entsprochen und den Krieg mit der Niederlage der Feinde beendet hatte, dann ging das nicht selten so aus:

»Alle Gefangenen, Männer, Frauen und Kinder, sind getötet. Ihre Schädel werden zum Marae getragen, und man wird daraus einen Wall auftürmen zum Zeichen des Sieges. Die Leichen der getöteten Feinde bleiben ohne Begräbnis, ruhelos sollen ihre Seelen umherirren. Unsere Toten aber werden mit ihren Waffen in der geweihten Erde bestattet. Ihre Seelen werden auf den Berg Temehani wandern und auf dem Stein

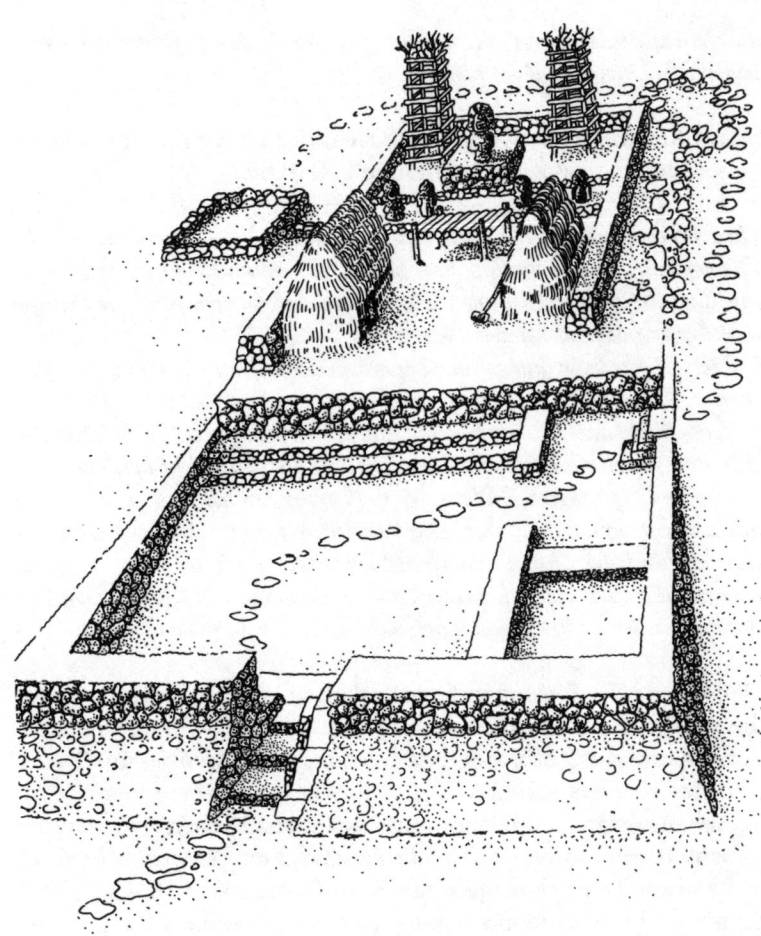

Der Tempel »Wahalu« auf Hawaii.

des Lebens niedersinken: Sie werden eingehen in das Paradies der Wonnen und Düfte, das Rohutu heißt.«

So schließt sich der Ring. Der Krieg, der im Tempel begonnen hat, endet auch wieder im heiligen Marae...

»Ein Bote naht, er trägt einen grünen Zweig in der Hand. Es ist der Friedensbote. Der Häuptling hat ihn als erster erspäht. Er ist tabu. Wer ihn tötet, ist selbst des Todes. Die Feinde unterwerfen sich, sie bringen ihre Opfer dar und senden Geschenke.

Der Oberpriester hängt rote Tapatücher vor das Götterbild zum Zeichen des Friedens.

Das Boot, das die Opfer und Geschenke bringt, ist tabu. Auf den Schultern trägt man es zum Marae, daß es die Erde nicht berühre.

Vor den verhängten Bildern der Götter im Tempel werden die Opfer dargebracht, mindestens vier. Die Priester und ihre Schüler sprechen die Gebete. Und der Opferpriester reißt jedem der Opfertiere ein Auge aus und reicht es den Arii, die dem Ritual beiwohnen. Diese tun, als ob sie die Augen der Opfer verzehrten...«

Der zitierte Text von den Gesellschaftsinseln unterstreicht, daß die großen polynesischen Marae, diese heiligen Stätten der Anbetung und des göttlichen Friedens, zugleich Tempel des Todes und des Krieges waren.

Neben ihren religiösen und staatserhaltenden Funktionen haben sie aber auch noch anderen Zwecken gedient. So gab es auf Hawaii Tempelanlagen, die dem Blutdurst des Kriegsgottes geradezu Einhalt geboten haben. Es waren keine Marae, keine Heiau (wie sie auf diesem polynesischen Archipel hießen) im üblichen Sinn, sondern es handelte sich zugleich um geheiligte Zufluchtsorte. *Puuhonua* haben die Hawaiianer diese Bollwerke des Friedens genannt.

Eine dieser polynesischen Fluchtburgen – in der Nähe der Ortschaft Honaunau auf der Großen Hawaii-Insel – ist von Archäologen sorgfältig rekonstruiert worden. Der einstmals heilige Bezirk, unmittelbar am Ozean gelegen, ist von drei Seiten von den Überresten mächtiger, 5 Meter breiter und über 3,5 Meter hoher Steinwälle umgeben. An der vierten Seite war er durch das Meer geschützt, durch eine Bucht, in der es noch heute von Haifischen wimmelt. Innerhalb des ausgedehnten Areals erheben sich das eigentliche Heiligtum, das Königsmausoleum Haleokeawe, sowie zahlreiche hölzerne Bildsäulen furchterregender polynesischer Götter, und überall flattern eigentümliche Tapa-Fähnchen im Wind. Bei den Götterfiguren handelt es sich jedoch um nachgeschnitzte, aber täuschend ähnliche Kopien; die Originale befinden sich im Bishop Museum zu Honolulu.

Hinter den mächtigen Wällen dieser heiligen Zufluchtsstätte haben einstmals all jene Bewohner der Großen Hawaii-Insel und vielleicht der ganzen Inselgruppe Schutz und Hilfe gesucht, denen Gefahr für Leib und Leben drohte. Das waren in der Regel entweder die Krieger eines geschlagenen Heeres, die sehr häufig dem hawaiischen Kriegsgott Ku geopfert wurden, wenn sie in Gefangenschaft gerieten, oder aber Schutzsuchende, die eines der zahlreichen polynesischen Tabus verletzt hatten, was ebenfalls den Tod bedeuten konnte. Sie alle suchten in den hawaiischen Puuhonuas, die unter dem Schutz der Götter standen und von den Priestern gehütet wurden, Zuflucht. Auf jeder der Hawaii-Inseln gab es wenigstens einen dieser heiligen Asylorte. Sie waren absolut tabu, und selbst der mächtigste Kriegshäuptling konnte es sich nicht erlauben, die Unantastbarkeit eines Puuhonua zu verletzen.

Es wird freilich gar nicht so einfach gewesen sein, dorthin zu gelangen. Sie waren ja, wie der geheiligte Bezirk von Honaunau, von hohen Wällen umschlossen und an der offenen Seite durch das Meer geschützt. In Kriegszeiten waren sie womöglich auch von Kriegern umstellt, die den geschlagenen Feinden den Fluchtweg abzuschneiden suchten. Wem es dennoch glückte, bis zu der Asylstätte zu gelangen oder die Haifischbucht zu durchschwimmen und seinen Verfolgern zu entkommen, der stand offenbar in der besonderen Gunst der Götter. Daher nahmen ihn die Priester des Puuhonua gnädig auf. In dem geheiligten Ort drohte dem Flüchtling keinerlei Gefahr mehr. Die Priester gewährten ihm, aus welchen Gründen er auch immer verfolgt war, während seines ganzen Aufenthalts in dem sicheren Asyl Nahrung und Unterkunft und reinigten ihn mittels komplizierter Rituale von aller Schuld. Wenn er dann, meist nach kurzer Zeit, das Puuhonua wieder verließ, war er gewissermaßen rehabilitiert. Der Ausgestoßene konnte in die Gesellschaft zurückkehren und sicher sein, daß ihm keine Gefahr mehr drohte.

Am Ende einer feindlichen Auseinandersetzung jedoch verließen keine entsühnten Übeltäter, sondern die Krieger des besiegten Heeres, die nun ebenfalls unantastbar waren, das Puuhonua. Und zusammen mit ihnen kehrten ihre Frauen und Kinder, die Alten und die Kranken in ihre Dörfer zurück, all jene, die vor den Schrecken des Krieges in der heiligen Fluchtburg Schutz gefunden hatten.

Ähnliche Tempelstätten, die zugleich als Zufluchtsort dienten, hat es in vorkolonialen Zeiten wahrscheinlich auch auf anderen polynesischen Archipelen gegeben. Ein solches geheiligtes Asyl ist jedenfalls auf dem Atoll Tongareva in der Nordgruppe der Cook-Inseln verbürgt.

Außer den sakralen Zufluchtsburgen, den kleineren Sippen- und Familienheiligtümern und den großen Königsmarae haben in Polynesien auch einige Tempelstätten existiert, die einem noch größeren Gebiet dienten. Von einem dieser Marae, dem Fate-Rua-Tempel auf der Insel Bora-Bora in dem Gebiet der Gesellschaftsinseln, war bereits die Rede. Von noch größerer, wirklich gesamtpolynesischer Bedeutung war jedoch eine weitere Kultstätte jenes Inselarchipels – der Tempel Taputapu Atea auf Raiatea.

Diese unweit von Tahiti gelegene Insel hat bekanntlich im Leben der Polynesier, besonders in jener jüngeren klassischen Zeit ihrer Kultur, eine außerordentlich bedeutsame Rolle gespielt. Die Bewohner vieler Archipele Ozeaniens haben sie als ihr Mutterland Hawaiki angesehen. Selbst in den Texten der Sprechenden Tafeln der Osterinsel, fern im Osten des polynesischen Dreiecks, ist Raiatea erwähnt, und auch die Ureinwohner Neuseelands, die Maori, preisen das heilige Eiland als ihre wahre Urheimat.

Diese verhältnismäßig kleine polynesische Insel hat ihre Wirkungen nach allen Himmelsrichtungen ausgestrahlt. An der Stelle, an der einst die erste Ortschaft Raiateas – Opoa – entstanden war, ist dann der Tempel Taputapu Atea errichtet worden, dessen Einfluß sich nicht nur auf dieses Gebiet, sondern bald auch auf die ganze Insel und später auf die ganze Inselgruppe erstreckte.

Des Tempels Schauspieler

Der berühmte Taputapu Atea (der Name bedeutet soviel wie »Allerheiligster Himmel« oder auch »Allerheiligster Raum«) war dem auf diesem Archipel verehrten Gott Oro, dem Sohn des großen Taaroa, geweiht, der einst selbst in Opoa gelebt haben soll.

Diese Kultstätte war zugleich ein religiöses Zentrum, in dem über das Wesen der Götter nachgesonnen und so die polynesische Religion weiterentwickelt wurde. Die Hauptaufgabe jener Priesterschule am Taputapu-Atea-Tempel in Opoa war freilich nicht nur, die religiösen Vorstellungen für alle Polynesier exakt und einheitlich zu formulieren, sondern sie in dieser gleichsam autorisierten Form auch über die ganze Inselwelt Polynesiens zu verbreiten.

Die Priester von Opoa waren bestrebt – und darin bestand ihr großes Verdienst –, die Homogenität der geistigen Kultur und des Glaubens der Polynesier zu bewahren. Aus diesem Grund fanden in Taputapu Atea regelmäßig sozusagen gesamtpolynesische theologische Konzile statt, an denen Priester aus vielen Teilen der Südsee teilnahmen, selbst aus dem Tausende von Kilometern entfernten Neuseeland. Auf den Konzilen von Opoa trugen die gelehrten Priester von Raiatea den versammelten Vertretern der polynesischen Gruppen, die auf den einzelnen weitverstreuten Inseln und Archipelen des Dreiecks lebten, ihre Auffassungen von der gemeinsamen polynesischen Religion vor. Es wurde auch über einzelne Fragen des Glaubens und der Liturgie diskutiert, doch in der Regel setzte sich die Meinung der Priester von Raiatea durch. Sie gaben den Ton an, sie bestimmten, was der rechte Glaube der Polynesier zu beinhalten hatte.

An Bord der Schiffe, die vor Beginn der Konzile eintrafen,

befanden sich jedoch nicht nur die geistlichen Vertreter der einzelnen polynesischen Gebiete, sondern auch Menschen, die dazu ausersehen waren, geopfert zu werden – »lange« oder »langbeinige Fische«, wie diese bedauernswerten Geschöpfe in den religiösen Texten von der Osterinsel genannt werden. Sie alle wurden zu Ehren jenes Gottes Oro, dessen Kult Menschenopfer forderte, während eines langen Rituals getötet. Die Wände des Taputapu Atea waren ständig mit Hunderten von Totenschädeln geschmückt, die von geopferten Menschen oder im Kampf erlegten feindlichen Kriegern stammten. Der Gott Oro war Schutzherr der kriegslüsternen aggressiven polynesischen Häuptlinge und Könige, die bestrebt waren, ihr Herrschaftsgebiet ständig zu vergrößern. Auch der im Taputapu Atea von Opoa gepflegte Kult des Gottes Oro war mit der dort herrschenden Dynastie verbunden, die der legendäre Häuptling Hiro gegründet hatte.

Hiros Nachkommen nahmen eben in diesem Tempel die Huldigung der niedrigen Häuptlinge, deren Treue- und Gehorsamkeitsgelöbnis, entgegen. Das Herrschersymbol auf Raiatea war jener im Taputapu Atea aufbewahrte rote Gürtel aus Vogelfedern, mit dem die Oberhäuptlinge unter einer großen Steinsäule geschmückt wurden.

Der Tempel Taputapu Atea war schließlich auch der »Vater« eines sehr interessanten Kultbundes, der polynesischen Geheimgesellschaft der *Arioi* (*Ariori*). Der Stifter dieses eigenartigen polynesischen Ordens soll der Gott Oro selber gewesen sein, dessen Kult die dortigen Priester konsequent entwickelt haben. Die Aufgabe dieses Bundes bestand vor allem darin, die Fruchtbarkeit der Felder und Menschen zu gewährleisten. Daher traten die Arioi häufig bei den Hochzeitszeremonien in Aktion. Die Europäer haben sie zunächst überhaupt für eine Art Wanderschauspieler gehalten (die ersten französischen Gouverneure auf Raiatea nannten sie irrtümlich und zu Unrecht »secte des comédiens«).

Die Arioi sind mit ihren Tänzen und Liedern, ihren akrobatischen Kunststücken und ihren pantomimischen Vorführungen nicht nur auf dieser Insel, sondern auch in anderen, sogar weit entfernten Gebieten Ozeaniens aufgetreten. Wenn die Mitglieder der Gesellschaft auf eine solche Tournee gingen, stachen sie stets mit einer großen Flotte in See.

Waren dann die Arioi an der Küste einer Insel vor Anker gegangen, führten sie den Bewohnern ihre Künste vor. Das besuchte Land mußte ihnen dafür Kost und Obdach gewähren. Dennoch waren die Arioi überall gern gesehen. Nicht nur weil sie mit ihren künstlerischen Darbietungen die Schaulust der Menschen befriedigten, sondern vor allem deshalb, weil ihr Aufenthalt den Bewohnern viele Kinder, eine reiche Ernte und ein fischreiches Meer verhieß.

Die Arioi, die angeblich die Fruchtbarkeit von Mensch und Natur so sehr anregten, durften selbst keine Kinder zeugen. Eine der wesentlichsten Beschränkungen, denen sich die Mitglieder dieses eigenartigen polynesischen Männerbundes unterwerfen mußten, war der Verzicht auf das Recht, sich fortzupflanzen. Sie haben dabei aber, wie Forster richtig beobachtet hat, den Freuden der Liebe keineswegs entsagt. Es war also kein Keuschheitsgelübde, wie es buddhistische Mönche oder katholische Ordensbrüder und -schwestern ablegen. Ganz im Gegenteil. Die Arioi haben ein nach europäischen Begriffen geradezu zügelloses Sexualleben geführt. »Die Frauen«, so hieß es unter den Polynesiern, »sollen ihre Zärtlichkeit an sie verschwenden, und ihre Körper sollen ihnen zur Lust gereichen; denn die Umarmungen eines Arioi sind göttliche Umarmungen.« In bezug auf die Arioi herrschte völlige Freiheit in Liebesdingen und absolute Promiskuität. Zeugte ein Arioi dabei dennoch ein Kind, soll dieses – nach den Berichten einiger Reisender – in früheren Zeiten im Mutterleib oder sofort nach der Geburt getötet worden sein. Diese Frage ist jedoch umstritten, und schon Georg Forster bemerkte: »Es gereichte uns einigermaßen zum Troste ... zu vernehmen, daß die Errioys selten Kinder bekämen. Sie müssen also ihre Weiber oder Beischläferinnen wohl aus der Klasse der gemeinsten liederlichen Dirnen hernehmen und sowohl aus diesem Grunde als wegen ihrer ausgelassenen Wollust selten in den Fall geraten, ein unglückliches Kind aufzuopfern.«

Die Geheimgesellschaft der Arioi hatte ihren Sitz im Taputapu Atca-Tempel. Der Bund war – es gab sieben Ränge – hier-

249

archisch aufgebaut. Ursprünglich sollten wohl nur Kinder von Häuptlingen in die Reihen der Arioi aufgenommen werden, doch später öffnete der Geheimbund auch einfachen Angehörigen der polynesischen Gesellschaft seine Pforten.

Auf der Stufenleiter des Bundes stiegen dessen Mitglieder nur ganz allmählich empor. Lange Zeit waren sie Novizen, *Poo*, die eine völlig untergeordnete Stellung innerhalb ihrer Gemeinschaft einnahmen: Sie waren die Diener der Ranghöheren. Bei den Vorstellungen, mit denen die Arioi in der Öffentlichkeit hauptsächlich hervortraten, wirkten die Novizen nur als Statisten mit. Waren dann die Poo tief genug in die Geheimlehre und in den Kult des Gottes Oro eingeweiht, wurden sie feierlich als gleichberechtigte Mitglieder in den Bund aufgenommen. Erst von da an waren sie wirkliche Arioi, wenn auch vorläufig nur Arioi der ersten, niedrigsten Stufe.

Welchen Rang innerhalb des Bundes dessen Angehörige einnahmen, war an ihrer Tatauierung zu erkennen. Die Muster und die Verteilung der Tatauierung am Körper waren für die einzelnen Klassen der Arioi genau festgelegt, und diese Rangabzeichen wurden streng eingehalten. Allgemein galt: Je reicher ein Arioi tatauiert war, desto größeres Ansehen genoß er.

Die auf Raiatea entstandene Geheimgesellschaft der Arioi war nicht die einzige Institution dieser Art in Polynesien. Auf den Marquesas wirkte der Bund der Kaioi (was strenggenommen der gleiche Name ist, der jedoch infolge jener polynesischen Lautverschiebung nur etwas anders klingt). Aufgrund des niedrigeren Entwicklungsstandes der Gesellschaft auf den Marquesas erreichten die Kaioi jedoch nicht das Niveau und die Bedeutung wie ihre Namensvettern auf Raiatea. Sie hatten sich auch – mehr als die eigentlichen Arioi – eine unmittelbare Beziehung zur ursprünglichen Bestimmung dieser Gesellschaften, der Gewährleistung der Fruchtbarkeit, bewahrt. Ausdruck dieser Tatsache war auch die Kopfjagd und überhaupt die Jagd nach Menschenopfern, welche die kriegerischen Kaioi auf den Marquesas-Inseln in großem Stil betrieben haben. Mit den Schädeln und dem Fleisch ihrer getöteten Feinde suchten sie die Gunst der Götter zu erlangen, damit diese den Marquesanern dafür genügend Kinder und reiche Ernten spendeten. In

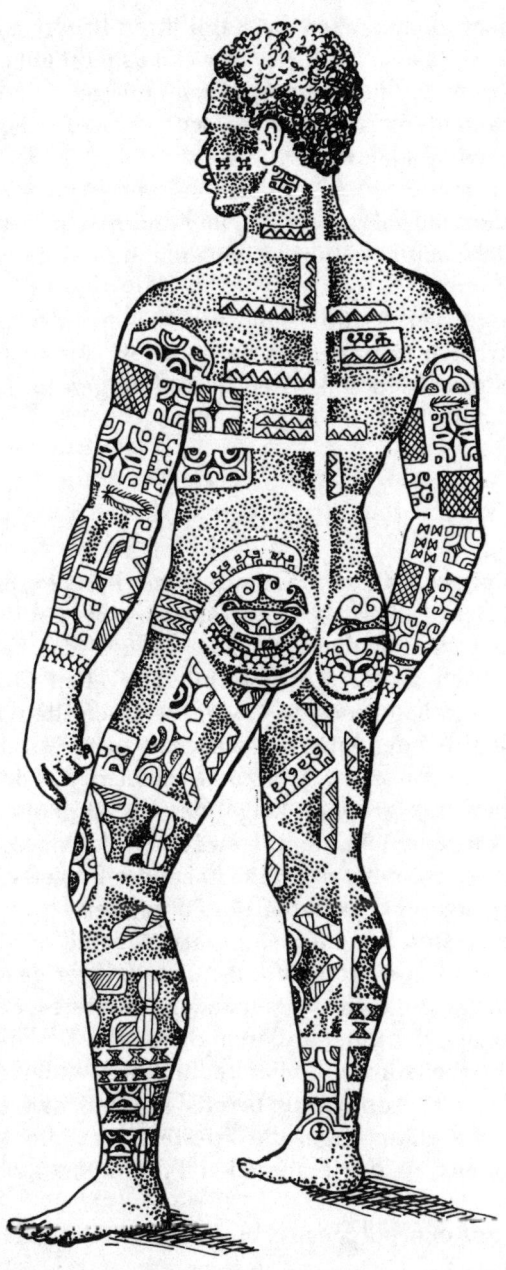

Reich tatauierter Angehöriger des Geheimbundes der Kaioi von den
Marquesas-Inseln. Die Tatauierung der einzelnen Körperteile
war genau vorgeschrieben und kennzeichnete die Rangstellung
innerhalb des Bundes.

einer Hinsicht glichen aber die Kaioi ihren friedfertigeren Art-
genossen auf Raiatea völlig – in der ausgeprägten Neigung,
sich den Körper zu tatauieren, und zwar mit genau vorgeschriebenen Ornamenten, die auf den ebenso genau vorgeschriebenen Körperteilen anzubringen waren.

Die Kaioi standen – im Vergleich mit den Arioi – unmittelbar
im Dienst der Häuptlinge der Gebiete und Inseln, auf denen sie
wirkten. Nicht selten gehörten sie auch zum engeren Gefolge
der Häuptlinge.

Diese enge Verbindung mit den Trägern der politischen
Macht ist freilich charakteristisch für alles, was in Polynesien
mit der Religion, den religiösen Vorstellungen und dem Kult
zusammenhängt.

Familie und Staat

Zunächst einige zusammenfassende Bemerkungen über die polynesische Gesellschaft und ihre soziale und politische Ordnung in der vorkolonialen Zeit: Die polynesische Gesellschaft
ist im Vergleich zu den beiden anderen Teilen Ozeaniens –
Melanesien und Mikronesien – weit fortgeschrittener. Die einheitliche Gentil- oder Sippengesellschaft gehörte zu der Zeit,
da die ersten Europäer nach Ozeanien kamen, auf den meisten
polynesischen Inselgruppen längst der Vergangenheit an.

Obwohl die Entwicklung auf einzelnen Archipelen rascher,
auf anderen langsamer verlaufen ist, hat der Prozeß einer tiefen
Differenzierung der Gesellschaft in Polynesien schon lange vor
Ankunft der ersten Fremden eingesetzt. Überall existierten bereits mehrere soziale Schichten, die sich in ihrer gesellschaftlichen Stellung deutlich voneinander unterschieden. Diese
Differenzierung war unter anderem durch eine verhältnismäßig
entwickelte Arbeitsproduktivität bedingt. Mit anderen Worten:
Die Gesellschaft produzierte bereits so viel, daß bestimmte
Gruppen – die Häuptlinge, die Priesterschaft, die Künstler –
sich nicht mehr an der materiellen Produktion zu beteiligen
brauchten.

Obwohl auf den polynesischen Inseln eine erhebliche Überproduktion erzielt wurde, die die Entwicklung von Handels- und Tauschbeziehungen ermöglicht hätte, ist es dazu jedoch nicht gekommen, ebensowenig wie zur Entwicklung des Geldes oder ähnlicher Tauschformen.

Bei aller Differenzierung in der Entwicklung der einzelnen Inseln war überall die monogame Ehe die Grundzelle der Gesellschaft, war sie in die übergeordnete Gemeinschaft der Großfamilie oder der Sippe eingebettet. Die Sippe leitete ihre Herkunft von einem gemeinsamen männlichen Urahnen ab, dessen Kult im Leben einer jeden Sippengemeinschaft eine außerordentlich große Rolle spielte. Die Verwandtschaft wurde also vorwiegend von der männlichen Linie abgeleitet.

Im polynesischen Dorf lebten in der Regel mehrere solcher Sippen zusammen. Die Geschicke des Dorfes lenkte entweder ein lokaler Häuptling oder ein Ältestenrat, der besonders auf den Samoa-Inseln das entscheidende Wort in den öffentlichen Angelegenheiten sprach.

Die polynesische Gesellschaft war in streng geschiedene Schichten gegliedert. Die Zugehörigkeit zu den einzelnen sozialen Gruppen war im wesentlichen erblich und der Übergang oder Aufstieg von einer Gruppe zur anderen nur in Ausnahmefällen möglich. Die Herkunft entschied also über die soziale Stellung des einzelnen; bereits mit seiner Geburt war besiegelt, welchen Platz der Polynesier in seiner Gesellschaft einnahm.

Die drei Hauptschichten der polynesischen Gesellschaft waren die Ariki oder die Häuptlinge, sodann die persönlich freien Angehörigen des einfachen Volkes und schließlich die Unfreien. Wirkliche Sklaven hat es jedoch nur in geringer Zahl gegeben. Auf manchen Inseln fehlten sie völlig. Auf den übrigen existierte vorwiegend nur die sogenannte patriarchalische Sklaverei. Das heißt, diese Sklaven nahmen nicht unmittelbar an der Produktion der landwirtschaftlichen Güter teil, sondern verrichteten in der Regel eher nur Hilfsarbeiten in den Haushalten ihrer Besitzer. Sie waren also zumeist mehr Diener als Fronsklaven. Ihre inferiore Stellung kam eher im Verhalten der freien Angehörigen der Gesellschaft zu ihnen zum Ausdruck. Die Sklaven galten als niedere, rechtlose Wesen, bar jeder menschlichen Würde.

Die Schichtung der Gesellschaft in die drei Hauptgruppen hatte in jedem der polynesischen Gebiete ein etwas anderes Aussehen. Bei den Maori Neuseelands und auf allen Koralleninseln war sie weniger ausgeprägt. Sehr weit war die soziale Differenzierung auf den Tonga-, den Hawaii- und den Gesellschaftsinseln – hier besonders auf der größten, auf Tahiti – vorangeschritten.

Hier hatten sich bereits Keime wirklicher Klassen herausgebildet. Mit dem Übergang zur Klassengesellschaft waren gleichzeitig frühe polynesische Staaten entstanden, deren Territorium sich nicht mehr nur über ein kleineres Teilgebiet, sondern über eine ganze Insel oder sogar über eine ganze Inselgruppe erstreckte. Parallel zu dieser Entwicklung war es schließlich auch zu Veränderungen in den Eigentumsverhältnissen in bezug auf den Grund und Boden gekommen.

Die Grundlinien der sozialpolitischen Entwicklung, die Polynesien in den vorkolonialen Zeiten genommen hat, stimmen also im wesentlichen überein. Konkret ist dieser Prozeß auf jeder Inselgruppe des pazifischen Dreiecks, abhängig von den lokalen Bedingungen, etwas anders verlaufen. Es ist jedoch ratsam, die Entwicklung auf einer einzigen Inselgruppe als Beispiel zu wählen, das möglichst auch für alle anderen – im großen und ganzen – spricht.

Auf den Hawaii-Inseln stehen dem Forscher die reichen Archive des ehemaligen hawaiischen Königreiches, zahlreiche schriftliche Nachrichten der ersten Missionare und der ersten amerikanischen Kolonisten dieses Archipels zur Verfügung; sie werden in den Beständen der »Hawaiischen Staatsuniversität« und einer Reihe weiterer wissenschaftlicher Einrichtungen aufbewahrt.

Aufgrund dieser günstigen Umstände ist es möglich, am Beispiel der Hawaii-Inseln die sozialen und politischen Verhältnisse darzustellen, die in Polynesien geherrscht haben, bevor die Zivilisation der Weißen in die Entwicklung der polynesischen Länder eingriff.

Zwei Seiten der Gesellschaft

Auf den Hawaii-Inseln war es, lange vor der Ankunft der Weißen, zum Zerfall der homogenen Gentilgesellschaft gekommen. Die höchste soziale Struktureinheit, bei der noch Verwandtschaftsbeziehungen die Zugehörigkeit bestimmten, war die Großfamilie. Es existierten auch keine Stämme mehr. Die traditionellen Grenzen der Stammesgebiete waren durch die Grenzen der einzelnen Herrschaftsgebiete ersetzt.

Die ganze Gesellschaft war in drei Schichten, eigentlich bereits selbständige soziale Klassen, gegliedert, die eine völlig unterschiedliche Stellung innehatten. Die unterste Schicht bildete auch dort die – jedoch nicht sehr zahlreiche – Gruppe der Sklaven, die auf Hawaii *Kauwa* genannt wurden.

Schon das Wort Kauwa hat einen zutiefst verletzenden, abwertenden Beiklang. Das Los der hawaiischen Sklaven bestand nicht darin, daß sie – wie die Sklaven in anderen Teilen der Welt – die Hauptlast der körperlichen Arbeit zu tragen hatten, sondern vor allem darin, daß sie ihrer Menschenwürde beraubt waren. Jene Kauwa standen in den Augen der Hawaiianer außerhalb der Gesellschaft, auch außerhalb des Gesetzes und wurden als unrein betrachtet.

Sklaven wurden diejenigen, die – entweder sie selbst oder einer ihrer Vorfahren – irgendein wichtiges Tabu verletzt hatten und aus der Klasse der persönlich freien *Makaainanas* ausgestoßen und zu Kauwas gestempelt worden waren. Mitunter wurden auch Kriegsgefangene versklavt – sofern die Sieger sie nicht in den Tempeln der Götter geopfert hatten.

Die Kauwa durften nur untereinander heiraten, und ihre Kinder wurden schon als Sklaven geboren. Diese polynesischen Parias lebten auf Hawaii in eigenen Behausungen, die in abgeschlossenen Gebieten lagen. Das Haus eines freien Makaainana, geschweige das Haus eines Angehörigen der Aristokratie, durfte ein Kauwa nicht betreten – drohte ihm doch schon bei Berührung der Tod. Das galt freilich nicht für jene Sklaven, die in den Familien der freien Mitglieder der Gesellschaft dienten. Umgekehrt war das Ghetto, in dem die Unreinen hausten, praktisch für alle persönlich freien Hawaiianer tabu.

Die Kauwa durften selbstverständlich kein eigenes Ackerland besitzen. Sie genossen auch keinerlei Rechte. Diese »Halbmenschen« dienten – nach den Berichten der ersten europäischen Besucher dieser Inselgruppe – lediglich dazu, den Göttern geopfert zu werden.

Die Stellung dieser altpolynesischen Sklaven ist den Forschern in vielem noch unklar. Schriftliche Nachrichten über sie sind in den Berichten der ersten Besucher Hawaiis nur sporadisch enthalten und wohl auch mit Vorsicht zu bewerten.

Auch über die Makaainana, die Angehörigen der zweifellos zahlreichsten Gesellschaftsschicht dieses polynesischen Landes, sagen jene Berichte nicht allzuviel aus. Ihr Name kommt von dem Wort *Aina*, Boden, Land, und das ist im Polynesischen wiederum von dem Verb essen abgeleitet. Und in der Tat waren die Makaainana gleichsam das »Brot und Salz« der hawaiischen Gesellschaft. Die Makaainana sorgten mit ihrer Hände Arbeit dafür, daß für alle Nahrung vorhanden war – sofern die Götter gnädig waren und ihren Feldern genügend Naß spendeten.

Die Makaainana waren aber auch als Fischer oder als weniger qualifizierte Handwerker der Gesellschaft von Nutzen. In erster Linie haben sie jedoch das Land bestellt. Der Grund und Boden, den sie bearbeiteten, war jedoch nicht ihr Eigentum. Das gesamte Land des Archipels bzw. der einzelnen Inseln (solange dort selbständige Königreiche existierten) wurde von dem König oder dem Oberhäuptling verteilt, genauer gesagt, umverteilt – denn jedesmal, wenn ein neuer Herrscher den Thron bestieg, begann die Aufteilung von neuem...

Den Ertrag ihrer Arbeit hatten die Makaainana mit ihren Herren, in erster Linie dem Häuptling oder dem König, zu teilen. Der Missionar Ellis führt an, daß die Hawaiianer volle zwei Tage in der Woche für ihren König arbeiten mußten. Der Herrscher setzte selber den Umfang der Arbeitspflichten seiner Makaainana sowie die Gesamthöhe der Abgaben fest.

Jene Abgaben stellten eine Naturalsteuer dar. Sie bestanden auf den Hawaii-Inseln vor allem aus landwirtschaftlichen Produkten, ferner aus dem Baststoff Tapa, aus Hunde- und Schweinefleisch sowie aus gefangenen Fischen und sehr oft auch aus den Federn seltener Vögel, aus denen sich die Angehörigen der hawaiischen Aristokratie prächtige Umhänge und Kopfbedeckungen anfertigen ließen.

Neben Abgaben mußten die Makaainana ihre Pflichten gegenüber dem Staat auch durch ihre Teilnahme an verschiedenen gemeinnützigen Werken erfüllen. Auf den Hawaii-Inseln spielte unter diesen öffentlichen Arbeiten so auch der Bau ausgedehnter Bewässerungsanlagen eine große Rolle.

Harte Strafen drohten jenen Makaainana, die ihren Abgabe- und Arbeitspflichten gegenüber dem König nicht nachkamen: Neben der Vertreibung von Grund und Boden mußten sie in schweren Fällen gar um ihr Leben bangen.

Neben dem König hatten jedoch auch die lokalen Häuptlinge und Würdenträger, die einem bestimmten Dorf oder einem bestimmten Gebiet vorstanden, das Recht, Abgaben zu fordern. Und die den Göttern dargebrachten Opfer waren im Grunde ebenfalls Abgaben an die Schicht der Priester.

In der Stellung der einzelnen Gruppen innerhalb der Klasse der Makaainana gab es gewisse Unterschiede. Ein einfacher Handwerker lebte in der Regel besser als ein Bauer. Aber auch die Angehörigen der polynesischen Aristokratie, die auf den oberen Stufen der gesellschaftlichen Stufenleiter standen, waren – besonders auf den Hawaii-Inseln, auf Tahiti und Tonga – einander nicht völlig gleichgestellt. Die Oberschicht war in sich wiederum stark differenziert. Die Hawaiianer selbst unterschieden innerhalb der Herrenklasse nicht weniger als elf verschiedene Untergruppen! Und erst auf jener elften, höchsten Stufe der sozialen Pyramide der Aliki thronte der Herrscher dieser Herren und aller anderen Untertanen – der selbstherrliche polynesische König.

Häuptlinge und Könige

Die Macht der polynesischen Könige – ursprünglich Häuptlinge, dann Große Häuptlinge, die ihre Herrschaft immer mehr ausdehnten und festigten – war geradezu unumschränkt.

In der konkreten Entwicklung auf den Hawaii-Inseln trug die

Rolle der dortigen Häuptlinge als Organisatoren des Baus der für die ganze Gesellschaft so wichtigen Bewässerungsanlagen wohl nicht unwesentlich zu ihrer Machtentfaltung bei. Diese aufwendigen Projekte, bei denen das Wasser durch Kanäle oft aus großen Entfernungen den Feldern zugeführt wurde, erforderten eine starke Zentralgewalt, die fähig war, große Gruppen von Arbeitskräften zu vereinen, ihre Arbeit zu organisieren und zielstrebig zu lenken.

Am Ende des 13. Jahrhunderts waren die Schranken zwischen der Aristokratie und dem einfachen Volk endgültig errichtet. Die Festigung der Macht der Aliki war mit dem Wirken der Häuptlinge bzw. Priester Maweke (um das Jahr 1100), Paao und Pili verbunden, die in der zweiten Hälfte des 13. Jahrhunderts entscheidend in die Schicksale Hawaiis eingriffen.

Der nächste Schritt in der sozialpolitischen Entwicklung der Hawaii-Inseln war die allmähliche Vereinigung der Gebiete zu immer größeren Territorien. Nach und nach unterwarf auf diese Weise ein einziger Aliki eine ganze Insel. Komplizierter verlief dieser Integrationsprozeß auf der Großen Hawaii-Insel, auf deren ausgedehntem Gebiet schon seit langem fünf verschiedene, voneinander unabhängige selbständige Herrschaftsbereiche nebeneinander existierten.

Im Verlauf dieser territorialen Expansion einzelner großer Häuptlinge bildeten sich auf dem hawaiischen Archipel nach und nach vier kleinere Reiche, und zwischen 1781 und 1811 vereinigte schließlich der König Kamehameha I. durch mehrere Kriege alle acht Hawaii-Inseln zu einem einzigen Staat. Die Nachfolger Kamehamehas I. haben dann in diesem polynesischen Königreich bis zum Ende des vergangenen Jahrhunderts regiert (1898 wurden die Hawaii-Inseln von den USA annektiert und am 4. Juli 1959 als 50. Bundesstaat in die Vereinigten Staaten von Amerika aufgenommen).

Der größte und wichtigste Reichtum des hawaiischen Königs, die ökonomische Grundlage seiner uneingeschränkten Macht, war der Grund und Boden. Nach den herrschenden Vorstellungen und Gesetzen gehörte alles Land allein ihm, und er vertraute es den Bewohnern der Inseln lediglich zur Nutzung an. Der Ertrag der landwirtschaftlichen Produktion war dabei die Hauptquelle des Einkommens der meisten polynesischen Länder.

Der König war nicht nur das weltliche, sondern auch das geistliche Oberhaupt seines Inselreiches. Die allerheiligsten religiösen Zeremonien vollzog bzw. leitete der König manchmal sogar selber. Auch der Oberpriester mußte ihm in allem gehorchen. Von dem König Kalaunuihi (er herrschte um 1400 auf der Insel Hawaii) erzählten die Bewohner des Archipels sogar, daß er Priester mehrfach mit Ruten züchtigen ließ, um ihnen auf diese handgreifliche Art seine Macht zu beweisen.

Mit den anderen Angehörigen der Aristokratie war der König durch vielfache Bande verknüpft. Mit dem einfachen Volk dagegen, den Angehörigen der Klasse der Makaainana, verband ihn nur die Tatsache, daß diese ihn zu ernähren hatten.

Der König war für alle anderen Mitglieder der Gesellschaft, besonders für die Angehörigen des einfachen Volkes, absolut tabu. Die Polynesier betrachteten ihre Könige als unantastbare göttliche Wesen. Sie sprachen von ihren höchsten Herrschern wie von leibgewordenen Göttern. Der Tod eines solchen sichtbaren Gottes traumatisierte jedesmal die betreffende polynesische Gesellschaft und löste eine tiefe Erschütterung aus.

Doch nicht nur dem Ableben, sondern auch der Geburt eines neuen Herrschers maß das Volk größte Bedeutung bei. Es kam nicht nur darauf an, wer der Vater, sondern auch welcher Herkunft die Mutter des neugeborenen Kindes war. Es wurde für notwendig, ja für unerläßlich gehalten, daß in den Adern beider Elternteile das edelste Blut zirkulierte, das nur irgend möglich war. So war es wünschenswert, ja erforderlich, daß das Kind einer Geschwisterehe entstammte, und zwar der ehelichen Verbindung zwischen dem erstgeborenen Sohn und einer Tochter des Herrschers. Einzig das Kind, das der Liebe eines königlichen Geschwisterpaares entsprossen war, büßte nichts an Mana ein, sondern die heilige Kraft beider Elternteile ging ungemindert auf das Neugeborene über. Und einzig und allein ein solcher Prinz war würdig, nach dem Ableben seines Vaters den Thron des polynesischen Königreiches zu besteigen.

In diesem polynesischen Staat war für die Angehörigen der Königsfamilie eine Ehe zwischen Bruder und Schwester ein ungeschriebenes und unumgängliches Gesetz. Aus den Kindern, die aus einer solchen idealen Ehe hervorgingen, rekrutierte sich die oberste Schicht der Aliki.

Das äußere Zeichen, zu welchem der elf Ränge der Aliki ein vornehmer Hawaiianer gehörte, war die Form und vor allem die Farbe des prächtigen Mantels aus Vogelfedern, den die Aliki bei feierlichen Gelegenheiten zu tragen pflegten. Das Recht auf einen gelben Mantel besaß allein der König.

Die Farbe des Federmantels war nur eines der zahllosen Vorrechte dieses höchsten Herrschers. Allein die Aufzählung der Personen, die für sein leibliches und seelisches Wohl zu sorgen hatten, zeigt, wie weit die Differenzierung der polynesischen Gesellschaft auf Hawaii bereits fortgeschritten war. Zu seiner privilegierten Dienerschaft gehörten unter anderem der *Kahu Akua,* ein auserwählter Priester, der ausschließlich den Kult des persönlichen Gottes des Königs zu pflegen hatte. Der hawaiische König hatte aber auch eine ganze Schar von Leibdienern: Der *Auupuu* war sein oberster Mundschenk und Speisenträger; der *Malama Ukana,* sein Kammerdiener, hatte sich um die Kleidung und die gelben Federmäntel des Herrschers zu kümmern; dem *Kaipoo* wiederum oblag die Sorge um die tadellose Beschaffenheit des Lagers und um den Schlaf des Königs. Wenn dieser Magendrücken verspürte, wurde der *Lomi-Lomi* herbeigerufen, der dann den Leib des Herrschers so lange massierte, bis die Beschwerden behoben waren und dieser das Mahl fortsetzen konnte. Der *Iki Kuamo* wiederum hatte dem König Rücken und Gesäß zu massieren, der *Lawe Ipu Kakele* seinen Körper mit Öl zu salben, und für die Pflege der Genitalien des Herrschers soll der *Poe Okami Kapu* zuständig gewesen sein.

Außer diesen Leibdienern, die allein schon eine stattliche Schar bildeten, gehörten zum Hofstaat dieses polynesischen Königs seine zahlreichen Freunde, *Sikane* genannt, sowie die *Puali,* die verpflichtet waren, an den königlichen Gastmählern teilzunehmen und die Unterhaltung zu beleben. Vor allem aber gingen eine ganze Reihe von Würdenträgern an seinem Hofe ein und aus, deren Amt mit dem öffentlichen Leben des Landes, mit der politischen Funktion des Herrschers verbunden war. Zu ihnen zählten zum Beispiel die *Paa Kahili,* die Träger

der »Staatsbanner«, der berühmten hawaiischen Federstandarten, die ebenfalls aus dem farbenprächtigen Gefieder seltener
Vögel gefertigt waren. Aber auch der *Kaupo,* der Herold des
Königs, der dessen Bekanntmachungen und Weisungen auszu-
rufen hatte, weilte oft in der Nähe des Herrschers. Daneben
hatte der König aber auch noch einen offiziellen Redner, den
Olelo, der den Herrscher bei öffentlichen Versammlungen ver-
trat und dessen Meinung mit entsprechender Beredsamkeit
und dem nötigen Pathos Ausdruck verlieh. Noch wichtiger waren der *Ilamoku,* der Befehlshaber der Leibwache des Königs,
die aus einer Schar eigens ausgewählter Krieger bestand, und
der Oberkommandierende aller Truppen des Landes, der *Puka-
na Nui.*

Auch mit dem Oberpriester, welcher der gesamten Geistlich-
keit des Landes vorstand, und mit anderen hochgestellten Personen pflegte der König engen Umgang. Sehr oft ließ er auch
den *Jaula,* seinen persönlichen Wahrsager, zu sich rufen, der
ihm die Erfolgsaussichten geplanter kriegerischer und anderer
politischer Unternehmungen oder auch persönlicher Vorhaben
zu weissagen hatte. Doch nicht nur die Zukunft, auch die Vergangenheit seines Geschlechtes lag dem Herrscher am Herzen,
und so mußte auch sein Ahnenforscher, der *Poemeolelo,* den
Stammbaum des Königs über Dutzende von Generationen hinweg (die Genealogie Kamehamehas des Großen, des Gründers
des gesamthawaiischen Königreichs, zählte zum Beispiel 98
Generationen) bis zu dessen ältesten Ahnherrn auswendig kennen und dieses Wissen treu bewahren, gegebenenfalls im
Sprechgesang auch öffentlich vortragen.

Ebenso wie auf den Ruhm seiner Vorfahren war der König
auch auf seinen eigenen Ruhm bedacht, zu diesem Zwecke
hielt er sich einen Hofdichter, einen »Meister des Gesangs«,
Haku Mele, der ihm zu Ehren Preislieder zu verfassen hatte.

Der wichtigste, unmittelbare Vollstrecker des königlichen
Willens aber war ein Würdenträger, der als eine Art Kanzler
des polynesischen Inselreiches bezeichnet werden kann. Sein
Titel lautete *Kalaimoku,* was soviel wie »Teiler der Inseln« bedeutet. Er wurde deshalb so genannt, weil es zu seinen Haupt-
pflichten gehörte, den gesamten Grund und Boden des Staates

– nach den Dispositionen des Herrschers freilich – in einzelne Gebiete aufzuteilen. Der König belehnte dann mit diesen größeren und kleineren Gebieten die einzelnen Häuptlinge, die das ihnen anvertraute Land wiederum unter das einfache Volk aufteilten und den einzelnen Familien zur Nutzung überließen.

Die obersten Vertreter der Staatsgewalt in den einzelnen Bezirken waren in späterer Zeit jedoch die *Konohiki*. Sie organisierten im Namen des Herrschers die Durchführung gemeinnütziger Arbeiten wie den Bau von Bewässerungsanlagen und versammelten dazu die Bewohner ihres Bezirkes. Ferner mußten sie auch über die Einhaltung der öffentlichen Ordnung wachen. Vor allem aber oblag es ihnen, für den Staat, also für den König, die Steuern einzutreiben, was alljährlich zu Beginn jenes bereits in anderem Zusammenhang geschilderten Makahiki-Festes geschah, das sich über mehrere Monate hinzog und zu Ehren des Fruchtbarkeitsgottes Lono auf allen Hawaii-Inseln gefeiert wurde.

Abschied vom Königspalast

Als Beispiel für die Entwicklung der politischen und sozialen Verhältnisse in der Blütezeit der polynesischen Kultur war die Wahl auf die Hawaii-Inseln gefallen. Ähnlich war dieser Prozeß auch auf Tahiti verlaufen. Auf dieser ausgedehnten Insel bestanden lange Zeit voneinander unabhängige Zwergstaaten, über die mehrere große Häuptlinge herrschten.

Die Familie eines der großen Ariki von Tahiti errang nach und nach das Übergewicht über alle anderen, bis sie schließlich unter der Führung Pomares' I., der sich bereits König nannte, die ganze Insel und auch einige der benachbarten Eilande unter ihrer Macht vereinigte.

Auf Tonga, das die Polynesier von allen Gebieten ihres Dreiecks zuerst besiedelt hatten, war die politische Vereinigung dieses ganzen Archipels unter einer Zentralgewalt schon sehr früh erfolgt, vermutlich bereits in den Jahren 950 bis 990, also noch im ersten Jahrtausend unserer Zeitrechnung. Die nationalen Könige dieser Inselgruppe, *Tui Tonga* genannt, waren –

ähnlich wie auf Hawaii – in den Augen ihrer Untertanen gottgleiche Wesen. Der erste Tui Tonga soll sogar der leibliche Sohn eines Gottes gewesen sein, und zwar keines Geringeren als des gesamtpolynesischen Schöpfergottes Taaroa, den man auf den Tonga-Inseln Tagaloa nennt. Diesen ersten Tui Tonga (er hieß Ahoeitu) hat Tagaloa, wie die Sagen berichten, mit einer hübschen Tonganerin gezeugt. Der Gott soll seinen erstgeborenen Sohn sogar wieder zum Leben erweckt haben, als dieser von seinen Geschwistern, die ihm seine göttliche Herkunft neideten, ermordet worden war.

Der mythische Ahoeitu begründete eine höchst reale Dynastie, die 24 Generationen lang über die Polynesier geherrscht hat, die alle 150 Inseln Tongas bewohnten. Ja mehr noch – die Tui Tonga waren die ersten großen Häuptlinge in der Geschichte Polynesiens, die ihre Macht zeitweilig über die Grenzen ihres Archipels hinaus ausgedehnt und eine Zeitlang auch die Samoa-Inseln, ja selbst einen Teil der Fidschi-Inseln ihrer Herrschaft unterworfen haben.

Die Heiligkeit des Königs von Tonga war aber so ins Extrem getrieben worden, daß der Tui Tonga schließlich den normalen Kontakt mit den Bewohnern seines Landes verlor und daher nicht mehr in der Lage war, sein Reich selbst zu regieren. Der 24. tonganische Herrscher setzte daher zur Ausübung wichtiger Leitungsfunktionen einen Stellvertreter, sozusagen einen Vizekönig ein, der den Titel *Tui Haa Takalaua* trug. Der erste dieser Reichsverweser war der Sohn des Königs, Moungamotua mit Namen, der sein Amt um das Jahr 1465 antrat.

Die Tui Haa Takalaua stellten sich allmählich mehr und mehr zwischen den heiligen König und das Volk, und so ist es nicht verwunderlich, daß sie in Wirklichkeit – wenn auch im Namen Tui Tongas – selber herrschten. Zu Beginn des 17. Jahrhunderts begründete jedoch der damals regierende Tui Haa Takalaua einen neuen, den dritten Zweig der herrschenden Dynastie des Königreichs Tonga. Fortan trug dessen Oberhaupt den Titel *Tui Kanokupolu*. Diese Kanokupolu drehten den Spieß gegen jene Vizekönige um und entrissen ihnen nach und nach alle Macht. Am Ende des 18. Jahrhunderts wurde die Würde des Tui Haa Takalaua endgültig aufgehoben.

Nunmehr herrschten die Tui Kanokupolu unumschränkt auf Tonga. Dagegen waren die Titularkönige, die Tui Tonga, dazu verurteilt, völlig in ihrer heiligen Isolation zu leben. 1865 starb der letzte der Tui Tonga, und seither stehen die Herrscher jenes dritten Zweigs des tonganischen Königsgeschlechts an der Spitze dieses polynesischen Staates.

Gegenwärtig regiert der König Taufahau Tupou IV. das Inselreich. So ist Tonga, jener Archipel, von dem einst die Polynesier zuerst Besitz ergriffen hatten, nun bereits seit tausend Jahren Königreich – etwas Vergleichbares auf dieser Welt gibt es nicht.

König Taufahau Tupou IV., der über die Tui Tonga seine Herkunft von dem großen polynesischen Gott Tagaloa ableitet, vereint somit in seiner Person gleichsam das Gestern und das Heute Polynesiens. Seine Residenz erhebt sich im Zentrum *Nukualofas*, der Hauptstadt dieses Archipels, und dort, an den Toren des Königspalastes Olotele, befindet sich – beinahe – die Stelle, von der die Rundreise auf den Spuren der polynesischen Kultur ihren Anfang nahm. Nur wenige Kilometer vom Palast des heutigen tonganischen Herrschers entfernt, an den heiligen Stätten von Mua, ragen die Grabpyramiden seiner Ahnen, der Tui Tonga, empor. Ja, Vergangenheit und Gegenwart wohnen in Polynesien stets dicht beieinander. Durch das buntschillernde Heute schimmern die Umrisse der polynesischen Kultur von gestern.

Der Ring hat sich geschlossen, die Reise ist zu Ende. Die Erkundung der polynesischen Kultur der Vergangenheit aber ist längst noch nicht beendet. Künftige Forschungen werden gewiß weitere, noch tiefere Einsichten in die Kultur dieser Inselwelt vermitteln, die häufig – und zu Recht – als das Paradies unserer Erde bezeichnet wird.

Das Heute der polynesischen Inselwelt war zwar nicht das vorrangige Thema des Buches, doch gerade dieses Heute zeigt sich in vielen Bereichen als ein lebendiger Spiegel der zurückliegenden Jahrhunderte. Und die Geschichte ist auch im Paradies der Südsee nicht stehengeblieben. Nachdem James Cook und andere große Seefahrer jenes Paradies entdeckt hatten, wurden die meisten Gebiete des polynesischen Dreiecks zu Kolonien fremder Mächte. Nun aber ist auch in der Südsee eine neue Zeit angebrochen, eine Zeit des Erwachens. Das Königreich Tonga hat sich seine Selbständigkeit, zumindest teilweise, bis zum heutigen Tag bewahrt. Andere Inselländer wie Westsamoa oder Tuvalu haben vor einigen Jahren ihre politische Souveränität errungen. Und die Bestrebungen vieler weiterer polynesischer Länder gehen in die gleiche Richtung.

Die wachsende Unabhängigkeit wird auch eine gewisse Renaissance der polynesischen Kultur zur Folge haben. Da diese Kultur zum Glück erst verhältnismäßig spät den vom Kolonialismus importierten fremden Einflüssen ausgesetzt war, ist im Bewußtsein der Polynesier von der Kultur ihrer Vorfahren mehr erhalten geblieben, als es auf den ersten Blick den Anschein hat. Die polynesische Kultur ist nicht völlig untergegangen. Nicht alles in ihr gehört der Vergangenheit an – sie hat auch eine Zukunft, eine Zukunft, die Bewährung und Verpflichtung in sich einschließt und damit die Hoffnung auf ihre künftige Wiedergeburt.

Literaturverzeichnis

Anders, C.: *Hawaii.* München 1975

Barthel, Th. S.: *Das achte Land. Die Entdeckung und Besiedlung der Osterinsel nach Eingeborenentraditionen übersetzt und erläutert.* München 1974

Barthel, Th. S.: *Grundlagen zur Entzifferung der Osterinselschrift.* Hamburg 1958

Beckwith, M. W. [Hrsg.]: *The Kumuulipo. A Hawaiian Creation Chant.* Chicago 1951

Bellwood, P. S.: *The Polynesians, prehistory of an Island people.* London 1978

Berger, R.: *Maui überlistet den Feuergott.* Leipzig 1978

Bodrogi, T.: *Die Kunst Ozeaniens.* Würzburg 1960

Buck, P. H. [Te Rangi Hiroa]: *The Coming of the Maori.* Wellington 1929

Buck, P. H. [Te Rangi Hiroa]: *Vikings of the Pacific.* Chicago 1959

Bühler, A., Barrow, T., Mountford, C. P.: *Ozeanien und Australien. Die Kunst der Südsee.* Baden-Baden 1961

Chamisso, A. von: *Reise um die Welt.* Berlin 1978

Colum, P.: *Legends of Hawaii.* New Haven 1937

Cook, J.: *Second voyage towards the South Pole and round the world. Performed in the »Resolution« and »Adventure« 1772–75, 2. Vols.* London 1777. [Atlas to Cook's second voyage]

Damm, H.: *Polynesien.* Leipzig 1959

Danielsson, B.: *Work and Life on Rarois.* London 1956

Ellis, W.: *Polynesian Researches. 4 Bde.* London 1853

Emerson, N. B.: *Unwritten Literature of Hawaii. The Sacred Songs of the Hula collected and translated with notes and an account of the Hula.* Rutland 1965

Felbermayer, F.: *Sagen und Überlieferungen der Osterinsel.* Nürnberg 1971

Ferdon, R.: *Primitive Polynesian Economy.* London 1939

Fornander, A.: *An Account of the Polynesian Race its Origin and Migrations and the Ancient History of the Hawaiian People to the Times of Kamehameha I.* Tokyo 1969

Forster, G.: *Reise um die Welt. Bd. 1.* Leipzig 1976

Goldman, I.: *Ancient Polynesian Society.* Chicago 1970

Grimal, P.: *Mythologies.* Paris 1963

Guiart, J.: *Ozeanien.* München 1963

Handy, E. S. C., Buck, P. H.: *Ancient Hawaiian Civilization.* Honolulu 1933

Henry, T.: *Tahiti aux temps anciens.* Paris 1952

Heyerdahl, Th.: *Aku-Aku. Das Geheimnis der Osterinsel.* Berlin 1957

Heyerdahl, Th.: *American Indians in the Pacific.* London 1952
Heyerdahl, Th.: *Die Kunst der Osterinsel. Geheimnisse und Rätsel.* München, Gütersloh, Wien 1975
Heyerdahl, Th.: *Kon-Tiki.* Frankfurt (Main), Berlin, Wien 1948
Kaufmann, Ch.: *Ozeanien.* Basel 1980
Krämer, A.: *Die Samoa-Inseln.* 2. *Bde.* Stuttgart 1947
Lang, J. D.: *View of the Origin and Migrations of the Polynesian Nation.* London 1834
Lange, P. W.: *So weit wie menschenmöglich... Das Leben des Kapitäns James Cook.* Leipzig 1980
Lange, P. W.: *Südseehorizonte. Eine maritime Entdeckungsgeschichte Ozeaniens.* Leipzig, Jena, Berlin 1983
Langsdorff, G. H. von: *Bemerkungen auf einer Reise um die Welt in den Jahren 1803 bis 1807. Bd. 1.* Frankfurt (Main) 1812
Lehmann, F.: *Die polynesischen Tabusitten.* Leipzig 1930
Marschall, W.: *Transpazifische Kulturbeziehungen.* München 1972
Moerenhout, J. A.: *Voyages aux iles du Grand Océan.* Paris 1837, Neudruck 1959
Nevermann, H.: *Götter der Südsee. Die Religion der Polynesier.* Stuttgart 1947
Oliver, D. L.: *Ancient Tahitian Society. 3 Bde.* Honolulu 1974
Piddington, R. G.: *Essays in Polynesian ethnology.* Cambridge 1939
Puckov, P. I.: *Naselenie Okeanii.* Moskva 1967
Routledge, C. S.: *The Mystery of Easter Island.* London 1919
Scurla, H. [Hrsg.]: *Auf Kreuzfahrt durch die Südsee. Berichte deutscher Reisender aus dem 18. und 19. Jahrhundert über die ozeanische Inselwelt.* Berlin 1983
Sellnow, I.: *Grundprinzipien einer Periodisierung der Urgeschichte.* Berlin 1961
Shapiro, R. L.: *The Physical Relationship of the Easter Islander. In: Métraux: Ethnology of Easter Island.* Honolulu 1946
Sharp, A.: *Ancient Voyagers in the Pacific.* Harmondsworth 1957
Smith, S. P.: *Hawaiki. The Original Home of the Maori.* Wellington 1910
Steinen, K. v. d.: *Die Marquesaner und ihre Kunst, 3 Bde.* Berlin 1925–28
Stingl, M.: *Atolle im Taifun.* Berlin, Leipzig 1982
Stingl, M.: *Hawaii. Auf den Spuren einer alten Kultur.* Leipzig 1984
Suggs, R. C.: *The Island Civilizations of Polynesia.* New York 1960
Tischner, H.: *Die Verbreitung der Hausformen in Ozeanien.* Leipzig 1934
Tischner, H.: *Kulturen der Südsee.* Hamburg 1958
Tokarev, S. A., und Tolstov, S. R.: *Narody Australii i Okeanii.* Moskva 1956
Treide, B.: *Hawaii und Tahiti. Zwei polynesische Beispiele für den Übergang zur Klassengesellschaft. In: Alte Staaten.* Leipzig 1973
Wallström, T.: *Die Südsee heute. Ozeanien 200 Jahre nach James Cook.* Leipzig 1977

Register

270